高等院校经济与管理专业教材

会计学基础

（第五版）

谢爱萍　编著

人民邮电出版社
北　京

图书在版编目（CIP）数据

会计学基础 / 谢爱萍编著. -- 5版. -- 北京 : 人民邮电出版社，2020.1
ISBN 978-7-115-52793-6

Ⅰ. ①会… Ⅱ. ①谢… Ⅲ. ①会计学－高等学校－教材 Ⅳ. ①F230

中国版本图书馆CIP数据核字(2019)第259283号

内容提要

《会计学基础（第五版）》在第四版的基础上修订而成。本书以现行会计准则和法律法规为依据，对会计的基本理论、基本知识和基本技能进行了全面介绍，对会计科目和账户、复式记账、借贷记账法的应用、账户的分类、会计凭证、会计账簿、财产清查、财务报告、会计核算程序以及会计工作的组织等内容进行了系统的讲解。全书内容循序渐进、深入浅出，能够为教师教学、学生学习和相关人员学习会计知识提供很大的帮助。

本书既可作为高等院校会计类专业、经济管理类专业和其他相关专业的教材，也可作为企业管理人员的培训教材和自学教材。

◆ 编　　著　谢爱萍
责任编辑　付微微
责任印制　彭志环

◆ 人民邮电出版社出版发行　　北京市丰台区成寿寺路 11 号
邮编 100164　　电子邮件 315@ptpress.com.cn
网址 http://www.ptpress.com.cn
涿州市京南印刷厂印刷

◆ 开本：787×1092　1/16
印张：16.75　　2020 年 1 月第 5 版
字数：355 千字　　2020 年 1 月河北第 1 次印刷

定　价：49.80 元

读者服务热线：（010）81055656　印装质量热线：（010）81055316

反盗版热线：（010）81055315

广告经营许可证：京东工商广登字 20170147 号

前　言

经济越发展，会计就越重要。为了适应我国市场经济发展的需要，规范会计工作，提高会计信息质量，财政部修订颁布了一系列会计准则和深化税收改革的政策。自2016年以来，财政部先后印发修订了《企业会计准则第14号——收入》《企业会计准则第16号——政府补助》《企业会计准则第22号——金融工具确认和计量》《企业会计准则第23号——金融资产转移》《企业会计准则第24号——套期会计》《企业会计准则第37号——金融工具列报》和《企业会计准则第42号——持有待售的非流动资产、处置组和终止经营》。2018年财政部颁布了《关于修订印发2018年度一般企业财务报表格式的通知》。2019年国务院根据“减税降费”的精神，将制造业等行业的增值税税率由16%降至13%。

会计这门学科始终处于发展与变化之中，教材也应紧跟这种发展与变化。《会计学基础（第五版）》在第四版的基础上，根据2016—2018年修订的会计准则、2018年修订的《中华人民共和国会计法》（以下简称《会计法》）和2019年制造业等行业增值税率下调等相关法律法规，做了较为全面的内容更新和完善，增强了教材的适用性，使内容更具新颖性，为教师教学、学生学习和相关人员学习会计知识提供了方便。

本次修订仍然保持了第四版的精华和特色，采用通俗易懂的语言，由浅入深、循序渐进地阐述会计核算的基本理论、基本知识和基本技能。

“会计学基础”既是会计类专业的基础主干课程，也是其他经济管理类专业的必修课程，同时还是会计人员和企业其他管理人员应该掌握的基本理论和基本知识。因此，本书既可作为高等院校会计类专业、经济管理类专业和其他相关专业的教材，也可作为企业管理人员的培训教材和自学教材。

本书的修订工作由南昌工程学院的谢爱萍负责。在本书的修订过程中，编者参阅了同行的有关论著，在此深表感谢。同时，本书的修订得到了易青、李宁、卢普玲、李冬明、何习平等教师的帮助，在此对他们表示诚挚的谢意。

由于编者水平有限，书中难免存在不足之处，恳请同行和读者批评指正。

目 录

第一章 总 论

第一节 会计的基本概念

一、会计的产生和发展

生产活动是人类社会存在和发展的基础，也是人类最基本的实践活动，它决定着人类所进行的其他一切活动。人们在生产活动中，一方面创造了物质财富，另一方面取得了劳动成果。为使生产活动效果更好，人们总是力求以尽可能少的劳动耗费取得尽可能多的劳动成果，以满足生活和生产的需要。为了达到这样的目的，必须在不断采用先进生产技术的同时，加强对生产活动的管理，把劳动耗费和劳动成果用一定的方式记录下来，并将记录的结果进行比较和分析，这就是最基本的管理。会计就是为适应这种管理的需要而产生的。

会计无论在国内还是在国外，都有着悠久的发展历史。据考古文物证实，在文字产生以前的旧石器时代中晚期，人类最初的会计行为即原始计量、记录行为就已经发生了，如结绳记事、刻符记事、绘图记事等。最初的会计只是作为生产职能的附带部分，即生产者在生产时间之外，附带地把劳动成果和劳动消耗以及发生的日期等事项记载下来。后来，随着社会生产力的发展，生产规模日益扩大和复杂，在出现了剩余产品后，为了记录劳动成果和劳动消耗并进行比较，仅仅依靠人们在劳动过程中附带地进行计量与记录，已满足不了生产发展的要求，因而会计人员逐渐从生产中分离出来，成为一种特殊的专门从事这一工作的专职人员。

会计在我国经历了漫长的发展过程，主要经历了古代会计、近代会计和现代会计三个阶段。古代会计以官厅会计（政府会计）为中心。“会计”一词起源于西周时代。据《周礼》记载，西周时设有“司会”一职，专门核算官方财赋收支。西汉时出现了计簿、簿书的账册，用以登记会计事项。在宋朝初期，官府办理钱粮报销和移交手续时，要编造四柱清册。所谓四柱，是指旧管、新收、开除、实在四个方面，相当于现代会计中的期初结存、本期收入、本期支出、期末结存。通过“旧管 + 新收 = 开除 + 实在”这一平衡公式，结算财产物资增减变化及其结果。四柱清册法是我国古代会计的一大杰出成就。

从单式记账法过渡到复式记账法，是近代会计形成的标志。明末清初，随着手工业、商业、金融业的发展，民间会计逐步形成并达到一定水平，先后出现了龙门账、三脚账、四脚账。龙门账把所有账目划分为进（收入）、缴（支出）、存（资产）、该（负债）四大类，并运用“进 - 缴 = 存 - 该”这一平衡公式，编制进缴表和存该表，实行双轨计算盈亏，两表结果相等称为合龙门。三脚账是中国传统的在单式记账基础上演进而成的不完全的复式记账方法。四脚账又称天地合账，是在三脚账的基础上发展起来的复式记账。龙门账、三脚账、四脚账显示了我国不同历史时期传统簿记的特色。

现代会计是商品经济的产物。商品经济的迅速发展，促进了会计的发展。解放以前，我国经济和管理都比较落后，会计长期停滞不前。新中国成立以后，我国实行高度的计划经济体制，引进了与此相适应的苏联计划经济会计模式。改革开放以后，为了适应社会主义市场经济发展的需要，会计理论与会计工作以前所未有的速度和质量迅速发展。现代会计的发展有两个重要标志：一是会计核算手段方面质的飞跃，即现代电子技术与会计融合导致的会计电算化；二是会计伴随着生产和管理科学的发展而分化为财务会计和管理会计两个分支。1993 年 7 月 1 日，我国对会计模式进行了重大的变革，出台了与国际惯例相适应的企业会计准则和企业财务通则。为适应经济全球化发展的需要，财政部于 2006 年 2 月 15 日发布了包括《企业会计准则——基本准则》和 38 项具体准则在内的企业会计准则体系。2006 年 10 月 30 日，财政部又发布了《企业会计准则——应用指南》，从而实现了我国会计准则与国际财务报告准则的实质性趋同，也揭开了我国会计发展的崭新篇章。

从会计在国外的产生和发展的历史来看，最具意义的是复式记账制度的建立。复式记账首先产生于意大利的佛罗伦萨、热那亚、威尼斯等城市。当时，在地中海沿岸的这些城市已经出现了资本主义生产的萌芽，生产力的发展推动生产关系的变革，也促使会计由单式簿记到复式簿记的变革。公元 1494 年，意大利数学家卢卡·帕乔利（Luca Pacioli）的数学专著《算术、几何与比例概要》一书在威尼斯出版发行。该书中的“计算与记录要论”一章全面系统地论述了以威尼斯簿记为主的意大利借贷记账簿记。《算术、几何与比例概要》是世界上第一部会计学著作，它标志着近代会计的开端，奠定了现代会计发展的基础。卢卡·帕乔利被誉为“现代会计之父”。

社会生产活动的不断发展，商品化程度的不断提高，使经济管理的要求越来越细，会计核算内容因此也在不断丰富。会计记账的方法随着经济发展不断更新，经历了一个从简单到复杂、从低级到高级的不断发展过程。

随着股份公司这一现代企业组织形式的出现，会计的内涵和外延又发生了变化。不仅企业的管理者、投资者、债权人要求企业提供会计信息，财政、银行、审计、税务、证券监管等部门也要按有关法律、行政法规的职责对会计资料实施监督。在这种情况下，会计信息的披露内容及方式和会计操作手段发生了根本性的变革，促进了现代会计的形成和发展，拓展了会计的管理内容，增强了会计的管理功能，提升了会计参与决策的关联性。

现代会计是在社会生产实践中产生的，并随着社会生产、科技的不断发展和经济管理的需要而不断发展。现代会计是经济管理的重要组成部分，它是以货币为主要计量单位，采用专门的方法和程序，对会计主体的经济活动进行连续、系统、完整的核算和监督，并在此基础上对经济活动的过程和结果进行分析、预测和控制的一项管理活动。

二、会计的职能

职能是指某一事物本身所固有的功能，是某一事物存在于世间所应发挥作用的内在因素。会计的职能就是会计在经济管理中所具有的基本功能。会计具有怎样的功能？马克思在

《资本论》中指出："过程越是按社会的规模进行，越是失去纯粹个人的性质，作为对过程的控制和观念的总结的簿记就越是必要。"这里所说的"簿记"指的是会计，"过程"是指生产过程。"观念的总结"可理解为反映或核算，"过程的控制"可理解为监督或控制。对生产过程的核算和监督是会计的基本职能。随着管理理论、方法和信息技术的发展，预测经济前景、参与经济决策、评价经营业绩也逐渐成为会计的重要拓展职能。

（一）会计基本职能

1. 会计核算职能

会计核算职能又称会计反映职能，是指会计以货币为主要计量单位，对特定主体的经济活动进行确认、计量、记录和报告，为有关各方提供会计信息的功能。核算是会计基本职能中最基本的职能。它具有以下四个特征。

（1）会计核算为经济管理提供以财务信息为主的相关信息

会计核算主要通过货币计量，反映会计主体的经济活动情况，为企事业单位经济管理提供可靠的会计信息。反映经济活动的计量单位有三种，即实物单位、货币单位和劳动量单位。货币单位比实物单位和劳动量单位更具有综合性，所以会计核算主要利用货币计量单位提供信息。其他计量单位只作为反映经济活动情况的辅助计量单位。

经济活动中凡是能以货币计量的内容均属于会计核算的范畴。会计反映不是机械的反映，而是一种能动的反映。会计不是将会计主体所有经济活动的过程和结果事无巨细、毫无遗漏地按其原始情况反映，而是根据管理的要求，有目的地加以反映，为经济管理提供以财务信息为主的相关信息。

（2）会计核算为企事业单位经营决策和管理控制提供依据

会计核算不仅要记录已经发生的经济业务，而且还应面向未来，为单位经营决策提供依据。传统会计核算主要是对已经发生的经济活动进行事后的反映，通过事后的记录数据，为经济管理提供信息。随着社会经济的不断发展、市场规模的扩大和社会经济活动的日趋复杂，传统的事后核算已满足不了管理的要求。一家企业要在激烈的市场竞争中谋求有效的经营，不仅要随时了解目前的经济状况，检查企业的经营活动是否符合既定的目标，还要预测企业的未来，周密地规划企业未来的行为，为企业发展提供具有前瞻性的会计信息，并以此作为未来经营决策和管理控制的依据。

会计已从单纯的事后核算进入了事前的预测和决策、事中的控制和事后核算相结合的时代。需要注意的是，事后核算的会计数据是基本的会计数据，事前预测决策和事中的控制必须以事后核算的真实数据为基础数据信息。

（3）会计核算具有完整性、连续性和系统性

会计对实际发生的经济活动进行核算，要以凭证为依据，要有完整、连续的记录，并按照经济管理的要求，提供系统的数据信息资料，以便单位全面掌握经济活动情况，考核经济效果。会计核算的完整性是指对凡属会计核算的内容都必须加以计量、记录和报告，不能遗漏。连续性是指对各种经济业务应按照业务发生的时间顺序依次进行登记，不能有中断。系

统性是指会计核算要按照一定的程序和方法，在科学分类的基础上，对会计数据进行加工整理，形成分类的、综合的和更加高级的财务信息。

完整性、连续性和系统性三者缺一不可，相辅相成，它们之间的有机结合使会计核算职能与其他经济核算的反映职能有了鲜明的区别。

（4）会计核算是一个层次化的、逐步深化的反映过程

随着计算机技术的迅速发展，会计核算的方式从手工记录系统逐步发展为电子数据处理系统，这为及时、准确地满足多方面与多层次的信息使用者的需要提供了可能，会计信息也将更加完整。

2. 会计监督职能

对经济活动进行会计核算的过程，也是实行会计监督的过程。会计监督职能，又称会计控制职能，是指会计具有按照一定的目的和要求，对会计主体的经济活动和相关会计核算的真实性、合法性和合理性进行监督检查，使之达到预期目标的功能。会计监督是《会计法》赋予会计人员的职责。会计监督具有以下三个特征。

（1）会计监督是一种经常性的监督

会计核算提供了各种价值指标，会计监督依据这些价值指标实施控制。例如，利用成本费用指标，可以综合考核各单位费用支出情况和各种消耗情况，防止浪费现象的发生；利用资产指标，可以考核各单位资产的利用情况，以提高资产的使用效率等。通过这些价值指标对各单位的经济活动进行监督，不仅可以较全面地控制各单位的经济活动，而且可以经常、及时地对经济活动进行指导和调节，使之达到预期目标。

会计监督包括事前监督、事中监督和事后监督。事前监督是指会计部门在参与制定各种决策和相关计划、费用预算时，根据有关政策、法规、制度和经济活动的一般规律，对各项经济活动的可行性、合理性、合法性和有效性进行审查，是对未来经济活动的指导。事中监督是指在日常的核算工作中，对已发现的问题提出建议，促使有关部门采取措施纠正经济活动过程中的偏差及失误，使之按预定目标的要求进行，发挥控制经济活动进程的作用。事后监督是以事先制定的目标、标准及有关规定为依据，通过分析取得的会计资料，对已进行的经济活动的合理性、合法性和有效性进行审查、考核和评价。

（2）会计监督是以法律、法规和制度为依据进行的监督

对会计主体的经济活动实施会计监督时，要以现行的法律、法规和制度为依据，发现不符合法律、法规和制度规定的，要加以限制和制止。例如，在审核原始凭证时，修订后的《会计法》规定：会计人员、会计机构对不真实、不合法的原始凭证不予受理；对记载不准确、不完整的原始凭证，予以退回，要求更正、补充。会计机构、会计人员发现账簿记录与实物、款项及有关资料不相符的，按照国家统一的会计制度规定有权自行处理的，应当及时处理；无权处理的，应当立即向单位负责人报告，请求查明原因，做出处理。

（3）会计监督还包括经济活动的效益性监督

会计监督的目的在于促进各单位改善经营管理，维护国家财经纪律，保护财产的安全和

完整，提高单位经济效益。一般来说，合规合法的事往往同时产生效益，但有时也存在例外情况。合规合法的事未必合理，合理的事又未必合算。在这种情况下，会计在参与经济计划的制订时，还要检查经济活动的效益性。

会计监督是各单位内部管理的需要，也是各单位自我约束的一种机制。各单位在国家有关财经法规、制度范围内进行正常的经济活动的同时，应注重提高单位的经济效益。

3. 会计核算职能与会计监督职能的关系

充分发挥会计核算职能和会计监督职能，对加强和改善企业的经营管理，提高企业经济效益和社会效益具有重要意义。会计核算职能和会计监督职能是相辅相成和辩证统一的。会计核算是会计监督的基础，没有核算提供的各种信息，监督就失去了依据；会计监督又是会计核算质量的保障，只有核算没有监督，就难以保证提供信息的质量。

（二）会计拓展职能

随着会计环境的发展和变化，会计的基本职能也在不断丰富。会计不仅有基本职能，还有以下三项拓展职能。

1. 预测经济前景

预测经济前景是指根据财务会计报告（以下简称财务报告）等信息，定量或者定性地判断和推测经济活动的发展变化规律，以指导和调节经济活动，提高经济效益。

2. 参与经济决策

参与经济决策是指根据财务报告等信息，运用定量分析和定性分析方法，对备选方案进行经济可行性分析，为企业生产经营管理提供与决策相关的信息。

3. 评价经营业绩

评价经营业绩是指利用财务报告等信息，采用适当的方法，对企业一定经营期间的资产运营、经济效益等经营成果，对照相应的评价标准，进行定量及定性对比分析，做出真实、客观、公正的综合评判。

三、会计学及其分支

会计学作为一门科学是系统研究会计内容、职能、目的、原则、方法、技术和组织，以及会计产生和发展的知识体系。它是由人们对会计实践进行科学总结而形成的，又用来指导会计实践的基本理论和基本方法的学科。

会计实践是不断发展和不断丰富的，相应地，会计学理论也在不断发展和完善。会计实践的发展和丰富推动了会计学的发展和完善。随着会计学研究的深入发展，会计科学的细分化趋势和综合趋势并存。一方面，为了研究的便利和深入，会计学细分出许多分支，每一分支都形成了一个相对独立的学科；另一方面，各个不同的会计分支学科又相互交叉、相互渗透，呈现出某些综合性，尤其是一些新兴的会计分支学科更具有这一特点。作为会计学科的各个分支，它们既相互独立，又相互渗透、相互补充，共同构成了一个完整的会计学科体系。

会计学是经济管理科学的一个分支，属于应用管理学。会计学研究的对象是全部会计工作，既包括会计理论研究工作，又包括会计实践工作。会计学按其研究的内容划分，可分为会计学基础、财务会计学、管理会计学、财务管理学、成本会计学、审计学、会计制度设计、会计电算化、国际会计学、会计史学等。其中，会计学基础、财务会计学、管理会计学、成本会计学、财务管理学和审计学是会计学科体系的主干学科，也是会计课程体系的主干课程。会计学按其涉及的不同范围的会计主体划分，可分为微观会计学、宏观会计学和国际会计学。微观会计学包括企业会计、非营利组织会计等；宏观会计学包括总预算会计、社会会计、国际会计等。会计学科体系如图 1-1 所示。

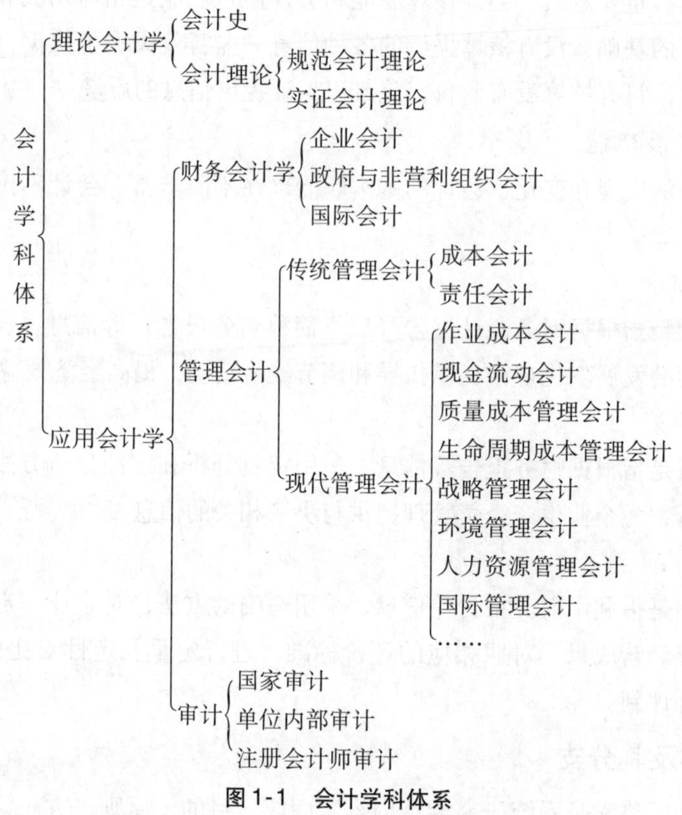

图 1-1　会计学科体系

研究会计学及其分支，对于了解会计研究的内容，把握会计研究的方向，掌握各个分支学科在整个会计学科中的位置都具有非常重要的现实意义，也可为今后科学地学习和研究会计学奠定基础。

第二节　会计的对象与作用

一、会计的对象

（一）会计对象的一般含义

会计对象是指会计核算和监督的内容，即会计的客体。如前所述，会计按其涉及不同范围的会计主体划分，可分为宏观会计和微观会计。宏观会计主要核算社会经济活动，其核算对象不是本书将要说明的内容。微观会计由于服务主体的经营性质不同，可分为营利组织会计和非营利组织会计。非营利组织的经济活动有别于营利组织的经济活动，具有一定的特殊性。本书主要以营利组织为例讲述会计学的基本内容。

会计作为经济管理的重要组成部分，其核算和监督的内容并不是包罗万象的，而是根据经济管理的要求，从特定的角度来核算和监督经济活动。

企业是最典型的营利性组织，企业要从事生产经营活动，必须具备一定的物资条件，如货币资金、原材料、产品或商品、厂房设备等。这些不同形态财产物资的货币计量称为资金。资金是社会再生产过程中各项财产物资的货币表现以及货币本身，也就是说，企业进行生产经营活动的前提是必须拥有资金。

会计产生后，在相当长的一段时间里，会计核算和监督的内容主要是财产物资的收支和结存。会计对经济活动的管理，主要体现在管好财产物资，防止损失和遗漏，使生产成果得到保护等。在商品货币经济充分发展以后，企业为求得自己的生存和发展，力争以最小的投入取得最大的产出。会计核算和监督的内容从财产物资的收支和结存发展成为系统地、连续地核算和监督财产物资的取得、使用、耗费和补偿。在社会主义市场经济条件下，价值规律对商品生产和商品流通起着调节作用。企业在生产过程中，为提高经济效益，也需要在生产过程中求得价值增值，价值运动表现为资金运动。会计对象就是企业在社会再生产过程中的资金运动。

从微观上看，企业的资金运动是在各个企业单位中进行的，是本单位的资金运动。从宏观上看，企业的资金运动是社会再生产总资金运动的一部分。

（二）会计对象在企业中的具体表现

各种企业单位由于业务性质不同，所承担的生产任务也不同，因而会计核算和监督的具体内容也不完全一致。

1. 产品制造企业的会计对象

产品制造企业是从事产品生产和销售的营利性经济组织。它的会计对象是产品制造生产过程中的资金运动。

产品制造企业的资金运动按其运动的程序可分为资金投入、资金循环与周转和资金退回三个基本环节。制造企业的主要经济活动是生产工业产品。随着供应、生产、销售三个生产阶段的进行，企业资金不断改变其存在的形态，周而复始地循环和周转。

制造企业进行生产经营活动所拥有的物质条件都有一定的资金来源，表现为投资者和债权人的资金投入。资金形态表现为货币资金。在生产开始的供应过程中，企业以部分货币资金购买机器设备等固定资产，这部分货币资金转化为固定资金。在频繁的供应过程中，企业以货币资金购买生产所需要的劳动对象（材料），为进行生产而储备必要的物资，这部分货币资金转化为储备资金。

在生产过程中，劳动者利用劳动资料对劳动对象进行加工，生产工业产品。企业的资金由储备资金形态转化为在产品形式的生产资金。生产过程也是耗费的过程。在生产过程中，一部分货币资金以支付职工薪酬和其他费用的形式转化为生产资金；同时生产厂房、机器设备等劳动资料在使用中产生磨损，这部分磨损价值由固定资金转化为生产资金。随着生产产品的完工，生产资金转化为成品资金。

在销售过程中，企业将产品销售出去，这时成品资金转化为货币资金。在收回的货币资金中，一部分收入以税费的形式上交国家，这部分资金退出企业。另一部分是纯收入，在按规定提取盈余公积之后，一部分以分配利润的形式分给投资者，这部分资金也退出企业；其余资金则可用于购买生产材料，支付生产费用，继续参加生产经营周转。

上述供应、生产、销售三个经营阶段是产品制造企业的经常性资金运动，如图 1-2 所示。此外，企业还会发生对外投资和接受投资等资金运动的情况，这也属于资金运动的范畴。

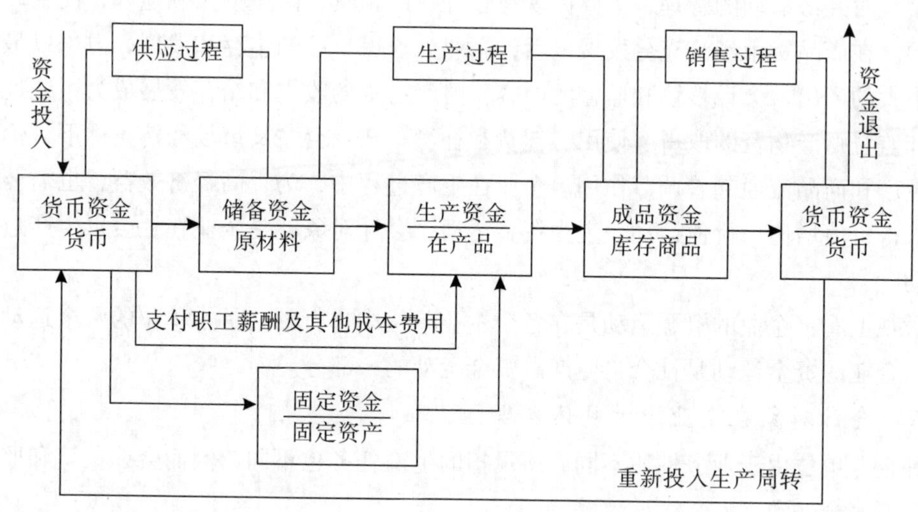

图 1-2　产品制造企业的资金运动过程

因此，由于资金的取得、运用和退出等经济活动所引起的各项财产资源的增减变化情况，在生产经营过程中各项生产费用支出和产品成本的形成情况，以及企业销售收入的取得和企业纯收入的实现、分配情况，就是产品制造企业会计的具体对象。

2. 商品流通企业的会计对象

商品流通企业的会计对象是商品流通企业在商品流通过程中的资金运动。

商品流通企业的资金运动不同于产品制造企业的资金运动。商品流通企业的经营活动主要在流通领域，包括购进和销售两个阶段。在购进阶段，企业通过购买商品，货币资金转化为商品资金。在销售阶段，通过商品销售，商品资金又转化为货币资金，如此不断循环、周转。与产品制造企业一样，商品流通企业也有资金投入、资金循环与周转、资金退出三个基本环节，如图 1-3 所示。因此，商品流通企业的资金循环与周转以及资金投入、退出构成了商品流通企业会计核算和监督的具体内容。

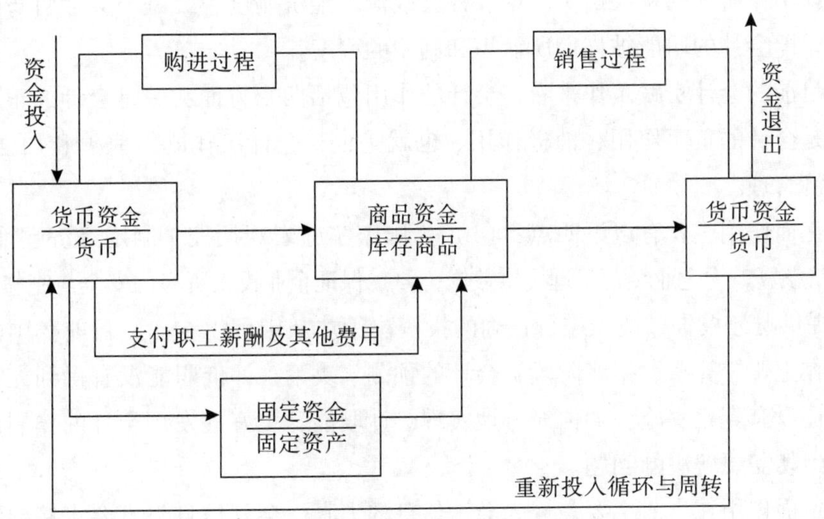

图 1-3 商品流通企业的资金运动过程

3. 政府与非营利组织的会计对象

政府与非营利组织和企业组织不同，它们并不从事商品的生产和流通，是一种预算管理性质的组织。这种组织为了完成国家赋予的任务，同样需要一定数量的资金。这些资金主要由国家财政拨给。国家每年根据各单位的预算，拨给一定数量的资金，这种资金叫预算拨款，也叫预算收入。各单位在完成任务的过程中按预算以货币形式支付各种费用支出，这种费用支出叫预算支出，它是非补偿性的，不能从收入中得到补偿，因此，政府与非营利组织没有资金循环过程。预算收入和预算支出构成政府与非营利组织预算资金运动。政府与非营利组织会计核算和监督的内容就是预算资金的运动，包括资金的投入、运用、退出三个环节，如图 1-4所示。

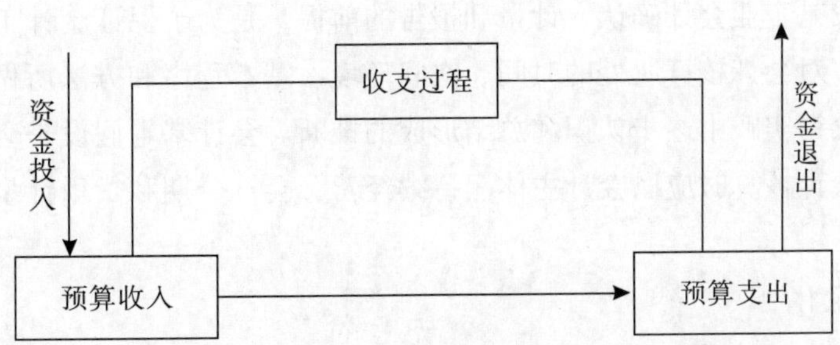

图 1-4 政府与非营利组织的资金运动过程

二、会计的作用

会计的作用是指会计的各项职能在特定的历史时期、特定的社会经济制度下实现和被利用之后所产生的效果。会计作用的发挥取决于两个重要因素：一是会计所处的外部环境因素，包括会计工作所处的社会历史时期及社会政治、经济制度；二是与会计自身的内在本质有关的因素，即会计的职能被人们所认识和利用的程度。

从我国目前的会计实践工作来看，会计的作用包括两个方面：一是会计的正面作用、积极作用；二是会计的负面作用、消极作用。也就是说，会计工作既能完善和加强经济管理，也能弱化经济管理。

会计的正面作用主要有以下四点：（1）为国家实施宏观调控、制定经济政策提供信息；（2）加强经济核算，为企业经营管理提供数据；（3）保证企业投入资产的安全与完整；（4）为外部投资者等提供财务报告，便于进行正确的投资决策。从中可以看出，目前我国的会计工作更多地停留在记账、算账、报账阶段，会计的预测、决策、评价职能没有得到充分发挥，甚至有些职能还没有真正实施。如何充分地实现会计职能，更好地发挥会计的作用已成为我国会计工作中迫切需要解决的问题。

会计的负面作用在当前主要表现为会计信息的失真。会计信息失真会直接导致国有资产流失、偷逃税款等现象的出现。尽管对会计信息失真这一问题的成因和对策尚无定论，但毋庸置疑，会计信息失真是会计工作产生的一种负效应，这一点是认识会计作用时不应被忽视的。

第三节　会计基本假设与会计基础

一、会计基本假设

会计人员在核算经济业务时，面对变化不定、错综复杂的社会经济环境，只有明确会计基本假设，才能运用科学的方法对企业的经营活动进行正确的核算，把握经济活动的真实情况，实行有效的管理和控制。

会计基本假设是企业会计确认、计量和报告的前提，是为了保证会计工作的正常进行和会计信息的质量，对会计核算所处的时间、空间环境、基本程序和方法所做的合理设定，它是人们在长期的会计实践中逐步认识和总结形成的推断。会计基本假设是会计核算的基本依据。企业在组织会计核算时应以会计主体、持续经营、会计分期和货币计量作为会计核算的基本前提。

（一）会计主体

会计主体是指会计确认、计量和报告的空间范围，即会计核算和监督的特定单位或组织。为了向财务报告使用者反映企业的财务状况、经营成果和现金流量，提供与其决策有用的信息，会计核算和财务报告的编制应当反映特定对象的经济活动，这样才能实现财务报告的目标。《企业会计准则——基本准则》第五条规定：企业应当对其本身发生的交易或者事项进行确认、计量和报告。这里所指的“本身”就是会计主体。会计主体的假设使会计核算有了明确的空间范围，也就是会计核算必须严格限定在相对独立的特定单位或组织，只有这样，企业的财务状况和经营成果才能独立地反映出来。会计人员必须站在特定会计主体的立场，核算和监督特定主体的经济活动，严格划清主体与其他主体、主体与出资人之间的经济界限，将其他企业的生产经营活动、企业出资人的财产变动或其他经济往来排除在本企业的会计核算之外，为会计主体的有关方面提供准确的会计信息。

会计主体与法律主体（即法人）不是同一概念。法人是指在政府部门注册登记、有独立的财产、能够承担民事责任的法律实体，它强调企业与各方面的经济法律关系。而会计主体则是按照正确处理所有者与企业的关系，以及正确处理企业内部关系的要求而设立的。所有的经营法人都是会计主体，但有些会计主体并不是法律主体。例如，独资与合伙企业是会计主体，但他们并不是法律主体。为了加强企业内部管理的需要，有时需对企业内部的部门单独加以核算，并编制内部会计报表，此时，企业内部划出的核算单位也是一个会计主体，但他们并不是法律主体。在企业集团的情况下，一个母公司拥有若干个子公司，企业集团在母公司的统一领导下开展经营活动，为了全面反映企业集团的财务状况和经营成果，就有必要将这个企业集团作为一个会计主体。在会计程序上，应先将集团中各个企业作为一个会计主体进行会计核算，并编制出各个会计主体的财务报表，然后再把各个会计主体的财务报表加以合并，编成合并会计报表。因此，凡是能够独立组织会计工作，独立计算盈亏，独立编制财务报表的经济单位都可作为会计主体。

（二）持续经营

持续经营是指在可预见的将来，会计主体将会按当前的规模和状态继续经营下去，不会停业，也不会大规模削减业务。《企业会计准则——基本准则》第六条规定：企业会计确认、计量和报告应当以持续经营为前提。持续经营的假设使会计核算工作明确了其时间范围。只有在持续经营的条件下，会计程序才有可能建立在非清算的基础上，不采用合并和破产清算的处理方法，保持会计处理的一致性和稳定性。例如，在持续经营情况下，企业各种经济资源按原定目标耗用、出售或转换，承担的债务按规定期限偿还。

任何企业经营，不论其规模大小，在激烈的市场竞争中，都存在破产清算的风险。企业若不能根据市场的变化做出灵敏的反应，并及时调整生产经营活动，将不得不宣告破产或进行合并。此时，以持续经营为假设的会计方法和程序已不再适应，而应以《中华人民共和国破产法》等法规为依据，根据清算的要求，如实反映企业清算时的财务状况和财产关系，提供有助于正确处理各方权益关系的信息。

（三）会计分期

企业的生产经营活动是连续不断进行的，在时间上具有不间断性。会计分期假设就是将企业持续不断的生产经营过程划分为连续的、长短相等的会计期间，以便分期结算盈亏，按期编制财务报告，及时为有关方面提供反映财务状况、经营成果及其变化情况的会计信息。《企业会计准则——基本准则》第七条规定：企业应当划分会计期间，分期结算账目和编制财务报告。

会计分期一般按公历时间进行划分。会计分期的结果叫会计期间。会计期间分为年度和中期。中期是指短于一个完整的会计年度的报告期间，如半年、季度和月度。一个完整的会计期间往往是指一个完整的会计年度。我国《会计法》和企业会计准则均规定，我国企业的会计年度，从每年的1月1日起至12月31日止。会计年度可与公历年度一致，也可与公历年度不一致。例如，美国采用十月制，即从每年的10月1日起至次年的9月30日止。由于有了会计分期的假设，才产生了本期和非本期的区别，才产生了收付实现制和权责发生制，才能正确划分收益性支出和资本性支出，才能保持各个会计期间会计程序和会计方法的一致性，才能准确地提供财务状况和经营成果的会计信息。

（四）货币计量

货币计量是指会计主体在会计确认、计量和报告时以货币为计量尺度，反映会计主体的生产经营活动。企业经营活动错综复杂，经济业务涉及的实物形态多种多样，计量单位也各有不同。为全面反映各项经济业务的影响和结果，只有货币计量这一共同价值尺度，才能将不同的经济业务进行综合，这就产生了货币计量会计核算的前提。

《企业会计准则——基本准则》第八条规定：企业会计应当以货币计量。货币计量假设是指对所有会计核算对象采用同一种货币作为共同的计量单位，把企业生产经营活动和财务成果的数据转化为按统一货币单位反映的信息。货币计量的假定包含两层含义：一是在诸多计量单位中，假设货币是计量经济活动及其结果的最好单位；二是货币是稳定的，这种假设也就是承认在会计核算资料中，反映的财产物资价值与其实际价值是一致的。当货币本身价值波动较大时，如发生恶性通货膨胀，要采用特殊的会计准则来处理有关事项。

《企业会计准则第19号——外币折算》规定：会计通常应以人民币作为记账本位币。业务收支以人民币以外的货币为主的企业，也可选定某种外币作为记账本位币，但编制的财务报表应当折算为人民币反映。境外企业向国内有关部门编报会计报表，应当折合人民币反映。企业记账本位币一经确定，不得随意变更，除非企业经营所处的主要经济环境发生重大变化，主要使用的货币也随之发生重大变化。

货币计量的假设决定了会计核算对象只限于那些能够用货币计量的经济活动，而对于那些不能用货币计量的经济活动，如产品质量、企业竞争力之类的与决策相关的非货币信息等，为弥补货币计量的不足，可在财务报告中以其他形式加以补充说明。

二、会计基础

在会计核算业务中，由于各种原因，企业交易或事项的发生时间与相关货币收支的时间有时并不完全一致，会发生一些应收未收、应付未付的经济事项。在核算企业的收入和费用时：一是根据收到或支付款项作为确认的标准；二是以收款权利或支付的责任作为确认的标准，这就形成了两种不同的记账基础，前者称为收付实现制，后者称为权责发生制。

收付实现制又称现金制或实收实付制，是以款项的实际收付作为标准来确定当期的收入和费用。凡是当期实际收到的款项和实际付出的款项，不论是否属于当期，均作为当期的收入和费用处理。反之，凡是当期未实际收到的款项和未付出的费用，即使属于当期，在会计核算上也不作为当期的收入和费用处理。

权责发生制又称应计制或应收应付制，是以款项的实际发生即收款的权利或支付的责任为标准确定本期的收入和费用，而不以款项是否在本期收付为标准。凡是当期已经实现的收入和已经发生或应当负担的费用，无论款项是否收付，都应当作为当期的收入和费用处理。反之，凡是不属于当期的收入和费用，即使款项已在当期收付，也不能作为当期的收入和费用处理。

[**例题1-1**] 某公司2019年9月发生以下经济业务，比较权责发生制和收付实现制对收入和费用的确认影响。

(1) 支付上月水电费4 000元。

(2) 销售一批产品售价20 000元，本月收款12 000元并存入银行，其余货款11月才能收到。

(3) 收到购货单位一笔货款8 000元并存入银行，合同规定10月发货。

(4) 支付下季度保险费9 000元。

(5) 收到购买单位所欠6月销售货款10 000元并存入银行。

(6) 支付本月负担的办公费1 000元。

权责发生制和收付实现制对上述业务收入和费用的确认差异如表1-1所示。

表1-1 收入和费用的确认差异

单位：元

业务号	权责发生制		收付实现制	
	收入	费用	收入	费用
(1)				4 000
(2)	20 000		12 000	
(3)			8 000	
(4)				9 000
(5)			10 000	
(6)		1 000		1 000

实行权责发生制是依据持续经营和会计分期的基本前提，用来正确划分不同期间的资产、负债、收入和费用等项目的归属期，特别是收入和费用两个项目的归属期。实施权责发生制，能够准确反映特定期间的经济业务及其财务成果的真实状况。因此，《企业会计准则——基本准则》第九条规定：企业应当以权责发生制为基础进行会计确认、计量和报告。收付实现制主要适用于行政、事业单位的会计核算。

上述会计基本假设和会计基础具有相互依存、相互补充的关系。会计主体确立了会计核算的空间范围，持续经营与会计分期确立了会计核算的时间长度，货币计量和会计基础为会计核算提供了必要手段。没有会计主体，就不会有持续经营；没有持续经营，就不会有会计分期；没有货币计量，就不会有现代会计；没有会计基础，企业会计中的收入、费用和利润数据就无法进行确认与计量。

第四节　会计目标和会计信息质量要求

一、会计目标

会计目标是指会计工作应当达到的境地或标准，它是在一定的社会、经济、法律环境下，通过会计人员的管理活动所要达到的最终结果。在此需要正确区分会计目标与会计职能、会计作用的不同。会计目标是指会计工作应当做什么；会计职能是会计本来具有的功能，说明会计工作能够做什么；而会计作用是行使会计职能后产生的影响，是实际做到的。

关于会计目标的定位，目前学术界存有“受托责任观”和“决策有用观”两种主流观点。前者产生于企业所有权与经营权相分离的背景之下，投资者与经营管理者之间委托受托关系的出现。该观点强调会计目标在于通过真实、可靠的财务报告，解释受托人的受托责任；后者形成于资本市场发达时期，企业所有者与经营者之间的关系变得不确定，会计信息使用者迅速增多，不仅包括现有的投资者、债权人，还包括潜在的投资者、债权人以及财政税务部门、社会中介机构、新闻媒体、律师和咨询机构等。该观点强调会计目标在于为决策者提供与决策相关的会计信息。在公司融资主要依靠资本市场的背景下，向信息使用者提供对各种决策特别是对投资决策有用的会计信息比反映受托者责任履行情况更重要。

“受托责任观”和“决策有用观”两种观点并无本质上的分歧，其主要区别在于对会计信息使用者的定位不同。“受托责任观”把会计信息使用者定位于企业资源的委托者，而“决策有用观”则认为会计信息使用者是所有与企业具有利益关系的会计信息使用者。为此，我国《企业会计准则——基本准则》第四条规定：财务会计报告的目标是向财务会计报告使用者提供与企业财务状况、经营成果和现金流量等有关的会计信息，反映企业管理层受托责任履行情况，有助于财务会计报告使用者作出经济决策。

二、会计信息质量要求

会计信息质量要求是对企业财务报告中所提供的会计信息质量的基本要求，是使财务报告中所提供的会计信息对使用者决策有用应具备的基本特征，它主要包括可靠性、相关性、可理解性、可比性、实质重于形式、重要性、谨慎性和及时性等。其中，可靠性、相关性、可理解性、可比性是会计信息的首要质量要求，是企业财务报告中所提供会计信息应具备的基本质量特征；实质重于形式、重要性、谨慎性和及时性等是会计信息的次级质量要求，是对可靠性、相关性、可理解性、可比性等首要质量要求的补充和完善，尤其是在对某些特殊交易或者事项进行处理时，需要根据这些质量要求来把握会计处理原则。

（一）可靠性

可靠性要求企业应当以实际发生的交易或事项为依据进行确认、计量和报告，如实反映符合确认和计量要求的各项会计要素及其他相关信息，保证会计信息真实可靠、内容完整。

可靠性是高质量会计信息的重要基础和关键所在。企业以虚假的交易或者事项进行会计核算，属于违法行为，因为它不仅会严重损害会计信息质量，而且会误导投资者，干扰资本市场，导致会计秩序、财经秩序混乱。为了保证会计核算的真实可靠，不允许篡改和伪造会计记录和会计报告。会计凭证、账簿、报表和其他有关资料要做到不偏不倚，以客观事实为依据，不受主观意志的影响，真实准确且核算结果经得起检验。

可靠性质量要求并不意味着会计信息必须绝对肯定或绝对精确。在会计实务中，由于会计核算对象中的许多经济现象和过程带有不确定性，或者在数量上难以精确，如折旧费用、应计费用等，这些数据不可能做到绝对精确，但应在符合重要性和成本效益原则的前提下，做到相对精确，客观地反映企业的实际经济情况。

（二）相关性

相关性要求企业提供的会计信息应当与投资者等财务报告使用者的经济决策需要相关，有助于投资者等财务报告使用者对企业过去、现在或者未来的情况做出评价或预测。会计核算的信息不符合财务报告使用者的要求，即使客观真实地反映了企业的财务状况和经营成果，也是毫无价值的。相关性要求会计人员在收集、加工、处理、传递会计信息的过程中，按照会计信息使用者的要求，有针对性地提供会计资料，确保企业内外有关方面对会计信息的相关需要。

会计信息是否具有相关性，主要取决于会计信息是否具有预测价值和反馈价值。预测价值是指会计信息能够帮助决策者对企业未来的经济活动状况做出预测，从而选出最佳方案或防患于未然。反馈价值是指会计信息能把以往决策产生的实际结果反馈给决策者，以帮助决策者判断以往决策是否达到了预期效果，为今后决策提供参考依据。

需要注意的是，相关性要求是以可靠性要求为基础的，两者之间并不矛盾，不应将两者对立起来。会计信息应在可靠性的前提下，尽可能地做到相关性，以满足会计信息使用者的决策需要。

（三）可理解性

可理解性要求企业提供的会计信息应当清晰明了，便于投资者等财务报告使用者理解和使用。

提供会计信息的目的在于使用。要使会计信息使用者使用信息，首先必须了解会计信息的内涵，完整、准确地把握会计信息所说明的内容，这就要求会计核算和财务报告所提供的会计信息简明易懂，能简单明了地反映企业的财务状况和经营成果。只有这样，才能提高会计信息的有用性，实现财务报告的目标，便于会计信息使用者的正确理解和有效利用。要满足可理解性要求，会计记录应当准确、清晰，填制会计凭证、登记会计账簿必须做到依据合法、账户对应关系明确、文字摘要完整；在编制财务报告时，项目勾稽关系清楚、报表项目完整、数字金额准确。

（四）可比性

可比性要求企业提供的会计信息应当具有可比性。

为了掌握企业财务状况和经营业绩的变化趋势，信息使用者必须对企业不同时期的财务报表进行比较。为了评估不同企业相对的财务状况、经营业绩和现金流量，信息使用者还必须对不同企业的财务报表进行比较。因此，对于整个企业及其不同时点以及不同企业而言，同类交易或者其他事项的计量和报告，都必须采用一致的方法，以便使信息具有可比性。

可比性要求包含两层含义。(1) 同一企业不同时期会计信息的纵向可比，即要求同一企业在不同时期发生的相同或者相似的交易或者事项，应当采用一致的会计政策，不得随意变更，以便对前后期会计信息资料进行比较。可比性要求并不表明企业不得变更会计政策，如果按照国家规定或者在变更后能够提供更可靠、更相关的会计信息，则可以变更会计政策，但有关会计政策的变更情况应当在报表附注中予以说明。(2) 不同企业相同会计期间会计信息的横向可比，即要求不同企业同一会计期间发生的相同或相似的交易或者事项，应当采用规定的会计政策，确保会计信息口径一致，相互可比，以使不同企业按照一致的确认、计量和报告要求提供有关信息。

（五）实质重于形式

实质重于形式要求企业应当按照交易或事项的经济实质进行会计确认、计量和报告，而不应当仅仅以交易或事项的法律形式为依据。

在会计实务中，企业发生的交易或事项在多数情况下，其经济实质和法律形式是一致的。但在有些情况下，会出现两者不一致的现象。例如，以融资租入方式租入固定资产的确认与计量，从法律形式上说，该项固定资产的所有权在出租方，承租企业并不拥有其所有权。但是，由于租赁合同中规定的租赁期限一般接近于固定资产的使用寿命；租赁结束时承租企业有优先购买该固定资产的选择权；在租赁期限内，承租企业有权支配资产并从中受益等。因此，从经济实质上看，企业能够控制融资租入固定资产创造的未来经济利益。这就要求在会计确认、计量和报告上将以融资租入方式租入的固定资产视为承租企业的资产，列入承租企业的资产负债表中进行反映。

如果企业的会计核算仅仅按照交易或事项的法律形式进行，而其法律形式又没有反映其经济实质，那么其最终结果不仅不利于会计信息使用者的决策，反而会误导会计信息使用者的决策。

（六）重要性

重要性要求企业提供的会计信息应当反映与企业财务状况、经营成果和现金流量有关的所有重要的交易或者事项。

重要性要求企业在会计核算中对交易或者事项应当区别其重要程度，以采用不同的会计核算方式。对企业资产、负债、损益等有重大影响，且能够影响会计信息使用者据以做出合理判断的重要经济业务，必须按照规定的方法和程序进行处理，并在财务报告中予以充分、准确的披露；对于那些次要的经济业务，在不影响会计信息可靠性和决策相关性的前提下，采用简化或合并的方式核算。

某项经济业务是否具有重要性，很大程度上取决于会计人员的职业判断。一般来说，企业应根据所处的环境和实际情况，从项目的性质和金额大小两方面加以判断。当某项经济业务的数量金额达到一定规模，可能对决策产生影响，或者从项目的作用与影响大小来看，当某项业务可能对决策产生一定的影响时，会计人员就应认定此项经济业务符合重要性质量要求。各个企业应认真确定自己的重要会计事项，以便集中精力抓好关键。

（七）谨慎性

谨慎性要求企业对交易或者事项进行会计确认、计量和报告时，应当保持应有的谨慎，不应高估资产或者收益、低估负债或者费用。

在市场经济环境下，企业的生产经营面临许多的不确定性，如应收款项的可回收性、固定资产的使用寿命、售出商品可能发生的退货或返修等。会计信息质量的谨慎性要求企业在面临不确定性因素的情况下做出职业判断，既不高估资产或收益，也不低估负债或费用，这样有利于企业防范风险，充分保护投资者和债权人的利益。例如，要求企业对可能发生的资产减值损失计提减值准备，就体现了会计信息质量的谨慎性要求。

谨慎性的应用也不允许企业设置秘密准备，如果企业滥用谨慎性，故意低估资产或者收益、故意高估负债或者费用，以此来达到人为调节企业损益的目的，则不符合会计信息的可靠性和相关性要求。这样做不仅会损害会计信息质量，扭曲企业实际的财务状况和经营成果，而且会损害会计工作秩序，造成会计信息失真的现象，这是会计准则所不允许的。

（八）及时性

及时性要求企业对已经发生的交易或者事项要及时进行确认、计量和报告，不得提前或者延后。

会计信息具有一定的时效性，其价值往往随着时间的流逝而逐渐降低。企业的会计信息只有及时地提供给会计信息使用者，才是与会计信息使用者决策相关的信息。会计信息即使具备了可靠性和相关性，若不能及时提供，也是无用的信息，不能发挥其应有的功效。

及时性要求在会计核算中必须满足三个要求：（1）及时收集会计信息，即在经济交易或者事项发生后，及时收集并整理各种原始单据或者凭证；（2）及时处理会计信息，即按照企业会计准则的规定，及时对经济交易或者事项进行确认或者计量，并编制财务报告；（3）及时传递会计信息，即按照国家规定的有关时限，及时将编制的财务报告传递给财务报告使用者，便于其及时使用和决策。

第五节　会计方法和会计循环

一、会计方法

（一）会计方法体系

会计方法是执行会计职能、完成会计任务的手段。会计方法包括会计核算方法、会计分析方法和会计检查方法。这三个方法既相互独立，又相互联系、相互配合，构成一个完整的会计方法体系。

会计核算方法是对各单位已经发生的经济业务活动进行完整、连续、系统的核算和监督所采用的方法，它由一系列的专门方法组成，如设置会计科目和账户、复式记账、填制和审核凭证、登记账簿、成本计算、财产清查和编制财务报告。会计核算方法是整个会计方法体系中最基本、最主要的方法。

会计分析方法主要是利用会计核算资料，进行事先预测或事后说明，考核经济活动的效果，以便改善经营管理的有关方法。会计分析是会计核算的继续和发展。会计分析的资料为会计预测和决策提供主要依据。过去曾将会计分析方法列为经济活动分析方法的一部分，随着高度集中的计划经济体制的结束，“经济活动分析”作为独立的学科已被取消。会计分析方法被列入企业财务管理的范畴，并被称为财务分析方法。

会计检查方法是指根据会计核算资料，检查经济活动是否合理合法以及会计核算资料是否正确的方法。会计检查是会计核算的必要补充。随着我国审计工作的迅速发展，目前已不再单独使用“会计检查”一词，会计检查已被列入审计学的范畴。

（二）会计核算方法

1. 设置会计科目和账户

设置会计科目是对会计对象的具体内容进行核算和监督的一种方法。会计对象包含的内容纷繁复杂，设置会计科目就是根据会计对象的不同特点和经济管理的不同要求，选择一定的标准进行分类，并事先规定分类核算的项目。根据会计科目在账簿中开设相应的账户，在账簿中分类、连续地记录各项经济业务，可为经济管理提供需要的核算指标信息。在我国，会计科目由国家财政部门通过会计制度的形式统一制定，由各级会计部门遵照执行。

2. 复式记账法

复式记账法是指对发生的每一项经济业务，都必须以相等的金额，同时在相互关联的两个或两个以上账户中进行登记，全面系统地反映会计要素增减变化的一种记账方法。凡是企业因发生经济业务而引起的会计对象的变动，都要运用复式记账的方法，如实、完整地记录资金运动的来龙去脉，全面核算和监督各单位的经济活动情况。通过复式记账可以检查有关业务记录是否正确。

3. 填制和审核凭证

填制和审核凭证是为了保证会计核算资料真实、完整，审核经济业务是否合理合法而采用的一种方法。会计凭证是记录经济业务、明确经济责任的书面证明，也是登记账簿的依据。任何一项经济业务都要按发生和完成的真实情况填制会计凭证，并经会计人员审核确认无误后，才能据以登记账簿。会计机构和会计人员对违反《会计法》和国家统一会计制度规定的会计事项，有权拒绝办理或按照职权予以纠正。填制和审核会计凭证，也是实行会计监督的一个重要方面。

4. 登记账簿

会计账簿是以会计凭证为依据，由具有一定格式、相互联系的账页所组成，用来连续、系统地记录各项经济业务的簿籍。登记账簿就是以经过审查无误后的凭证为依据，把所有的经济业务按发生的顺序分门别类地记入有关账簿，以求为经济管理工作提供系统的、完整的数据和信息资料。账簿是保存会计数据的重要工具，账簿记录是编制会计报表的主要依据。

5. 成本计算

成本计算是按照一定的对象归集和分配发生的各种费用支出，确定各核算对象的总成本和单位成本的一种方法。通过成本计算，可以确定材料的采购成本、产品的生产成本和销售成本，核算和监督生产经营过程中的各种费用情况，有利于促进企业加强核算、不断降低成本、提高经济效益。

6. 财产清查

财产清查是指对各项财产进行实地盘点和核对，查明财产物资、货币资金和结算款项的实存数额，确定其账面结存数额和实际结存数额是否相符的一种专门方法。在会计工作中，运用一系列专门方法，将各种财产物资的结存数额在账簿中进行了记录和核算，但账面反映的财产物资的结存数是否与实际结存数完全相符，还需要用财产清查的方法加以查对和核实。通过财产清查，一方面可以查明财产物资的实存数，以保证账实相符；另一方面可以检查各种财产物资的储备保管情况和各种应收应付的结算情况，防止物资积压、毁损和各种往来款项的长期拖欠不清，从而加强财产物资的管理，提高资金的使用效率。

7. 编制财务报告

财务报告是指企业对外提供的反映企业某一特定日期财务状况和某一会计期间经营成果、现金流量等会计信息的文件。财务报告包括财务报表和其他应当在财务报表中披露的信息和资料。编制财务报表是根据账簿记录的数据资料，采用一定的表格形式，概括地反映各单位在一定时期内经济活动过程和结果的一种方法。财务报表是在账簿记录的基础上，对日常核算资料进一步加工整理编制的，是对日常核算的总结。财务报表提供的资料是进行会计分析、会计检查的重要依据。

上述各种会计核算方法是相互联系、相互配合的，构成一个完整的会计核算方法体系。一般来说，在经济业务发生后，首先要取得或填制会计凭证，经会计人员审核整理后，按照设置的会计科目，在账簿中开设账户，运用复式记账法，编制记账凭证，并据以登记账簿；其次对生产经营过程中发生的费用，依据凭证和账簿记录进行成本计算，对账簿记录通过财产清查加以核实，在保证账实相符的基础上，定期编制财务报告。

会计核算方法的联系如图 1-5 所示。

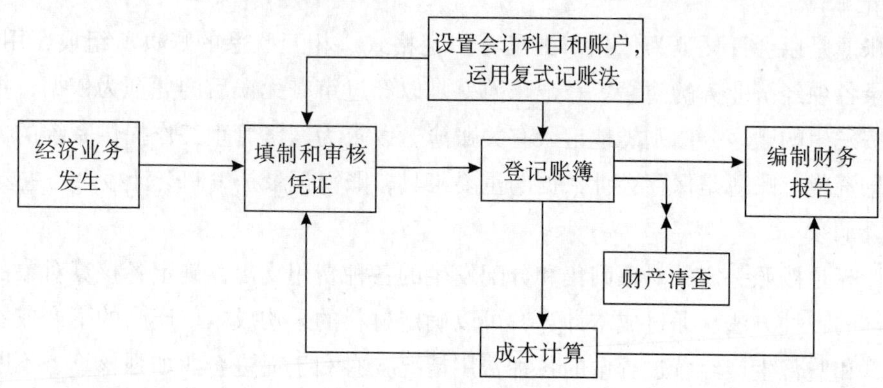

图 1-5　会计核算方法的联系

二、会计循环

（一）会计循环的含义

企业为了取得真实可靠的会计信息，会对日常发生的各种经济业务，在一个会计期间内完成取得与编制会计凭证、登记账簿、试算平衡、账项调整、结账和编制财务报表等一系列的会计工作。为保证这些工作顺利进行，必须将会计工作划分为若干个步骤或程序，并依次进行，即从会计期初开始，按照一定的步骤逐次地完成每项工作，直到会计期末，下一个会计期初又重新开始。这个过程循环往复、周而复始，我们把这个有规律地重复进行的会计过程称为会计循环。

会计循环实际上是会计信息系统的运行过程，是在一个特定会计期间内对经济活动进行确认、计量、记录和报告的完整过程，其基本步骤如图 1-6 所示。

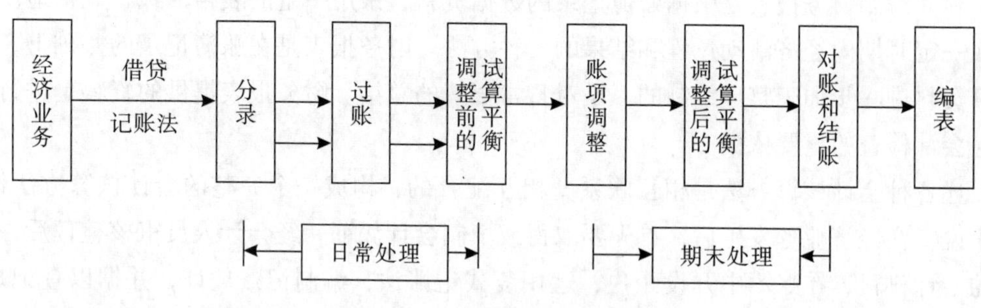

图 1-6　会计循环的基本步骤

（二）会计循环的步骤

在会计实务中，一个完整的会计循环应包括以下七个步骤。

1. 分析经济业务，编制会计分录

根据原始凭证对日常发生的各种各样的经济业务，分析它们对会计要素的影响，运用借贷记账法记账规则，确定每笔经济业务应借应贷的账户及金额，并在记账凭证中编制会计分录。

2. 根据会计分录，登记账簿

根据记账凭证中的会计分录，将每笔业务涉及账户的借方发生额和贷方发生额分别登记到总分类账户和明细分类账户，这一步骤在会计上简称“过账”。

3. 调整前的试算平衡

调整前的试算平衡是要在会计期末当全部会计分录都已经过到总分类账户和明细分类账户之后，为了检查过账是否正确，编制试算平衡表以检查记账过程是否有错误。

4. 期末账项调整

为了正确计算各个会计期间的损益，在期末结账前，应当按照权责发生制的要求对那些在平时会计记录中未予以反映的收入和费用进行确认，并导入相应的账户，以便合理反映企业的经营成果。

5. 调整后的试算平衡

通过上一步骤的期末账项调整后，为了验证账户记录是否准确，有必要对账户余额进行试算平衡，以确保账户记录的正确性。

6. 对账和结账

通过上述步骤将企业当期全部经济业务登入账簿后，还需要对账簿记录进行核对，以保证账簿记录的完整和正确。之后在此基础上进行结账工作，计算并结出各账户的本期发生额和期末余额。

7. 编制财务报表

当各个账户的本期发生额和期末余额计算确定后，就可根据会计信息使用者的要求对账簿记录中的各种信息进行筛选、浓缩，确定列入财务报表相关项目的内容和金额，编制财务报表。

练习题

一、单项选择题

1. 会计的基本职能是（　）。

A. 核算和监督　B. 分析和考核　C. 预测与决策　D. 反映和核算

2. 在会计核算的基本前提中，界定会计核算和会计信息的空间范围的是（　）。

A. 会计主体　B. 持续经营　C. 会计分期　D. 货币计量

3. 会计核算和会计监督主要是通过（　）来进行的。

A. 实物量指标　B. 数量指标　C. 价格指标　D. 价值量指标

4. 下面不可能属于会计主体的是（　）。

A. 企业　B. 车间　C. 企业集团　D. 会计人员

5. 会计分期是从（　）中引申出来的。

A. 权责发生制　B. 会计目标　C. 持续经营　D. 会计主体

6. 下面属于资金退出企业资金运动的是（ ）。

A. 购买材料　B. 发放工资　C. 缴纳税金　D. 支付上月所欠的货款

7. 我国会计期间按年度划分，以（ ）为一个会计年度。

A. 营业年度　B. 日历年度　C. 计划年度　D. 统计年度

8. 会计核算应当按照规定的会计方法进行，会计指标应当口径一致，相互可比，是依据（ ）会计信息质量要求。

A. 谨慎性　B. 相关性　C. 可比性　D. 重要性

9. 会计的本质是（ ）。

A. 反映与分析　B. 核算和监督　C. 一种管理活动　D. 记账、算账、报账

二、多项选择题

1. 我国的会计期间可以有（ ）。

A. 年度　B. 半年　C. 季度　D. 月度

2. 会计基础包括（ ）。

A. 权责发生制　B. 收付实现制　C. 永续盘存制　D. 实地盘存制

3. 企业的资金运动表现为（ ）。

A. 资金投入　B. 资金运用　C. 资金计划　D. 资金退回

4. 会计的主体可以是（ ）。

A. 独立的法人　B. 非独立的法人

C. 由企业组成的企业集团　D. 企业内部的某一单位

5. 会计核算方法包括（ ）。

A. 设置会计科目和账户　B. 财产清查

C. 编制会计报表　D. 分析会计报表

6. 可靠性信息质量要求会计核算应做到（ ）。

A. 内容真实　B. 数字准确　C. 资料可靠　D. 相互可比

三、判断题

1. 法律主体必定是会计主体，会计主体也必定是法律主体。( )

2. 我国企业进行会计核算时，主要以人民币为记账本位币。( )

3. 会计主要反映的是企业过去的信息，不能为企业内部管理提供数据信息。( )

4. 会计核算的是企业的经济活动而非企业投资者的经济活动。( )

5. 会计的职能只包括会计核算和会计监督两个方面。( )

6. 企业应当按照交易或事项的法律形式进行会计确认、计量和报告。( )

7. 会计核算和监督的内容就是企业发生的所有经济活动。( )

8. 企业在本期发生的所有会计事项均应按照权责发生制的要求来确认本期的收入和费用。( )

四、简答题

1. 会计是怎样产生和发展的？

2. 什么是会计的核算职能？它具有哪些特征？

3. 什么是会计的监督职能？它具有哪些特征？

4. 会计的基本概念是什么？

5. 什么是会计的对象？在产品制造企业中它是如何体现的？

6. 会计有哪些基本假设？

7. 什么是收付实现制和权责发生制？二者有何区别？

8. 会计核算有哪些专门方法？它们之间的联系如何？

五、核算题

1. 请将左右两边相关的内容用线连接起来。

（1）会计对象	A. 货币计量
（2）会计职能	B. 会计信息失真
（3）会计目标	C. 资金运动
（4）会计方法	D. 可靠性
（5）会计假设	E. 成本计算
（6）会计信息质量要求	F. 货币、实物
（7）会计的消极作用	G. 提供信息
（8）会计计量单位	H. 会计核算

2. 某企业某年10月份发生下列经济业务。

（1）用银行存款支付上月水电费780元。

（2）用银行存款3 600元支付第四季度租入设备的租金。

（3）预提本月银行短期借款利息3 000元。

（4）收到上月产品销售货款600 000元。

（5）本月20日销售产品价款9 000元全部收存银行。

（6）本月30日销售产品价款8 000元，其中5 000元收现，其余暂欠。

要求：分别按权责发生制和收付实现制计算本月的收入和费用。

第二章　会计科目和账户

会计的目标是提供信息，而信息使用者需要的是分门别类的信息，这就需要对会计的内容加以分类，并进行分类核算，提供分类核算信息。

第一节　会计要素

一、会计要素的作用

会计要素是根据交易或事项的经济特征所确定的财务会计对象内容的基本分类，即将会计内容分解成若干要素，这些要素称为会计要素。将会计内容分解成若干个会计要素，是会计内容的第一步分类，这样分类有三个方面的作用。

第一，会计要素分类使会计确认和计量有了具体的对象，为分类核算提供了基础。

第二，会计要素分类可以分类提供会计数据和会计信息，这就使得利用会计信息进行投资和经营决策，加强经济管理变得切实可行。

第三，会计要素分类为财务报表构筑了基本框架。按会计要素组成的财务报表，可以分别反映各个会计要素的基本数据，并科学合理地反映会计要素之间的关系，从而为有关方面提供更加有用的经济信息。

二、会计要素的确认

我国《企业会计准则——基本准则》将会计要素划分为资产、负债、所有者权益、收入、费用和利润六项内容。由于财务报表按其反映的经济内容可分为反映财务状况的报表和反映经营成果的报表，会计要素也相应可分为反映财务状况的会计要素和反映经营成果的会计要素。资产、负债和所有者权益要素属于侧重反映财务状况的要素；收入、费用和利润要素属于侧重反映经营成果的要素。资产、负债和所有者权益三项要素，是资金运动的静态表现，反映企业的财务状况，是资产负债表的基本要素；收入、费用和利润三项要素，是资金运动的动态表现，反映企业的经营成果，是利润表的基本要素。

（一）资产

1. 资产的定义与特征

我国《企业会计准则——基本准则》中的资产定义为：资产是指企业过去的交易或者事项形成的、由企业拥有或者控制的、预期会给企业带来经济利益的资源。企业从事生产经营活动，必须具备一定的物质资源，具体表现为厂房设备、原材料、专利权等形态，这些物质资源即为企业的资产，它们其中有的具备具体的物质形态，有的不具备物质形态。

资产具有以下三个特征。

(1) 资产是企业过去的交易或者事项形成的

如企业销售了商品，会导致货币资金的增加或形成应收账款。谈判中的交易或计划中的经济业务可能增加的资产，因尚未实际发生，不能确认为企业的资产。

(2) 资产预期能给企业带来经济利益

资产是一项经济资源，通过对它进行有效的使用，能直接或间接地为企业的现在或将来带来经济利益。资产必须具有为企业服务的潜能或某些特定的权利。若一项资产已失去其带来经济效益的特征，就不能再作为资产，应将其报废。

(3) 资产是由企业拥有所有权或控制权的资源

资产对企业具有提供经济效益的能力，而这种能力具有排他性。如果各个主体都能分享这种利益，利用这种服务，那么它就不是企业的资产。企业的资产绝大部分是由企业拥有的，但有些资产（如融资租入的固定资产），一定时间虽不为企业所拥有，但企业可依法支配它并从中受益，从而形成了对该资产的控制权。根据实质重于形式信息质量的要求，可将融资租入的固定资产确认为企业的资产。

2. 资产的确认条件

符合上述资产含义的资源，还应同时满足以下两个条件。

(1) 与该资源有关的经济利益很可能流入企业

如果根据编制财务报表时所取得的证据，与资源有关的经济利益很可能流入企业，那么就应将其作为资产予以确认；反之，则不能确认为资产。

(2) 该资源的成本或者价值能够可靠地计量

财务会计系统是一个确认、计量和报告的系统，其中可计量性是所有会计要素确认的重要前提，资产的确认也是如此。只有当有关资源的成本或者价值能够可靠地计量时，资产才能予以确认。

3. 资产的分类

资产按流动性进行分类，可分为流动资产和非流动资产（长期资产）两类。所谓资产的流动性，是指资产的变现能力或耗用期限。

(1) 流动资产

流动资产是指可以在一年或者超过一年的一个营业周期内变现或耗用的资产，主要包括库存现金、银行存款、交易性金融资产、应收及预付款项、存货等。

上述流动资产的变现能力较强，其中，库存现金是企业持有的现款，主要用于支付日常发生的小额、零星的费用开支；银行存款是存入某一银行的款项；交易性金融资产是企业为在近期内出售而购买或持有的，以赚取短期价差收益的股票、债券等；应收及预付款项是企业在生产经营过程中发生的应收、未收的债权和预付给有关各方的各种款项，如应收账款、应收票据、预付账款、其他应收款等；存货是企业在日常的生产经营过程中持有以备出售的产成品或商品，处在生产过程中的在产品，或者在生产或在提供劳务的过程中将要被耗用的各种材料和物料等，包括库存商品或产成品、在产品以及各类材料等。

（2）非流动资产

非流动资产是指不能在一年或者超过一年的一个营业周期内变现或耗用的资产，即流动资产以外的资产，主要包括长期股权投资、固定资产、投资性房地产、无形资产、其他资产等。

长期股权投资是指企业持有被投资单位的股权、不准备在一年内变现的投资，包括对子公司、合营企业和联营企业的投资。

固定资产是指为生产商品、提供劳务、出租或经营管理而持有且使用寿命超过一个会计年度的有形资产，包括房屋及建筑物、机器设备、运输设备、工具器具等。

投资性房地产是指为赚取租金或资本增值，或者两者兼有而持有的房地产，包括已出租的土地使用权、持有准备增值后转让的土地使用权及已出租的建筑物。

无形资产是指企业拥有或者控制的没有实物形态的可辨认的非货币性长期资产，包括专利权、非专利技术、商标权、著作权、土地使用权、特许经营权等。无形资产是企业的一种经济资源，它能够在未来期间给企业带来经济利益，但这种利益具有很大的不确定性。

其他资产是指除上述项目以外的其他资产，如长期待摊费用等。

资产的构成如图 2-1 所示。

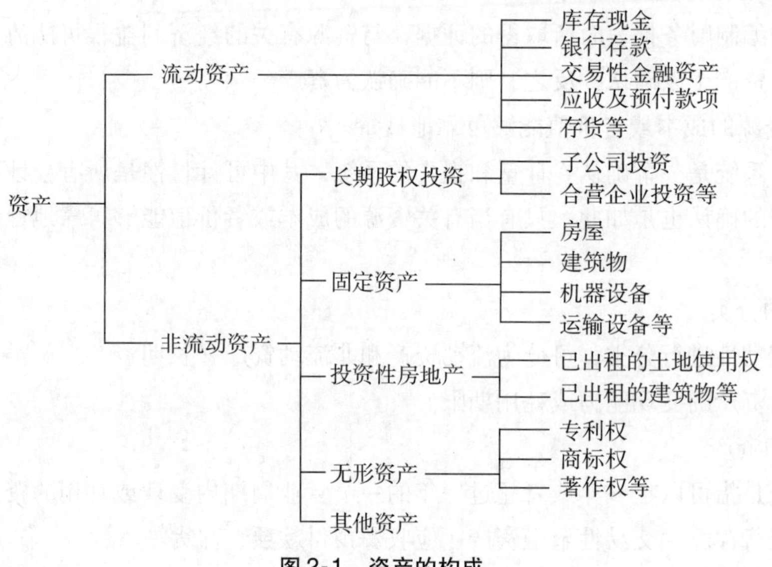

图 2-1　资产的构成

按流动性对资产进行分类，有助于掌握企业资产的变现能力，从而进一步分析企业的偿债能力和支付能力。

（二）负债

1. 负债的定义与特征

负债就是我们欠别人的债务，而别人欠我们的，则是资产。我国《企业会计准则——基本准则》中的负债定义为：负债是指企业过去的交易或者事项形成的、预期会导致经济利益流出企业的现时义务。

会计上的负债具有以下三个特征。

（1）负债是由过去的交易或事项引起的，是企业当前所承担的义务

例如，向银行借入款项，从借款日起，企业就负有还本付息的义务，未来经济业务可能产生的债务，不能作为企业的负债。

（2）负债要由企业在未来的某个时期加以偿还

绝大多数的负债都有确切的债权人和到期日，但有的负债，没有债权人和到期日，只能合理估计。例如，售出商品应付的保修费，它只能根据该种商品以往的销售保修、返修情况以及费用开支情况加以合理估计。

（3）负债的清偿预期会导致经济利益流出企业

为了清偿债务，企业需要在将来转移资产。例如，用资产或劳务清偿债务，也可通过承诺新的负债或转化为所有者权益来了结现时的债务。

2. 负债的确认条件

将一项现时义务确认为负债，需要符合负债的定义，同时还应当满足以下两个条件。

（1）与该义务有关的经济利益很可能流出企业

如果有确凿证据表明，与现时义务有关的经济利益很可能流出企业，则应当将其确认为负债；反之，则不应将其确认为负债。

（2）未来流出的经济利益的金额能够可靠地计量

负债的确认在考虑经济利益流出企业的同时，未来流出的经济利益的金额还应当能够可靠地计量。

总之，负债是企业的一种经济责任，非企业财富。它可以是一种在法律上强制执行的义务，如应交税费；也可以是一种在商业道德上的法定义务，如应付账款、应付职工薪酬等。会计上的债务要有真实凭据，不是人们口头上常说的“人情债”。企业现存的负债，会导致未来经济利益的流出。

3. 负债的分类

负债按偿还期的长短可分为流动负债和非流动负债（长期负债）两类。

流动负债是指将在一年或者超过一年的一个营业周期内偿还的债务，包括短期借款、应付账款、应付票据、预收账款、应付职工薪酬、应付股利、应交税费、应付利息和其他应付款等。

短期借款是企业向银行或其他金融机构借入的期限在一年以下（含一年）的各种借款；应付账款是企业因购买材料、商品或接受劳务供应等而应付给供应单位的款项；应付票据是企业因购买材料、商品等开出并承兑的商业汇票而应付的款项；预收账款是按合同规定预先向购货单位收取的部分货款而形成的债务；应付职工薪酬是企业根据用工合同规定应付给职工的各种薪酬；应付股利是指企业股东大会已决定分配给投资者，但尚未实际支付的现金股利；应交税费是企业按国家税法规定计算应交的各种税费；应付利息是企业向银行或其他金

融机构借款后按规定计算的应付期限在一年以内的各种利息费用；其他应付款指除上述短期应付款项以外，其他应付或暂收的各种款项。

非流动负债是指偿还期在一年或超过一年的一个营业周期以上的债务，包括长期借款、应付债券、长期应付款等。

长期借款是指企业向银行或其他金融机构借入的期限在一年以上的各种借款；应付债券是指企业为筹集长期资金而实际发行的期限在一年以上的债券；长期应付款是指除长期借款和应付债券以外的其他各种长期应付款项。

（三）所有者权益

1. 所有者权益的定义与特征

所有者权益是指企业资产扣除负债后由所有者享有的剩余权益，也就是所有者对企业净资产部分享有的权益。所有者权益在股份公司称为股东权益，在独资企业称为业主权益。

相对负债而言，所有者权益具有以下三个特征。

（1）企业不需要偿还所有者权益

所有者权益无须偿还，作为企业的长期性资金周转使用，而不像负债那样需要偿还，除非发生减资清算的情况。

（2）权益置于负债之后

负债到期，企业必须无条件偿还，所有者权益在法律上其要求权排在负债之后，出资人拥有的只是资产总额减去负债总额后即对净资产的所有权，而负债体现的是对全部资产的要求权。企业清算时，只有在清偿所有的负债后，所有者权益才返还给所有者。

（3）所有者权益的大小取决于出资人的资金大小和企业经营状况的好坏

企业在经营中实现了利润，所有者权益随之增加；发生了亏损，所有者权益随之减少。企业所有者承担了最终的风险，同时也享受了最后的利润分配，而负债不参与企业的利润分配。

2. 所有者权益的确认条件

所有者权益的确认和计量主要取决于资产、负债、收入、费用等其他会计要素的确认和计量。所有者权益在数量上等于企业资产总额扣除债权人权益后的净额，即为企业的净资产，反映所有者（股东）在企业资产中享有的经济利益。

3. 所有者权益的分类

我国《企业会计准则——基本准则》中规定，所有者权益的来源包括所有者投入的资本、直接计入所有者权益的利得和损失、留存收益等。

所有者投入的资本是指所有者投入企业的资本部分，它既包括构成企业注册资本或股本部分的金额，也包括投入资本超过注册资本或股本部分的金额，即资本溢价或股本溢价，这部分溢价在我国会计准则体系中被列入资本公积的核算范畴。

直接计入所有者权益的利得和损失是指不应计入当期损益的、会导致所有者权益发生增减变动的、与所有者投入资本或者向所有者分配利润无关的利得或者损失。其中，利得是指由企业非日常活动所形成的、会导致所有者权益增加的、与所有者投入资本无关的经济利益的流入。损失是指由企业非日常活动所发生的、会导致所有者权益减少的、与向所有者分配利润无关的经济利益的流出。在我国现行的会计准则体系下，直接计入所有者权益的利得和损失是通过“资本公积”项目下的“其他资本公积”科目或“其他综合收益”科目来反映的。

留存收益又分为盈余公积和未分配利润。

因此，企业的所有者权益通常由实收资本（或股本）、资本公积（含资本溢价或股本溢价、其他资本公积）、盈余公积和未分配利润所构成。

实收资本是指投资者按照企业章程或合同、协议的约定，实际投入企业的资本，它是企业所有者权益构成的主体，也是企业正常运行所必需的资金和承担民事责任的财力保证。

资本公积主要是指企业在筹集资本的过程中所形成的资本溢价或股本溢价以及直接计入所有者权益的利得和损失。资本公积金可按法定程序转增资本或股本。

盈余公积是指企业按照规定从税后利润（净利润）中提取的各种积累资金。盈余公积可以用来弥补亏损或按规定的程序转增资本金（或股本）。符合条件的企业，也可用盈余公积分派现金股利。

未分配利润是指未指定用途、留待本年度或以后年度进行分配的留存利润。

负债与所有者权益的构成如图 2-2 所示。

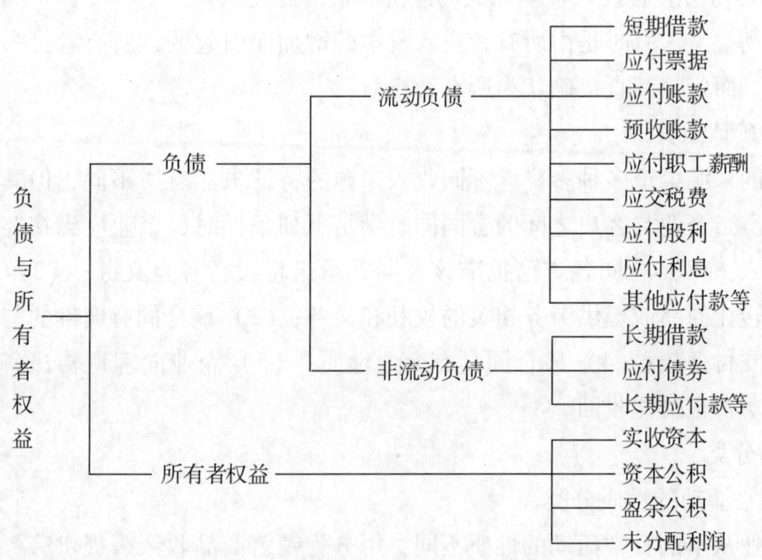

图 2-2 负债与所有者权益的构成

（四）收入

1. 收入的定义与特征

我国《企业会计准则——基本准则》中的收入定义为：收入是指企业在日常活动中形成

的、会导致所有者权益增加的、与所有者投入资本无关的经济利益的总流入。

收入具有以下四个特征。

（1）收入是企业在日常活动中形成的

日常活动是企业为完成其经营目标而从事的所有活动以及与之相关的其他活动，如制造企业的销售产品活动和商业企业的销售商品活动等。有些经济事项虽能为企业带来经济利益，但由于不属于企业的日常活动，其流入的经济利益不作为收入处理，在会计上称为利得，如罚款收入。

（2）收入的增加表现为企业资产的增加或负债的减少，或者二者兼而有之

收入引起资产的增加，如增加银行存款或形成应收账款；收入引起负债的减少，如用商品或劳务抵偿债务。收入也可能同时引起资产的增加和负债的减少，如销售一批商品，一部分货款用于清偿债务，另一部分全部收到现款。

（3）收入将引起企业所有者权益的增加

与收入相关的经济利益的流入会导致所有者权益的增加，不会导致所有者权益增加的经济利益的流入就不应确认为收入。例如，企业向银行借入款项，尽管也导致了企业经济利益的流入，但该流入不会导致所有者权益的增加，所以不应将其确认为收入，而应确认为负债。又如，企业为第三者或客户代收的款项，如销售商品代收的增值税，这笔代收款项不会增加企业的所有者权益，因此也不确认为企业的收入。

（4）收入是与所有者投入资本无关的经济利益的总流入

导致经济利益流入有时是由所有者投入资本的增加而引起的，所有者投入资本的增加不应确认为收入，而应将其直接确认为所有者权益。

2. 收入的确认条件

企业收入的来源渠道多种多样，不同收入来源的特征虽然有所不同，但其收入确认的条件却是相同的。当企业与客户之间的合同同时满足下列条件时，企业应当在客户取得商品控制权时确认收入：（1）合同各方已批准该合同并承诺将履行各自义务；（2）该合同明确了合同各方与所转让商品或提供劳务相关的权利和义务；（3）该合同有明确的与转让商品或提供劳务相关的支付条款；（4）该合同具有商业性质；（5）企业向客户转让商品或提供劳务而有权取得的对价很可能收回。

3. 收入的分类

（1）按日常活动的性质分类

收入按企业从事的日常活动的性质不同，可分为销售商品收入、提供劳务收入和让渡资产使用权收入等。

销售商品收入是指企业通过销售商品实现的收入，如制造企业的产品销售收入、商品流通企业的商品销售收入；提供劳务收入是指企业通过提供劳务实现的收入，如咨询公司的咨询服务收入、安装公司的安装服务收入；让渡资产使用权收入是指企业通过让渡资产使用权实现的收入，如企业对外出租固定资产取得的租金收入、商业银行对外贷款形成的利息收入等。

（2）按经营业务分类

收入按企业经营业务的主次不同，分为主营业务收入、其他业务收入和投资收益等。

主营业务收入又称基本业务收入，是企业主体业务活动产生的收入，如制造企业制造并销售产品、商业企业销售商品、咨询公司提供咨询服务、安装公司提供安装服务、商业银行对外贷款等实现的收入。主营业务收入在企业的营业收入总额中占有较大的比重，对企业的经济效益高低有较大的影响。

其他业务收入又称附营业务收入，是指除主要经营业务以外的其他经营业务所产生的收入，如工商企业的租金收入和提供运输、修理等业务的服务收入等。其他业务收入在营业收入总额中所占的比重相对较小。随着多种经营方式的不断进行，这部分收入所占的比重会逐步增加。

主营业务收入和其他业务收入的划分是相对的。例如，出租资产收入，对出租公司来说，是主营业务收入，而对工商企业来说，则是其他业务收入；又如运输收入，对运输公司来说，是主营业务收入，而对其他企业来说，则是其他业务收入。

投资收益是指企业对外投资所取得的收益减去发生的投资损失后的净额。

值得注意的是，上面所说的收入是狭义的收入，这也是我国企业会计准则对收入概念的界定。广义的收入，还包括直接计入当期损益的利得，即营业外收入。营业外收入是指企业发生的与其日常经营活动无直接关系的各项收入，主要包括罚款收入、盘盈利得、捐赠利得等。

（五）费用

1. 费用的定义与特征

我国《企业会计准则——基本准则》中的费用定义为：费用是指企业在日常活动中发生的、会导致所有者权益减少的、与向所有者分配利润无关的经济利益的总流出。费用必须与收入相配比。

与收入相对应，费用具有以下四个特征。

（1）费用是企业在日常经营活动中发生的经济利益的流出。不是日常活动中发生的经济利益的流出，如固定资产清理净损失、罚款支出，则不确认为费用，在会计上作营业外支出处理。

（2）费用表现为资产的减少或负债的增加，或者二者兼而有之。例如，生产产品领用材料，会减少企业的存货；期末应付未付的职工薪酬则表现为负债的增加，支付薪酬后又表现为资产的减少。

（3）费用会减少企业的所有者权益。与费用相关的经济利益的流出会导致所有者权益的减少，不会导致所有者权益减少的经济利益的流出不符合费用的定义，就不应确认为费用。例如，企业用银行存款偿还了一笔 50 万元的应付账款，该行为尽管导致企业的经济利益流出 50 万元，但该流出并没有导致所有者权益的减少，而是使企业的负债减少了 50 万元，因此不应将此项经济利益的流出作为费用予以确认。

（4）费用是与向所有者分配利润无关的经济利益的总流出。费用的发生会导致经济利益的流出，而导致经济利益流出的有时是向所有者分配利润所引起的，向所有者分配利润属于所有者权益的抵减项目，不应确认为费用。

2. 费用的确认条件

费用的确认除了应当符合费用的含义之外，还应当符合以下条件：（1）与费用相关的经济利益很可能流出企业；（2）经济利益流出企业的结果会导致资产的减少或者负债的增加；（3）经济利益的流出金额能够可靠计量。

3. 费用的分类

费用按照经济用途的不同，可分为生产成本和直接计入当期损益的费用。

（1）生产成本是指企业为生产产品、提供劳务而发生的各种耗费。它与成本计算对象有关联性，属于被“对象化”的费用，包括为生产产品、提供劳务而发生的直接费用和间接费用。直接费用是指为生产产品、提供劳务而直接消耗的直接材料费、直接人工费等。间接费用是指为生产产品、提供劳务而发生的，由多个成本计算对象共同负担的各项生产费用，如生产车间管理人员的薪酬。产品或劳务的生产成本最终会伴随产品或劳务的销售或提供，转化为主营业务成本或其他业务成本计入当期损益。

（2）直接计入当期损益的费用，包括营业成本、期间费用、税金及附加、资产减值损失和所得税费用等。

营业成本是指企业销售商品、提供劳务、销售材料等业务的成本。按照其与主营业务收入和其他业务收入的关系，营业成本可分为主营业务成本和其他业务成本。主营业务成本是企业销售商品和提供劳务等日常活动发生的成本；其他业务成本是除主营业务成本以外的其他经营活动所发生的支出，如销售材料的成本。发生的营业成本必须与其对应的收入项目在同一会计期间确认。

期间费用是指本期发生的、不能直接或间接归入某种产品成本的、直接计入当期损益的各种费用，包括销售费用、管理费用和财务费用。销售费用是指企业在销售商品过程中所发生的广告费、运输费、包装费以及专设销售机构的各种经费等。管理费用是企业行政管理部门为组织和管理企业生产所发生的各种费用，包括行政管理部门的职工薪酬、办公费、修理费、差旅费、业务招待费等。财务费用是企业为筹集生产经营所需资金而发生的费用，包括利息支出和金融机构的手续费等。

税金及附加是指企业营业活动应负担的各种税费，包括消费税、城市维护建设税、教育费附加等。

资产减值损失是指企业计提的各种资产减值准备所形成的损失。

所得税费用是指企业按税法规定应向国家缴纳的所得税。

需要注意的是，上面所定义的费用是我国企业会计准则中所界定的狭义费用概念。广义的费用还包括直接计入当期损益的损失，即营业外支出。营业外支出是指企业发生的与其日常经营活动无直接关系的各项支出，主要包括罚款支出、捐赠支出、自然灾害造成的损失等。

（六）利润

1. 利润的定义与特征

企业经营的目的不只是对费用的补偿，更重要的是要实现资本的增值，这是企业经营所追求的目标，即企业的利润。

利润是企业一定会计期间的经营成果。通常情况下，如果企业实现了利润，则表明企业的所有者权益将增加，业绩得到了提升；反之，如果企业发生了亏损（即利润为负数），则表明企业的所有者权益将减少，业绩下降。利润是评价企业管理层业绩的指标之一，也是投资者等财务报告使用者进行决策时的重要参考依据。

2. 利润的确认条件

利润反映收入减去费用、直接计入当期利润的利得减去损失后的净额。利润的确认主要依赖于收入和费用，以及直接计入当期利润的利得和损失的确认，其金额的确定也主要取决于收入、费用、利得、损失金额的计量。

3. 利润的分类

利润包括收入减去费用后的净额、直接计入当期损益的利得和损失等。其中，收入减去费用后的净额反映企业日常活动的经营业绩，直接计入当期损益的利得和损失反映企业非日常活动的业绩。

直接计入当期损益的利得和损失，是指应当计入当期损益、最终会引起所有者权益发生增减变动的、与所有者投入资本或者向所有者分配利润无关的利得或者损失。企业应当严格区分收入和利得、费用和损失，以便全面反映企业的经营业绩。

利润按其构成的不同可分为营业利润、利润总额和净利润。

营业利润是企业在日常活动中产生的经营结果，是由营业收入减去营业成本、税金及附加、期间费用、资产减值损失，再加上投资净收益和公允价值变动净收益（属于本课程不做要求的内容）后的金额。营业利润是狭义收入与狭义费用配比后的结果。

利润总额是指企业在一定会计期间取得的各种经营成果的总额，在数值上等于营业利润加上营业外收入减去营业外支出后的金额。它是广义收入与广义费用配比后的结果。

净利润是指利润总额减去所得税费用后的金额。

三、会计要素的计量

会计通常被认为是一个对会计要素进行确认、计量和报告的过程，其中会计计量在会计确认与会计报告之间起着十分重要的作用。企业在将符合确认条件的会计要素登记入账并列报于财务报表及其附注时，应当按照规定的会计计量属性进行计量，并确定其金额。会计计量属性是指会计要素的数量特征或外在表现形式，反映了会计要素金额的确定基础。会计计量的核心是解决经济业务或会计要素的金额问题，也就是说，一项经济业务的发生会引起会计要素的变化，会计上应以什么价格为基础确定其增加或减少的金额。会计计量属性有多种形式，主要包括历史成本、重置成本、可变现净值、现值和公允价值。

（一）历史成本

历史成本又称实际成本，是指取得或制造某项财产物资时所实际支付的现金或其他等价物。在历史成本计量下，资产按照其购置时支付的现金或者现金等价物的金额，或者按照购置资产时所付出的对价的公允价值计量。负债按照其因承担现时义务而收到的款项或者资产的金额，或者承担现时义务的合同金额，或者按照日常活动中为偿还负债预期需要支付的现金或者现金等价物的金额计量。

（二）重置成本

重置成本又称现行成本，是指在当前市场条件下，重新取得同样一项资产所需支付的现金或现金等价物金额。在重置成本计量下，资产按照现在购买相同或者相似的资产所需支付的现金或者现金等价物的金额计量。负债按照现在偿付该项负债所需支付的现金或者现金等价物的金额计量。

（三）可变现净值

可变现净值是指在正常生产经营过程中，资产按其正常对外销售所能收到的现金或者现金等价物的金额扣减该资产至完工时估计将要发生的成本、估计的销售费用以及相关税费后的金额计量。

（四）现值

现值是指资产的未来净现金流入量或负债的未来净现金流出量的折现金额。在现值计量下，资产按照预计从其持续使用和最终处置中所产生的未来净现金流入量的折现金额计量。负债按照预计期限内需要偿还的未来净现金流出量的折现金额计量。

（五）公允价值

公允价值是指市场参与者在计量日发生的有序交易中，出售一项资产所能收到或者转移一项负债所需支付的价格。在公允价值计量下，资产和负债按照在有序交易中市场参与者于计量日进行资产交换或者债务清偿的金额计量。

企业在对会计要素进行计量时，一般应当采用历史成本。而采用重置成本、可变现净值、现值、公允价值计量的，应当保证所确定的会计要素金额能够取得并可靠计量。

四、会计要素确认与计量的要求

对会计要素进行确认与计量不仅要符合规定的条件，而且要在确认与计量的过程中遵循以下要求。

（一）划分收益性支出和资本性支出

会计核算应当合理划分收益性支出和资本性支出。

收益性支出是指为取得本期收益而发生的支出，即支出效益仅与本会计年度（或一个营业周期）相关的支出作为收益性支出处理，如已销售商品的成本、期间费用等。资本性支出是指不仅为取得本期收益，而且与以后会计年度的收益都相关的支出，即支出效益与几个会计年度相关的支出作为资本性支出处理，如购置固定资产的支出。收益性支出应计入当期损益，在当期的财务报表中反映；资本性支出应计入资产价值，根据其与以后各期收益的关系，将其价值分摊到以后各个会计期间。

划分收益性支出和资本性支出的目的在于正确确定企业的各期损益。如果将收益性支出按资本性支出处理，则会造成少计费用而多计资产的价值，出现净收益虚增的现象；如果将资本性支出按收益性支出处理，则会造成多计费用而少计资产的价值，出现净收益降低甚至亏损的现象。

（二）收入与费用的配比

收入与费用的配比是指一个会计期间的收入与其相关的成本、费用应当配比，以便正确计算本期损益。收入与费用的配比包括两个方面的含义：一是收入与费用在经济性质上的因果关系，即收入项目和费用项目具有必然的因果关系；二是收入与费用在时间上的一致关系，即属于某一期间的费用必须与相同受益期的收入相配比，应归本期实现的收入应与本期发生的费用相对应。如果收入要等到未来会计期间才能实现，那么相应的费用或成本就要分配于未来实现的受益期间，不应提前或延后，否则必然会造成经营成果的不实。

（三）历史成本计量

历史成本计量又称实际成本计量，它是指企业各项财产物资应按取得或购建时发生的实际支出进行计价。物价变动时，除国家另有规定外，企业资产的历史成本不得调整。

采用历史成本计量比较客观，有原始凭证作证明，可以随时查证和防止任意更改。但这样做是建立在币值稳定的假设基础之上的，如果发生因物价变动导致币值出现不稳定的情况，则需要研究、使用其他计量基础，如重置成本等。

第二节　会计等式

会计要素之间并不是孤立的，它们之间存在内在的联系，会计要素之间的关系可以通过会计等式来表现。会计等式是反映会计要素数量关系的等式，也称会计方程式或会计平衡式。

一、会计等式的表现形式

（一）财务状况等式

账务状况等式又称基本会计等式和静态会计等式，是用以反映企业某一特定时点资产、负债和所有者权益三者之间平衡关系的会计等式。

企业要从事生产经营活动，必须先拥有或控制一定的经济资源即资产。企业的资产必定有其来源。提供资产的人对资产具有索偿权或所有权，在会计上称为权益。资产表明企业拥有哪些资源和拥有多少资源。权益表明资产的资金来源，即是谁提供了这些资源，谁对这些资源享有要求权。有多少资产就有多少权益。企业拥有的资产不能脱离权益而存在，有一定数额的权益，就必然有对应数额的资产。因此，资产与权益的金额在特定时点上必然保持数量上的平衡关系。用公式表示为：

$$资产 = 权益 \tag{2-1}$$

在企业的资产总额中，一部分是投资者投入的，另一部分是由债权人提供的或者是企业在经营过程中拖欠其他单位的款项，如应付账款。前者称为所有者权益，后者称为债权人权益或负债，则公式 2-1 可变为：

$$资产 = 债权人权益 + 所有者权益 \tag{2-2}$$

$$资产 = 负债 + 所有者权益 \tag{2-3}$$

公式 2-3 表达的是企业在一个会计期间开始时的静止状态，所以称为静态会计等式，它有三层基本含义：一是在会计期间的某一时日（如期初、期末）企业的资产总额等于其当日的负债总额与所有者权益总额之和；二是作为企业资金占用形态的资产与作为企业资金来源渠道的负债和所有者权益，是同一资金整体的两个不同方面，二者相互依存；三是资产、负债、所有者权益三个会计要素之间的变动具有内在联系，企业的经济活动最终体现在会计要素的变动上。

财务状况等式既反映了会计基本要素（资产、负债和所有者权益）之间的数量关系，也反映了企业资产的归属关系。

（二）经营成果等式

经营成果等式又称动态会计等式，是用以反映企业一定时期收入、费用和利润之间恒等关系的会计等式。收入、费用和利润这三个会计要素在财务状况等式中没有明确的表示，实际上三者已体现在会计等式中。所有者权益不仅会因企业所有者向企业投资和抽资而变动，更重要的是会随着企业的经营成果而变动。在生产经营过程中，取得了收入，标志着企业资产的增加；发生了相应的费用，则标志着企业资产的减少。收入抵消费用后如有剩余，即表现为企业的利润；如收入不足以抵销费用，则表现为企业的亏损。因此，收入、费用和利润三者之间的关系用公式表示如下：

$$利润 = 收入 - 费用 \tag{2-4}$$

公式 2-4 反映收入、费用和利润三个会计要素之间的关系，三者列入利润表中。这里的收入和费用是指包含了直接计入当期损益的利得和损失在内的广义的收入与费用，反映企业在特定期间的经营成果，习惯上被称为“动态会计等式”。

动态会计等式的基本含义有三层：一是收入的取得、费用的发生，直接影响企业期间利润的确定；二是来自于特定会计期间的收入与其相关的费用进行配比，进而可以确定该期间企业的利润数额；三是利润是收入与相关费用比较的差额。

（三）综合会计等式

公式 2-3 和公式 2-4 两个会计等式分别反映了企业资金运动的静态和动态，它们之间存在着有机的内在联系，因为企业的资金运动是连续的，是静态运动与动态运动相互交替的统一体。从企业经济活动的整体来看，企业经济交易的产生不仅会导致静态会计要素发生变动，而且会使得静态会计要素和动态会计要素同时发生变动。例如，企业销售产品取得收入使得收入要素与资产要素同时增加，企业支付办公费用使得费用要素在增加的同时资产要素发生了减少。

企业在一个会计期间经营所得利润归属于投资者，即增加企业的所有者权益。在会计期末，企业的资产总额与权益总额会比期初的资产总额与权益总额增加一个数量，这个增量恰恰等于本会计期间实现的利润。因此，在会计期末，反映六大会计要素之间内在数量平衡关系的综合会计等式表现为：

$$资产 = 负债 + 期初所有者权益 + (收入 - 费用) \tag{2-5}$$

或

$$资产 + 费用 = 负债 + 所有者权益 + 收入 \tag{2-6}$$

由公式2-5可以看出企业的财务状况与经营成果之间的相互关系，企业的经营成果最终会影响企业的财务状况。企业实现了利润，将会使企业的资产增加或负债减少；企业发生了亏损，将会使企业的资产减少或负债增加。

在会计期末，若企业实现的是利润，按规定程序进行分配后，留归企业的利润会表现为所有者权益的增加。反之，若发生了亏损，则表现为企业所有者权益的减少。在会计期末，利润或亏损归入所有者权益后，又回到公式2-3。

“资产 = 负债 + 所有者权益”是反映企业生产经营的最基本的会计等式，它是复式记账、试算平衡和编制资产负债表的理论依据。

二、经济业务对会计等式的影响

企业的生产经营活动连续不断地进行，经济业务时刻都在发生。在会计实务或理论教学中，也常常将经济业务称为“会计事项”。经济业务是指发生于企业生产经营过程中，能以货币计量并影响到会计要素发生变动的经济活动。例如，某个企业召开会议，这项业务并不是经济业务，因为它没有引起任何会计要素的增减变化，但如果召开会议支付会场租金5 000元，那么支付租金这笔业务就属于经济业务。

经济业务的发生会使会计要素的金额发生改变，从而使会计等式左右两边产生变化，但这种变化只是从数量上影响企业资产总额和权益总额同时发生增减变化。所以，无论发生什么样的经济业务，都不会破坏会计等式的成立。下面举例说明会计等式中会计要素之间的平衡关系。

益友公司5月31日资产总额为360 000元，负债为110 000元，所有者权益为250 000元，6月份发生以下经济业务。

[例题2-1] 益友公司接受某科研单位投资50 000元，款项存入银行。

这项经济业务的发生使益友公司的银行存款（资产）增加了50 000元，同时，科研单位在益友公司的权益额（实收资本）增加了50 000元，公司资产与权益总额同为410 000元。

[例题2-2] 益友公司用银行存款10 000元购买生产设备。

这项经济业务的发生使益友公司的银行存款（资产）减少了10 000元，同时，又增加了固定资产

10 000元，公司资产与权益总额仍为410 000元。

[例题2-3] 益友公司用银行存款偿还短期借款10 000元。

这项经济业务的发生使益友公司的银行存款减少了10 000元，同时，又使短期借款减少了10 000元，公司资产与权益总额同为400 000元。

[例题2-4] 益友公司向银行借入短期借款20 000元，直接偿还应付账款。

这项经济业务的发生使益友公司的应付账款减少了20 000元，同时，又使公司短期借款增加了20 000元，公司资产与权益总额仍为400 000元。

[例题2-5] 益友公司销售一批产品，将货款20 000元收存银行。

这项经济业务的发生使益友公司的主营业务收入增加了20 000元，同时，又使资产增加了20 000元，公司资产与权益总额同为420 000元。

[例题2-6] 益友公司用银行存款10 000元支付销售产品的广告费。

这项经济业务的发生使益友公司的销售费用增加了10 000元，同时又使资产减少了10 000元，等式左边一增一减，权益总额仍为420 000元。

上述六笔经济业务对会计等式的影响如表2-1所示。

表2-1 经济业务对会计等式的影响分析

单位：元

经济业务	影响结果				
	资产	费用	负债	所有者权益	收入
期初金额	360 000		110 000	250 000	
[例题2-1]	+50 000			+50 000	
[例题2-2]	+10 000 −10 000				
[例题2-3]	−10 000		−10 000		
[例题2-4]			+20 000 −20 000		
[例题2-5]	+20 000				+20 000
[例题2-6]	−10 000	+10 000			
期末合计	410 000	+10 000	100 000	300 000	+20 000

企业经济业务的发生并不只有上述六种类型，但上述业务类型可以说明资产、负债、所有者权益、收入、费用和利润这六要素之间存在着一种恒等关系。任何经济业务的发生都不会破坏会计等式的平衡关系。

第三节 会计科目

一、会计科目的意义

会计科目简称科目，是对会计对象的具体内容进行分类的项目。如前所述，企业经济业务的发生，必然会引起会计要素的具体内容发生增减变化。由于经济业务的复杂性，一项经济业务即使只涉及一种会计要素，它们也会有不同的经济内容和性质。例如，用银行存款购买固定资产，这笔业务只涉及资产这一会计要素，但银行存款和固定资产两者的经济内容以及在经济活动中的周转方式和所起的作用却各不相同。如果我们把发生的大量经济业务只分成资产、负债、所有者权益、收入、费用和利润这六个要素进行核算，那么显然这种信息过于笼统，难以体现会计信息的明晰性和层次性，也难以满足经营管理实行逐级记录、逐级考核和逐级控制的需要。为了对会计要素进行核算和监督，不仅要取得各会计要素增减变化及其结果的总括资料，还要取得一系列更加具体的分类指标。为了全面、系统地核算和监督各项会计要素之间的增减变动情况，分门别类地为经济管理提供会计核算资料，企业需要设置会计科目。

二、会计科目的设置原则

会计科目的设置是否合理，直接影响会计核算质量和会计管理水平的高低。各单位设置会计科目时，除了满足会计科目必须根据企业会计准则和国家统一会计制度的规定设置外，还应遵循以下原则。

（一）设置会计科目，必须结合会计对象的特点

结合会计对象的特点，是指要根据不同单位经济业务的特点，本着全面核算其经济业务的全过程及其结果的目的来确定应该设置哪些会计科目。首先应考虑不同行业的特点，其次应考虑企业各自的特点。例如，制造企业是制造产品的行业，根据其业务特点，制造企业的会计科目应该先反映产品的生产过程，在此前提下，再根据企业生产的特点及其规模的大小，决定各个会计科目的具体设置；商品流通企业是组织商品流通的行业，从商品流通业务活动的特点来看，它不生产产品，而是以商品的买卖作为主要经营业务，其会计科目主要应该反映商品的买卖过程。所以，在成本核算方面，制造企业需要设置“生产成本”“制造费用”等会计科目，而商品流通企业则不需要设置成本核算方面的会计科目。

（二）设置会计科目必须符合经济管理的要求

符合经济管理的要求包括三层含义。一是要符合国家宏观经济管理的要求，满足政府部门加强宏观调控、制定方针政策的需要。企业要根据宏观管理要求来划分经济业务的类型，设定分类的标识。二是要符合企业内部加强经营管理的要求，为企业的经营预测和投资决策提供会计信息，设置分类项目。三是满足投资人、债权人及有关方面对企业经营状况和财务状况做出准确判断的需要。例如，为了核算固定资产的情况，可设置“固定资产”科目，为满足企业内部经营管理的需要，可在“固定资产”总账科目下按固定资产的类别设置明细科目，提供企业固定资产的明细核算资料。

（三）设置会计科目要将统一性与灵活性结合起来

所谓统一性，就是设置会计科目时，要根据《企业会计制度》等的要求对一些主要会计科目的设置进行统一规定，核算指标的计算标准与计算口径要统一。所谓灵活性，是指在不

影响会计核算要求和财务报表指标汇总以及对外提供统一的财务报告的前提下，企业可以根据自己的具体实际情况自行增设、减少或合并某些会计科目。例如，《企业会计制度》中统一规定的会计科目中没有设置“废品损失”和“停工损失”科目。如果制造企业需要单独核算废品损失和停工损失情况，那么可增设“废品损失”和“停工损失”科目。

为了保证会计信息的有用性，企业在贯彻统一性和灵活性相结合的原则时，要防止会计科目过于简单化或过于明细化。过于简单，满足不了有关各方对会计信息的需要；过于明细，会加大会计核算的工作量。

（四）会计科目名称简单明确，字义相符，通俗易懂

会计科目作为分类核算的标识，要求简单明确，避免误解和混乱。会计科目的名称应与其核算内容保持一致，且通俗易懂。科目的数量和详细程度应根据企业规模的大小、业务的繁简和管理的需要来确定。

（五）设置会计科目要保持相对稳定

为便于在不同时期分析比较会计核算指标和在一定范围内汇总核算指标，企业应保持会计科目的相对稳定，不能经常变动会计科目的名称、内容和数量，要使核算指标保持可比性。

三、会计科目的分类

会计科目可按不同的标准进行分类。

（一）按反映的经济内容分类

会计科目按反映的经济内容分类是一种基本的分类方式，是了解会计科目性质的直接依据。根据财政部 2019 年版《企业会计准则——应用指南》的统一规定，会计科目按经济内容可以分为六大类，即资产类会计科目、负债类会计科目、共同类会计科目、所有者权益类会计科目、成本类会计科目和损益类会计科目。其中常用的会计科目如表 2-2 所示。

表 2-2　会计科目的编号和名称

顺序号	编号	名称	顺序号	编号	名称
		一、资产类	45*	2203	预收账款
1*	1001	库存现金	46	2204	合同负债
2*	1002	银行存款	47*	2211	应付职工薪酬
3	1012	其他货币资金	48*	2221	应交税费
4*	1101	交易性金融资产	49*	2231	应付利息
5*	1121	应收票据	50*	2232	应付股利
6*	1122	应收账款	51*	2241	其他应付款
7*	1123	预付账款	52*	2501	长期借款
8	1131	应收股利	53	2502	应付债券
9	1132	应收利息	54	2701	长期应付款
10*	1221	其他应收款	55	2702	未确认融资费用

（续表）

顺序号	编号	名称	顺序号	编号	名称
11*	1231	坏账准备	56	2711	专项应付款
12*	1401	材料采购	57	2801	预计负债
13*	1402	在途物资	58	2901	递延所得税负债
14*	1403	原材料			**三、共同类**
15*	1404	材料成本差异	59	3001	清算资金往来
16*	1405	库存商品	60	3002	货币兑换
17	1406	发出商品	61	3101	衍生工具
18	1407	商品进销差价	62	3201	套期工具
19	1408	委托加工物资			**四、所有者权益类**
20	1411	周转材料	63*	4001	实收资本（股本）
21	1471	存货跌价准备	64*	4002	资本公积
22	1501	债权投资	65	4003	其他综合收益
23	1502	债权投资减值准备	66*	4101	盈余公积
24	1511	长期股权投资	67*	4103	本年利润
25	1512	长期股权投资减值准备	68*	4104	利润分配
26	1521	投资性房地产			**五、成本类**
27	1531	长期应收款	69*	5001	生产成本
28*	1601	固定资产	70*	5101	制造费用
29*	1602	累计折旧	71	5201	劳务成本
30	1603	固定资产减值准备			**六、损益类**
31*	1604	在建工程	72*	6001	主营业务收入
32	1605	工程物资	73*	6051	其他业务收入
33	1606	固定资产清理	74	6101	公允价值变动损益
34*	1701	无形资产	75*	6111	投资收益
35	1702	累计摊销	76*	6301	营业外收入
36	1703	无形资产减值准备	77*	6401	主营业务成本
37	1711	商誉	78*	6402	其他业务成本
38	1801	长期待摊费用	79*	6403	税金及附加
39	1811	递延所得税资产	80*	6601	销售费用
40*	1901	待处理财产损溢	81*	6602	管理费用
		二、负债类	82*	6603	财务费用
41*	2001	短期借款	83	6701	资产减值损失
42	2101	交易性金融负债	84*	6711	营业外支出
43*	2201	应付票据	85*	6801	所得税费用
44*	2202	应付账款	86	6901	以前年度损益调整

注：带＊号的为本书要求掌握的会计科目。

（二）按提供会计信息的详细程度分类

为了保证会计核算资料在国民经济各部门间具有可比性，也便于会计指标的汇总、分析和比较，满足各方面的需要，根据会计科目提供会计信息的详细程度，会计科目可分为总分类科目和明细分类科目两大类。

总分类科目是对某一会计要素的具体内容进行总括分类，反映总括性核算指标的科目，如“固定资产”“原材料”“实收资本”“应付账款”等科目。总分类科目也称一级科目或总账科目。表2-2中的会计科目都是总分类科目。

明细分类科目是对总分类科目所含的经济内容所做的进一步分类，它是反映核算指标详细、具体情况的科目，如“原材料”总账科目反映的是企业库存各种材料收发结存的总情况。为了反映各种具体原材料的收发结存情况，在“原材料”总账科目下，可按材料种类设置原料及主要材料、辅助材料、修理用备件等二级明细科目。在“原料及主要材料”二级科目下，企业还可以根据原料及主要材料的品种或规格设置三级明细科目，以提供更详细的核算资料，满足企业加强管理的需要。明细分类科目简称明细科目。

我国的会计制度规定，总分类科目由国家财政部门统一制定，明细科目由各单位根据实际需要自行设置。会计制度对每个会计科目的核算内容都做了明确的规定，为方便会计电算化的操作，对国家统一规定的会计科目进行了统一编号。会计人员在填制凭证、登记账簿时，应填会计科目的名称或同时填会计科目的名称和编号，不应该只填科目编号，而不填会计科目的名称。

第四节　会计账户

一、设置账户的意义

会计科目的设置规定了会计核算内容的分类项目，但是只有分类的名称项目，而没有一定的格式，是无法对企业发生的经济业务情况和由此引起的各项资金的变化情况进行连续、系统的核算和监督，以取得经营管理所需的会计资料的。为此，企业还必须根据规定的会计科目开设相应的账户。账户是根据会计科目在账簿中开设的户头，具有一定的格式和结构，用于分类反映会计要素增减变动情况及其结果的载体。

账户的设置和科目的级次是有关联的。根据总分类科目开设总分类账户，根据明细分类科目开设明细分类账户。总分类账户一般只提供货币计量核算指标。明细分类账户除提供货币计量的核算指标外，有些明细账还提供实物辅助计量的核算指标。

账户和会计科目是两个既有区别又有联系的不同概念。账户与会计科目核算的经济内容相同，即它们都被用来分门别类地反映会计对象的具体内容。账户是根据会计科目开设的，但会计科目只是账户的名称，它只表明某项经济内容。账户既有名称，也有结构。账户是会计科目的具体运用，具有一定的格式和结构，并通过其结构反映某项经济内容的增减变动及其余额。在实际工作中，账户和会计科目经常被作为同义词来理解，不加以严格区别，往往相互通用。

二、账户的基本结构

经济业务错综复杂，但它们引起的会计要素的变动，从数量上看，不外乎是增加和减少两种情况。因此，用来记录经济业务的账户在结构上相应地分为两个基本部分，即分别记录经济业务引起的会计要素的增加额和减少额。账户的基本结构划分为左右两方，一方登记增加额，另一方登记减少额。这样，不仅可以使账户反映的经济业务发生的情况和由此引起的资金增减变化一目了然，而且便于对账户两方登记的数额进行加总、抵销和求差，以满足会计核算的需要。账户的基本结构如图2-3所示，它通常称为"T"字或"丁"字型账户。

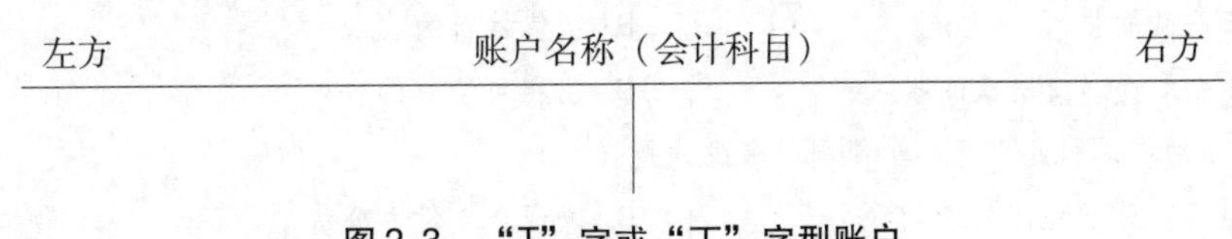

图2-3 "T"字或"丁"字型账户

在账户的左右两方中，哪一方登记增加额，哪一方登记减少额，主要取决于所采用的记账方法和记录的经济业务的内容。

账户依附于账簿开设，每一账户表现为账簿中的某张或某些账页。账户一般应包括以下内容：

（1）账户的名称（即会计科目）；

（2）日期和摘要（记录经济业务的日期和概括说明经济业务的内容）；

（3）增加和减少的金额及余额；

（4）凭证号数（说明账户记录的依据）。

账户的一般格式如表2-3所示。

表2-3 账户的一般格式

账户名称（会计科目）

20××年		凭证号数	摘要	左边金额	右边金额	余额
月	日					

上列账户格式是手工记账经常采用的格式，其左右两方，一方登记增加额，另一方登记减少额。增减相抵后的差额叫作余额。余额按表示的时间不同，可分为期初余额和期末余额。因此，在账户中记录的金额有期初余额、本期增加额、本期减少额和期末余额四个指标。本期增加额是指一定时期内账户所登记的增加金额合计，也叫本期增加发生额。在没有

期初余额的情况下，本期增加发生额与本期减少发生额相抵后的差额就是期末余额。本期的期末余额转入下期，就是下期的期初余额。期初余额、本期增加发生额、本期减少发生额和期末余额四者之间的关系可用下列公式表示：

期末余额＝期初余额＋本期增加发生额－本期减少发生额

练习题

一、单项选择题

1. 在企业六大会计要素中，（　）是最基本的会计要素。

A. 利润　　B. 所有者权益　　C. 资产　　D. 负债

2. 在下列各项中，属于企业主营业务收入的是（　）。

A. 销售商品的收入　　B. 销售材料的收入

C. 转让无形资产使用权的收入　　D. 出租包装物的收入

3. 在下列活动中，引起资产和负债同时减少的是（　）。

A. 以银行存款偿还前欠货款　　B. 以现金支付办公费

C. 购买材料后尚未支付货款　　D. 收回应收账款

4.（　）既反映了会计对象要素间的基本数量关系，同时也是复式记账法的理论依据。

A. 会计科目　　B. 会计恒等式　　C. 记账符号　　D. 账户

5. 从特定企业来看，下列各项中，属于流动负债的是（　）。

A. 生产设备

B. 库存现金

C. 欠银行的贷款 40 万元，将于 3 年后偿还

D. 欠银行的贷款 10 万元，将于 6 个月后偿还

6. 所有者权益是企业所有者在企业净资产中享有的经济利益，在数量上等于（　）。

A. 全部资产减去全部所有者权益　　B. 全部资产减去流动负债

C. 企业的新增利润　　D. 全部资产减去全部负债

7. 企业向银行借入短期借款，直接用来归还应付账款，会引起企业（　）。

A. 资产和权益项目同增　　B. 资产和权益项目同减

C. 处置固定资产的净收入　　D. 权益有增有减

8. 某企业本期的期初资产总额为 100 000 元，本期的期末负债总额比期初减少 10 000 元，所有者权益比期初增加 30 000 元，该企业的期末资产总额是（　）元。

A. 90 000　　B. 100 000　　C. 120 000　　D. 130 000

9. 某企业资产总额为 150 万元，当发生了下列两笔经济业务后：（1）向银行借款 10 万元存入银行，（2）用银行存款偿还应付账款 15 万元，其权益总额为（　）万元。

A. 145　　B. 175　　C. 155　　D. 125

10. 会计科目与账户的本质区别在于（　）。

A. 会计账户有结构，而会计科目无结构　　B. 反映的经济内容不同

C. 记录权益和资产的方法不同　　D. 记录权益和资产的内容不同

11. 广义的权益一般包括（ ）。

A. 资产和所有者权益　　B. 债权人权益和所有者权益

C. 所有者权益　　D. 资产和债权人权益

12. 在下列经济业务中，使资产和权益项目同时增加的是（ ）。

A. 生产产品领用材料　　B. 以现金发放应付职工工资

C. 收到购买单位预付购货款并存入银行　　D. 以资本公积转增资本

13. 某企业1月初的资产总额为200 000元，负债总额为80 000元。1月发生下列业务：取得收入共计50 000元，发生费用共计30 000元，则1月底该企业的所有者权益总额为（ ）元。

A. 120 000　B. 140 000　C. 160 000　D. 180 000

二、多项选择题

1. 在下列各项中，属于期间费用的是（ ）。

A. 制造费用　B. 销售费用　C. 管理费用　D. 财务费用

2. 属于流动负债的是（ ）。

A. 应付债券　B. 预付账款　C. 应付账款　D. 预收账款

3. 属于所有者权益的项目有（ ）。

A. 股本　B. 资本溢价　C. 未分配利润　D. 应付股利

4. 下列（ ）经济业务的发生不会使得“资产 = 负债 + 所有者权益”这一会计等式左右两边的总额发生变化。

A. 用资本公积转增实收资本　　B. 从银行提取现金

C. 向银行借入款项　　D. 归还应付账款

5. 费用的发生会导致（ ）。

A. 负债的增加　B. 资产的增加　C. 资产的减少　D. 负债的减少

6. 会计基本等式是（ ）的理论依据。

A. 设置账户　B. 复式记账　C. 编制资产负债表　D. 成本计算

7. 在下列项目中，符合收入要素定义的有（ ）。

A. 销售商品形成的收入　　B. 销售材料形成的收入

C. 处置固定资产形成的净收入　　D. 出租固定资产形成的收入

8. 在下列会计科目中，属于成本类科目的有（ ）。

A. 生产成本　B. 主营业务成本　C. 制造费用　D. 销售费用

9. 根据权责发生制基础，应计入本期收入和本期费用的有（ ）。

A. 本期实现的收入，并已收款　　B. 本期实现的收入，尚未收款

C. 属于本期的费用，尚未支付　　D. 属于以后各期的费用，本期已支付

10. 根据收付实现制基础，应计入本期收入和本期费用的有（ ）。

A. 本期实现的收入，并已收款　　B. 本期实现的收入，尚未收款

C. 属于本期的费用，尚未支付　　D. 属于以后各期的费用，本期已支付

三、判断题

1. 负债是现有的交易或事项所引起的现时义务。（ ）

2. 某一项财产要成为企业的资产，其所有权必须属于企业。（ ）

3. 所有账户都是根据会计科目开设的。（ ）

4. 账户的基本格式分为左右两方，其中左方表示增加，右方表示减少。（ ）

5. 某些经济业务会引起资产增加与所有者权益增加的变化。（ ）

6. 收入能导致所有者权益增加，但导致所有者权益增加的不一定是收入。（ ）

7. 所有者权益是指企业投资人对企业资产的所有权。（ ）

四、简答题

1. 什么是会计要素？六个会计要素各包含的内容有哪些？

2. 负债与所有者权益有什么区别与联系？

3. 会计对象、会计要素、会计科目和账户之间的关系如何？

4. 为什么无论发生什么经济业务，都不会破坏资产与权益之间的平衡关系？

5. 什么是会计科目？设置会计科目有什么意义？

6. 设置会计科目应遵循哪些原则？

7. 什么是账户？账户与会计科目有何联系和区别？

8. 账户的基本结构是如何划分的？四项金额之间的关系怎样？

五、核算题

1. 某企业发生下列经济业务。

（1）存放在财务部门出纳处的现金 800 元。

（2）存放在银行的存款 120 700 元。

（3）投资者投入资本 7 000 000 元。

（4）向银行借入 2 年期的长期借款 600 000 元。

（5）仓库里存放的材料价值 594 500 元。

（6）向银行借入 6 个月的借款 490 000 元。

（7）应付外单位货款 90 000 元。

（8）对外长期股票投资 5 000 000 元。

（9）房屋、机器设备价值 2 920 000 元。

（10）存放在仓库里的库存商品金额共计 194 000 元。

（11）应向外单位收取销售货款 100 000 元。

（12）接受投资者投资 750 000 元。

要求：判断上列经济业务的科目名称及所属会计要素，并填入表 2-4 中。

表 2-4　经济业务的科目名称及所属会计要素

序号	应归属的会计科目	金额		
		资产	负债	所有者权益
（1）				
（2）				
（3）				
（4）				

（续表）

序号	应归属的会计科目	金额		
		资产	负债	所有者权益
(5)				
(6)				
(7)				
(8)				
(9)				
(10)				
(11)				
(12)				
合计				

2. 星光公司2019年9月30日的资产总额为400 000元，负债总额为160 000元。公司10月发生下列经济业务。

(1) 用银行存款购入一台全新的不需要安装的机器，价值80 000元（暂不考虑增值税）。

(2) 投资者投入原材料，价值12 000元。

(3) 以银行存款偿还所欠供应单位货款10 000元。

(4) 收到购货单位所欠账款9 000元，存入银行。

(5) 将一笔长期借款50 000元转化为对企业的投资。

(6) 按规定将20 000元资本公积转增为投资资本。

要求：

(1) 根据10月发生的经济业务，分别分析说明引起会计要素及会计等式变动的情况；

(2) 计算10月末星光公司的资产总额、负债总额和所有者权益总额。

第三章　复式记账

第一节　记账方法和复式记账原理

一、记账方法

企业按会计科目开设了账户之后，还必须运用一定的方法，将会计要素的增减变动情况登记在账户中。记账方法就是在账簿中登记经济业务的方法。按登记经济业务方式的不同，记账方法可分为两类：一类是单式记账法，另一类是复式记账法。

（一）单式记账法

单式记账法是指对发生的每一项经济业务只在一个账户中进行登记的记账方法。例如，用银行存款购买原材料，这笔业务发生后只在银行存款账户中登记银行存款的减少，而不在原材料实物账上登记原材料的增加；又如，用现金支付某项费用，仅在库存现金账上登记减少，而不在费用账上登记增加。对于有关应收、应付款的现金收付业务，虽然在登记库存现金账的同时也登记应收、应付款账，但库存现金账与应收、应付款账是各自独立的，彼此之间没有平衡相等的账户对应关系。所以，单式记账法是一种比较简单的、不完整的记账方法。在选择单方面记账时，重点考虑的是库存现金、银行存款以及债权债务方面发生的经济业务，主要设置“库存现金”“银行存款”“应收账款”“应付账款”等账户，并没有一套完整的账户体系。单式记账法不够严密，它不能全面、系统地反映经济业务的来龙去脉，也不便于检查账户记录的正确性。因此，这种记账方法只适用于经济业务很简单或单一的经济个体或家庭。

（二）复式记账法

复式记账法是指对发生的每一项经济业务都必须以相等的金额，同时在相互关联的两个或两个以上账户中进行登记，全面系统地反映会计要素增减变化的一种记账方法。例如，用银行存款购买原材料的业务，一方面在银行存款账上登记银行存款的减少，另一方面又在原材料账上登记原材料库存的增加；用现金支付费用的业务，既要在库存现金账上登记库存现金的减少，又要在费用账上登记费用的增加，且两者增减金额完全相等。

二、复式记账原理

从第二章的内容可知，企业在经济活动中发生的各项经济业务，都将引起资产、负债、所有者权益三个要素的增减变化，但无论如何变化，都不会破坏会计等式的平衡关系，会计等式是一个恒等式。根据会计等式的平衡原理，当经济业务发生变化时，其所涉及的会计要素项目至少有两方面，这两方面用相应的两个账户表示，且在账户中作双重登记，这种双重登记就是复式记账。复式记账是以会计等式为依据所设计的一种记账方法，它从会计等式开始，中间的增减变动可能千变万化，但最终仍然以会计等式平衡结束。会计等式为复式记账提供了理论依据。

与单式记账法相比，复式记账法的优点主要有两个：一是对每一项经济业务都在相互联系的两个或两个以上的账户中做双重登记，这样做不仅可以反映每一项经济业务的来龙去脉，而且通过全部经济业务的数据记录，能够全面反映经济业务的内容和资金运动的来龙去脉；二是对每一项经济业务都以相等的金额进行分类登记，会计人员可以利用账户记录进行试算平衡，检查账户记录的正确性。

复式记账法是在经济发展的过程中，通过长期的会计实践逐步形成和发展起来的。复式记账法使会计记录成为科学的经济活动记录，会计核算得以形成连续性、系统性和综合性的特点。复式记账法是世界各国公认的一种科学记账方法，被广泛采用。我国会计历史上的复式记账法有三种，即借贷记账法、增减记账法和收付记账法。我国《企业会计准则——基本准则》中明文规定中国境内的所有企事业单位都应该采用借贷记账法记账。借贷记账法是一种比较成熟和完善的记账方法。

第二节　借贷记账法

一、借贷记账法的产生和发展

借贷记账法是以“借”“贷”作为记账符号，反映各项会计要素增减变动情况的一种复式记账方法，它是复式记账法中应用最广泛的一种方法。

借贷记账法起源于 13 世纪的意大利，当时的资本主义商品经济已经发展到一定程度，沿海城市已形成了许多国内、国际贸易中心。由于商品交换的需要，在这些地方出现了从事货币借贷业务和兑换不同货币的“银钱”行业，这就是银行的前身。这种银钱行业一方面收存人们的闲资，给以利息；另一方面又把钱借给商人，以获取更高的利息。银行根据存款和放款的要求，必须设置账户，以反映银行与客户之间的经济往来关系。向银行借钱的人称为“借主”，其借款数额记在该人名账户的借方，表示银行的债权，也即表示人欠的增加。向银行存钱的人称为“贷主”，其贷款数额记在该人名账户的贷方，表示银行的债务，也即表示欠人的增加，此时的“借”“贷”两字表示债权债务的变化。

随着社会经济的发展，经济活动的内容日益复杂，记录经济业务已不再局限于货币资金的借贷业务，而逐渐扩展到财产物资、经营损益等非货币资金借贷业务，并广泛运用于工商企业的各个单位，“借”和“贷”逐渐失去了本来的含义，演变为借贷记账法的记账符号，也就是以借方和贷方这两个术语来标明一个账户的左方和右方，用来记录经济业务的增加和减少。

二、借贷记账法下账户的结构

在借贷记账法下，所有账户都分为“借方”和“贷方”两个基本部分。一般规定账户的左方为“借方”，账户的右方为“贷方”。账户的借贷两方必须作相反方向的记录，即对某一账户来说，如果规定借方用来登记增加额，那么贷方就用来登记减少额；如果规定贷方用来登记增加额，那么借方就用来登记减少额。至于哪一方登记增加额，哪一方登记减少额，则取决于账户所反映的经济内容。经济内容不同，账户的结构也不同。

（一）资产类账户的结构

资产类账户的结构是账户的借方登记资产的增加额，贷方登记资产的减少额。期末余额一般在借方，表示资产的结余额。资产类账户的结构如图 3-1 所示。在一个会计期间（年、月等）内，借方记录的合计数额称为借方发生额，贷方记录的合计数额称为贷方发生额。在会计期末，将借贷方发生额相比较，即为期末余额。资产类账户期末余额的计算公式如下：

期末借方余额 = 期初借方余额 + 本期借方发生额 – 本期贷方发生额

借方		资产类账户	贷方
期初余额	×××		
本期增加额	×××	本期减少额	×××
本期增加额	×××	本期减少额	×××
本期发生额	×××	本期发生额	×××
期末余额	×××		

图 3-1　资产类账户的结构

（二）负债及所有者权益类账户的结构

负债与所有者权益在会计等式的右边，它们同属权益，共同构成企业的资金来源，所以负债类账户与所有者权益类账户的结构相同。

负债及所有者权益类账户的结构与资产类账户的结构正好相反，其账户的贷方登记负债及所有者权益的增加额，借方登记负债及所有者权益的减少额。期末余额一般在贷方，表示负债及所有者权益的实有数额。负债及所有者权益类账户的结构如图 3-2 所示。负债及所有者权益类账户期末余额的计算公式如下：

期末贷方余额 = 期初贷方余额 + 本期贷方发生额 – 本期借方发生额

（三）费用类账户的结构

企业在生产经营过程中会发生各种耗费。费用实际上是企业资产耗费的转化形态，在费用抵销收入之前，可将费用理解为资产，所以费用类账户的结构与资产类账户的结构基本相同。账户借方登记费用的增加额，贷方登记费用的减少额或转销额。费用类账户反映的本期费用净额在期末转入“本年利润”账户，用以计算当期损益，结转后无余额。费用类账户的结构如图 3-3 所示。

借方	负债及所有者权益类账户		贷方
		期初余额	×××
本期减少额	×××	本期增加额	×××
本期减少额	×××	本期增加额	×××
本期发生额	×××	本期发生额	×××
		期末余额	×××

图 3-2 负债及所有者权益类账户的结构

借方	费用类账户		贷方
本期增加额	×××	本期减少额	×××
本期增加额	×××	本期转销额	×××
本期发生额	×××	本期发生额	×××

图 3-3 费用类账户的结构

（四）收入类账户的结构

收入的特点之一是能导致所有者权益的增加，企业的收入与费用相抵后形成的净利润又属于所有者权益的内容，所以收入类账户的结构与负债及所有者权益类账户的结构基本相同。其账户贷方登记收入的增加额，借方登记收入的减少额或转销额。收入类账户反映的本期收入净额在期末转入“本年利润”账户，用以计算当期损益，结转后无余额。收入类账户的结构如图 3-4 所示。

借方	收入类账户		贷方
本期减少额	×××	本期增加额	×××
本期转销额	×××	本期增加额	×××
本期发生额	×××	本期发生额	×××

图 3-4 收入类账户的结构

综上所述，账户的结构可以归纳为两大类，即资产类和负债及所有者权益类。初学者在掌握账户的结构和内容的过程中，可在下面会计等式的基础上理解。

资产 + 费用 = 负债 + 所有者权益 + 收入

等式左方为资产与费用，由于账户的左方为借方，所以可理解为资产与费用的借方登记增加额，另一方（贷方）则登记减少额；等式右方为负债及所有者权益和收入，账户的右方为贷方，即可理解为收入、负债及所有者权益的贷方登记增加额，另一方（借方）则登记减少额。

借贷作为记账符号，指示着账户记录的方向是左方还是右方。一般来说，各类账户的期末余额与登记增加额的一方都在同一方向，即资产类账户的期末余额一般在借方，负债及所有者权益类账户的期末余额一般在贷方。但这种理解不能绝对化，例如，应收账款是资产，一旦多收了，多收的部分就会转化为应退回给对方的款项，变为负债。另外，“应收账款”还可以登记预收账款这一负债项目的增减变动情况，因而其期末余额也可能出现在贷方。类似情况在许多账户中也存在。这些账户实际上是既反映资产又反映负债、既反映债权又反映债务的具有双重性质的账户。期末，应根据账户余额的方向确定其反映经济业务内容的性质。账户若是借方余额，则为资产类账户；账户若是贷方余额，则为负债或所有者权益类账户。

借贷记账法下各类账户的结构如表 3-1 所示。

表 3-1　借贷记账法下各类账户的结构

账户类别	借方	贷方	余额方向
资产类	增加	减少	余额在借方
负债及所有者权益类	减少	增加	余额在贷方
收入类	减少（转销）	增加	一般无余额
费用类	增加	减少（转销）	一般无余额

三、借贷记账法的记账规则

借贷记账法的记账规则为：有借必有贷，借贷必相等。也就是说，借贷记账法要求在每一项经济业务发生后，都要以相等的金额、借贷相反的方向，在两个或两个以上相互联系的账户中进行登记，即在一个账户中记借方，同时在另一个或几个账户中记贷方；或者说在一个账户中记贷方，同时在另一个或几个账户中记借方。记入借方的金额必须与记入贷方的金额相等。

在实际运用借贷记账法的记账规则登记每一项经济业务时，一般应按下列两个步骤进行。

第 1 步，分析经济业务的内容，确定它所涉及的账户是哪些具体账户，并进一步分析这些账户是属于资产类与费用类账户，还是属于负债及所有者权益类或收入类账户。

第 2 步，确定经济业务所引起的各个会计要素是增加还是减少，然后根据账户结构的具体内容确定哪些账户应记入借方，哪些账户应记入贷方，以及各账户的金额。

下面举例说明借贷记账法的记账规则。

[**例题 3-1**] A 公司向银行借款 50 000 元，存入银行，借期三年。

这项经济业务的发生涉及资产类中的银行存款和负债类中的长期借款。一方面款项存入银行，使得资产增加，应记入“银行存款”账户的借方；另一方面向银行借款，使得长期借款增加，应记入“长期借款”账户的贷方，具体如下所示。

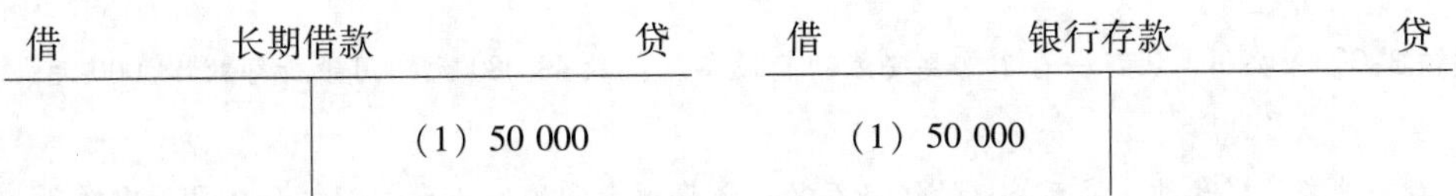

[**例题 3-2**] A 公司用银行存款 10 000 元购买生产用材料，材料已验收入库。

这项经济业务的发生涉及资产类中的银行存款和原材料。一方面购入材料，使得材料增加，应记入“原材料”账户的借方；另一方面付出款项，使得银行存款减少，应记入“银行存款”账户的贷方，具体如下所示。

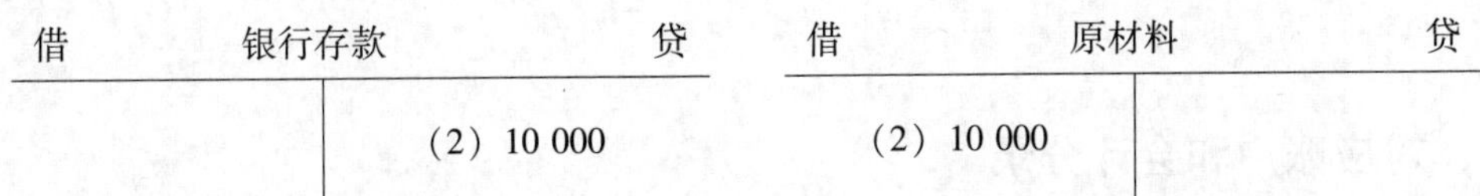

[**例题 3-3**] A 公司用银行存款偿还前欠购料款 10 000 元。

这项经济业务的发生涉及资产类中的银行存款和负债类中的应付账款。一方面偿还应付账款，使得应付账款减少，应记入“应付账款”账户的借方；另一方面付出款项，使得银行存款减少，应记入“银行存款”账户的贷方，具体如下所示。

借	银行存款	贷
		(3) 10 000

借	应付账款	贷
(3) 10 000		

[**例题 3-4**] A 公司按规定将资本公积金 20 000 元转增资本。

这项经济业务的发生涉及所有者权益类中的资本公积和实收资本。一方面资本公积结转，使得资本公积金减少，应记入“资本公积”账户的借方；另一方面投资资本增加，使得实收资本增加，应记入“实收资本”账户的贷方，具体如下所示。

借	实收资本	贷
		(4) 20 000

借	资本公积	贷
(4) 20 000		

[**例题 3-5**] A 公司用银行存款 38 000 元缴纳税金 12 000 元和分配利润 26 000 元。

这项经济业务的发生涉及资产类中的银行存款和负债类中的应交税费和应付股利。一方面公司付出款项，使得银行存款减少，应记入“银行存款”账户的贷方；另一方面缴纳税金和分配利润，使得应交税费和应付股利减少，应记入“应交税费”和“应付股利”账户的借方，具体如下所示。

借	银行存款	贷
		(5) 38 000

借	应付股利	贷
(5) 26 000		

借	应交税费	贷
(5) 12 000		

[例题3-6] A公司购买了一台不需要安装的新设备，价款48 080元，用银行存款48 000元、现金80元支付。

这项经济业务的发生涉及资产类中的银行存款、库存现金和固定资产。一方面公司付出款项，使得银行存款和库存现金减少，应记入“银行存款”和“库存现金”账户的贷方；另一方面购入固定资产，使得固定资产增加，应记入“固定资产”账户的借方，具体如下所示。

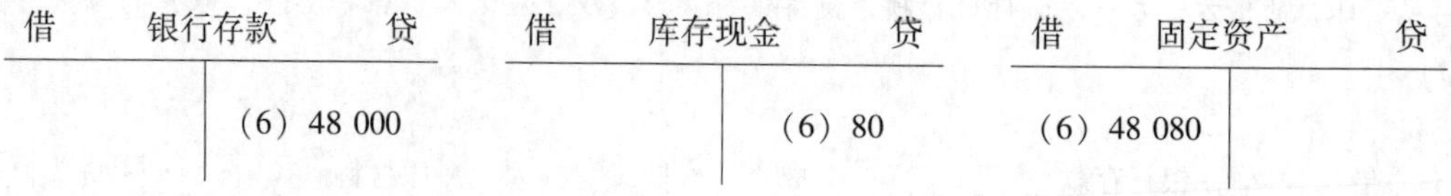

四、对应账户和会计分录

（一）对应账户

从前面A公司的案例中可以看出，每一项经济业务发生后，运用借贷记账法登记账户时，在有关账户之间存在着一种既相互对立又相互依存的应借、应贷的关系，这种关系称为账户的对应关系。发生对应关系的账户称为对应账户。如例题3-3，“银行存款”账户与“应付账款”账户是对应账户。“银行存款”账户的对应账户是“应付账款”账户，“应付账款”账户的对应账户是“银行存款”账户。又如例题3-6，“固定资产”账户与两个账户发生了对应关系，它的对应账户有两个，即“银行存款”账户和“库存现金”账户，而“银行存款”账户和“库存现金”账户的对应账户都是“固定资产”账户。

（二）会计分录

为了清晰地反映账户之间的对应关系，从而完整地记录经济业务的来龙去脉，防止记账出现差错，在经济业务登账之前，应根据经济业务所涉及的账户、借贷方向及其金额编制会计分录。会计分录简称分录，是对每项经济业务列示出应借、应贷的账户名称及其金额的一种记录。会计分录由应借应贷方向、相互对应的科目及其金额三个要素构成。

[例题3-7] 根据A公司前面发生的六项经济业务，编制如下会计分录。

（1）借：银行存款　50 000
　　贷：长期借款　50 000

（2）借：原材料　10 000
　　贷：银行存款　10 000

（3）借：应付账款　10 000
　　贷：银行存款　10 000

（4）借：资本公积　20 000
　　贷：实收资本　20 000

（5）借：应交税费　12 000
　　应付股利　26 000
　　贷：银行存款　38 000

（6）借：固定资产　　　　　　　　　　48 080
　　贷：银行存款　　　　　　　　　　　　48 000
　　　　库存现金　　　　　　　　　　　　　　80

会计分录按照所涉及账户的多少可分为简单会计分录和复合会计分录。所谓简单会计分录，是指只涉及一个账户借方和另一个账户贷方的会计分录，即一借一贷的会计分录；所谓复合会计分录，是指由两个以上（不含两个）对应账户组成的会计分录，即一借多贷、多借一贷的会计分录。在借贷记账法下，为了保持账户之间清晰的对应关系，一般应编制一借一贷、一借多贷或多借一贷的会计分录。在实际工作中，如果一项经济业务涉及多借、多贷的科目，那么为了全面反映此项经济业务，可以编制多借多贷的复合分录，但不允许将几项不同类型的经济业务合并编制复合的会计分录。例题3-1至例题3-4的会计分录为简单会计分录，例题3-5与例题3-6的会计分录为复合会计分录。

在实际工作中，会计分录是通过记账凭证的编制来完成的，与记账凭证编制相关的内容将在本书第六章详细说明。

五、试算平衡

为了保证一定时期内所发生的经济业务在账户中登记的正确性，企业需要在一定时期终了对账户记录的结果进行试算平衡。试算平衡是指根据借贷记账法的记账规则和资产与权益的恒等关系，通过对所有账户的发生额和余额进行汇总计算和比较，来检查账户记录是否正确的一种方法。

经济业务发生后，会计人员应根据“有借必有贷，借贷必相等”的记账规则进行记账，每一笔会计分录的借方发生额和贷方发生额必然相等，将一定时期内的所有经济业务登记入账后，所有账户的借方发生额合计必然等于所有账户的贷方发生额合计。由于资产类账户的期末余额都在借方，而负债和所有者权益类账户的期末余额都在贷方，根据资产总额必然与负债及所有者权益二者总额相等，所有账户的期末借方余额合计必然等于所有账户的期末贷方余额合计的规则，以此类推，所有账户的期初借方余额合计必然等于所有账户的期初贷方余额合计。试算平衡公式如下：

全部账户的本期借方发生额合计 = 全部账户的本期贷方发生额合计

全部账户的期末借方余额合计 = 全部账户的期末贷方余额合计

全部账户的期初借方余额合计 = 全部账户的期初贷方余额合计

在实际工作中，试算平衡是通过总分类账户的试算平衡表（见表3-2）进行的。

表3-2　试算平衡表

会计科目	期初余额		本期发生额		期末余额	
	借方	贷方	借方	贷方	借方	贷方
合计						

经过试算平衡，如果借贷双方不平衡，则说明账户记录或计算有错误。如果借贷双方平衡，则说明账户记录和计算基本正确。但是，下列主要错误的存在并不影响借贷双方平衡，因此不能通过试算平衡发现这些错误。

（1）多记或少记某项经济业务相同的金额。

（2）重记或漏记某项经济业务。

（3）借贷方向正确，但记入了错误的账户。

（4）经济业务的借贷方向相互颠倒。

下面举例说明在借贷记账法下如何登记账户和进行试算平衡。

［**例题 3-8**］某企业总分类账户的期初余额数据如表 3-3 所示。

表 3-3 总分类账户的期初余额

单位：元

资产项目	金额	负债及所有者权益项目	金额
银行存款	130 000	短期借款	20 000
应收账款	50 000	应付账款	20 000
原材料	10 000	应交税费	10 000
库存商品	10 000	长期借款	60 000
固定资产	210 000	实收资本	300 000
合计	410 000	合计	410 000

1. 该企业本月发生的经济业务

（1）用银行存款购买材料 5 000 元。

（2）向银行借入短期借款 10 000 元，直接偿还应付账款。

（3）企业接受投资者投入一台不需要安装的设备，价值 20 000 元。

（4）用银行存款归还长期借款 30 000 元。

（5）收到购货单位偿还前欠货款 10 000 元，存入银行。

（6）企业销售产品预收货款 12 000 元，全部存入银行。

2. 根据上述经济业务编制会计分录

（1）借：原材料　　5 000

　　　贷：银行存款　　5 000

（2）借：应付账款　　10 000

　　　贷：短期借款　　10 000

（3）借：固定资产　　20 000

　　　贷：实收资本　　20 000

（4）借：长期借款　　30 000

　　　贷：银行存款　　30 000

（5）借：银行存款　　10 000

　　　贷：应收账款　　10 000

（6）借：银行存款　　12 000

　　贷：预收账款　　12 000

3. 登记账户

根据会计分录登记账户，期末结出账户的本期发生额和期末余额。

银行存款

借	贷
期初余额 130 000	
（5）10 000	（1）5 000
（6）12 000	（4）30 000
本期发生额 22 000	本期发生额 35 000
期末余额 117 000	

短期借款

借	贷
	期初余额 20 000
	（2）10 000
本期发生额　—	本期发生额 10 000
	期末余额 30 000

原材料

借	贷
期初余额 10 000	
（1）5 000	
本期发生额 5 000	本期发生额　—
期末余额 15 000	

应付账款

借	贷
	期初余额 20 000
（2）10 000	
本期发生额 10 000	本期发生额　—
	期末余额 10 000

应收账款

借	贷
期初余额 50 000	
	（5）10 000
本期发生额　—	本期发生额 10 000
期末余额 40 000	

应交税费

借	贷
	期初余额 10 000
本期发生额　—	本期发生额　—
	期末余额 10 000

库存商品

借	贷
期初余额 10 000	
本期发生额　—	本期发生额　—
期末余额 10 000	

长期借款

借	贷
	期初余额 60 000
（4）30 000	
本期发生额 30 000	本期发生额 —
	期末余额 30 000

借	固定资产	贷
期初余额 210 000		
（3）20 000		
本期发生额 20 000	本期发生额 —	
期末余额 230 000		

借	实收资本	贷
	期初余额 300 000	
	（3）20 000	
本期发生额 —	本期发生额 20 000	
	期末余额 320 000	

借	预收账款	贷
	（6）12 000	
本期发生额 —	本期发生额 12 000	
	期末余额 12 000	

4. 根据账户记录进行试算平衡

试算平衡结果如表 3-4 所示。

表 3-4 试算平衡表

单位：元

会计科目	期初余额		本期发生额		期末余额	
	借方	贷方	借方	贷方	借方	贷方
银行存款	130 000		22 000	35 000	117 000	
原材料	10 000		5 000		15 000	
应收账款	50 000			10 000	40 000	
库存商品	10 000				10 000	
固定资产	210 000		20 000		230 000	
短期借款		20 000		10 000		30 000
应付账款		20 000	10 000			10 000
应交税费		10 000				10 000
长期借款		60 000	30 000			30 000
实收资本		300 000		20 000		320 000
预收账款				12 000		12 000
合计	410 000	410 000	87 000	87 000	412 000	412 000

六、借贷记账法的优点

通过以上的介绍，可以看出借贷记账法有以下优点。

（一）账户对应关系清楚

借贷记账法通过编制会计分录，能够清楚地反映每一项经济业务的来龙去脉，使账户和它的对应关系一目了然。

（二）试算平衡简便

借贷记账法根据“有借必有贷，借贷必相等”的记账规则处理经济业务，全部账户的借方发生额合计与全部账户的贷方发生额合计，以及全部账户借方余额合计与全部账户贷方余额合计必然相等，这使日常核算记录的汇总和检查十分简便。

（三）设置账户比较灵活

在借贷记账法下可以设置一些既反映资产又反映负债的双重性质的账户，如应付账款、应收账款等，这类账户在实务中可以方便地反映企业在结算中的债权债务关系。

第三节　总分类账户和明细分类账户

一、总分类账户和明细分类账户的意义

在会计核算工作中，为了适应经营管理上的需要，对于企业发生的经济业务，在有关账户中进行登记时既要提供总括的核算资料，又要提供详细的核算资料。各会计主体日常使用的账户，按其提供核算资料的详细程度不同，可分为总分类账户和明细分类账户。

总分类账户也称一级账户或总账账户，简称总账。它是根据总分类科目开设的，仅以货币计量单位进行登记，用来提供总括核算资料的账户。前面所举例题中的账户，都是总分类账户。通过总分类账户提供的各种总括核算资料，可以概括地了解一个会计主体的各项资产、负债及所有者权益等会计要素增减变动的情况和结果。但是，总分类账户并不能提供关于各项会计要素增减变动及其结果的详细资料，难以满足经营管理上的具体需要。因此，各会计主体在设置总分类账户的同时，还应根据实际需要，在某些总分类账户的统驭下分别设置若干明细分类账户。

明细分类账户也称明细账户，简称明细账。它是根据明细分类科目开设的，用来提供明细核算资料的账户。例如，为了具体了解各种材料的收、发、结存情况，有必要在“原材料”总分类账户下按照材料的品种分别设置明细分类账户。又如，为了具体掌握企业与各个供应商之间的货款结算情况，应在“应付账款”总分类账户下按各债权单位的名称分别设置明细分类账户。除总分类账户和明细分类账户外，有时还需要设置二级账户。二级账户是介于总分类账户和明细分类账户之间的账户。它所提供的资料比明细分类账户概括，比总分类账户详细。如在“固定资产”总分类账户下，按固定资产的类别设置二级账户，再按照固定资产的名称设置三级明细分类账户。

总分类账户与所属的明细分类账户之间既有区别又有联系。总分类账户是所属明细分类账户的统驭账户，对所属明细分类账户起着控制作用；明细分类账户则是总分类账户的从属账户，对其所隶属的总分类账户起着辅助作用。总分类账户及其所属明细分类账户的核算对象是相同的，只是提供核算指标的详细程度不同，总分类账户提供的是总括核算资料，明细分类账户提供的是详细具体的核算资料，它们所提供的核算资料互相补充，只有把二者结合起来，才

能既总括又详细地反映同一核算内容。因此，总分类账户和明细分类账户必须平行登记。

二、总分类账户和明细分类账户的平行登记

根据总分类账户和明细分类账户之间的关系，在会计核算中，为了便于对账簿记录进行核对，保证会计核算资料的准确性和正确性，对总分类账户和明细分类账户的记录必须采用平行登记的方法。

（一）平行登记的要点

平行登记是指经济业务发生后，根据会计凭证，一方面要登记有关的总分类账户，另一方面要登记总分类账户所属的有关明细分类账户。平行登记的要点有以下三个方面。

1. 方向相同

这里的方向是指经济业务体现的变动方向，而非账户的借贷方向。一般来说，对于同一笔经济业务，如果总分类账户登记在借方，那么明细分类账户也登记在借方。如果总分类账户登记在贷方，那么明细分类账户也登记在贷方。但是，当明细账采用多栏式格式时，对于需要冲减的有关项目金额，只能用红字记入其相反的方向。例如，本期收到利息收入，在“财务费用”的总账上登记在贷方，而在其所属的明细账上则用红字登记在借方。显然，总分类账户和明细分类账户的借贷方向是不一致的，但两者的变动方向一致，它们都反映了财务费用的减少。

2. 期间一致

总分类账户可以是平时登记，也可定期或月末登记。明细分类账户应在经济业务发生时及时进行登记。虽然两者登账的时间不同，但都在同一会计期间内进行登记。

3. 金额相等

记入总分类账户的金额与记入其所属的明细分类账户的金额之和应相等。如果一笔经济业务同时涉及两个或两个以上的明细分类账户，那么记入总分类账户的金额与记入其所属的明细分类账户的金额之和应该相等。

（二）平行登记示例

[例题3-9] 某企业2019年6月“原材料”总账及其所属的甲、乙材料明细账的期初余额如表3-5、表3-6和表3-7所示，假定企业本月发生以下两笔经济业务。

（1）企业购入甲、乙材料已验收入库，款项尚未支付。甲材料800千克，每千克单价40元，共计32 000元。乙材料600千克，每千克单价20元，共计12 000元（暂不考虑增值税）。根据这一材料验收入库业务编制的会计分录如下。

借：原材料——甲材料　　32 000

　　　　　——乙材料　　12 000

　贷：应付账款　　44 000

（2）本月生产产品领用材料为：甲材料700千克，每千克单价40元，共计28 000元；乙材料500千克，每千克单价20元，共计10 000元。根据这一发料业务编制的会计分录如下。

借：生产成本　　　　　　　　　　　　　　　　　　38 000

　贷：原材料——甲材料　　　　　　　　　　　　　　28 000

　　　　　——乙材料　　　　　　　　　　　　　　10 000

根据上述资料及会计分录，登记总分类账和明细账，具体如表 3-5、表 3-6 和表 3-7 所示。

表 3-5　总分类账

账户名称：原材料

2019 年		凭证		摘要	借方	贷方	借或贷	余额
月	日	种类	号数					
6	1			月初余额			借	14 000
		转	1	验收入库	44 000		借	58 000
		转	2	生产领用		38 000	借	20 000
6	30			本月合计	44 000	38 000	借	20 000

表 3-6　原材料明细账

材料名称：甲材料　　　　　　　　　　　　　　　　　　计量单位：千克

2019 年		凭证字号	摘要	收入			发出			结存		
月	日			数量	单价	金额	数量	单价	金额	数量	单价	金额
6	1		月初余额							200	40	8 000
		转 1	验收入库	800	40	32 000				1 000	40	40 000
		转 2	生产领用				700	40	28 000	300	40	12 000
6	30		合计	800	40	32 000	700	40	28 000	300	40	12 000

表 3-7　原材料明细账

材料名称：乙材料　　　　　　　　　　　　　　　　　　计量单位：千克

2019 年		凭证字号	摘要	收入			发出			结存		
月	日			数量	单价	金额	数量	单价	金额	数量	单价	金额
6	1		月初余额							300	20	6 000
		转 1	验收入库	600	20	12 000				900	20	18 000
		转 2	生产领用				500	20	10 000	400	20	8 000
6	30		合计	600	20	12 000	500	20	10 000	400	20	8 000

从表3-5、表3-6和表3-7可以看出，明细账期初余额之和、本期发生额之和以及期末结存额之和与总账相应的指标是相等的，即：

期初余额＝8 000＋6 000＝14 000（元）

本期购进额＝32 000＋12 000＝44 000（元）

本期发出额＝28 000＋10 000＝38 000（元）

期末结存额＝12 000＋8 000＝20 000（元）

练习题

一、单项选择题

1. 借贷记账法的理论依据是（ ）。

A. 资产＝负债＋所有者权益

B. 收入－费用＝利润

C. 借方发生额＝贷方发生额

D. 期初余额＋本期增加额－本期减少额＝期末余额

2. 在借贷记账法下，账户的借方和贷方哪一方登记增加额，哪一方登记减少额，取决于（ ）。

A. 账户的用途　　B. 账户的性质　　C. 账户的结构　　D. 账户的名称

3. 复式记账法对每项经济业务都以相等的金额在（ ）中进行登记。

A. 一个账户　　B. 两个账户

C. 全部账户　　D. 两个或两个以上的账户

4. 借贷记账法下的“借”表示（ ）。

A. 费用增加　　B. 负债增加　　C. 所有者权益增加　　D. 收入增加

5. 一项经济业务的发生，不可能引起（ ）。

A. 资产、资本同时增加　　B. 资产、负债同时增加

C. 资产、资本同时减少　　D. 一项负债增加，一项资本增加

6. 对于具有双重性质账户的期末余额，下列说法正确的是（ ）。

A. 一定有借方余额　　B. 一定有贷方余额

C. 一定没有余额　　D. 可能是借方余额也可能是贷方余额

7. 借贷记账法余额试算平衡的依据是（ ）。

A. 借贷记账法的记账规则　　B. 账户的对应关系

C. 账户的结构　　D. 资产与权益的恒等关系

8. 某企业原材料总分类科目的本期借方发生额为25 000元，贷方发生额为24 000元，其所属的三个明细分类账中：甲材料本期借方发生额为8 000元，贷方发生额为6 000元；乙材料本期借方发生额为13 000元，贷方发生额为16 000元；则丙材料的本期借方、贷方发生额分别为（ ）。

A. 借方发生额为12 000元，贷方发生额为2 000元

B. 借方发生额为4 000元，贷方发生额为2 000元

C. 借方发生额为4 000元，贷方发生额为10 000元

D. 借方发生额为6 000元，贷方发生额为8 000元

二、多项选择题

1. 在借贷记账法下借方可以表示（　　）。

A. 资产增加　　B. 所有者权益减少　　C. 收入增加　　D. 负债增加

2. 期末余额在贷方的账户是（　　）。

A. 资产类账户　　B. 收入类账户

C. 负债类账户　　D. 所有者权益类账户

3. 总分类账户和明细分类账户平行登记的要点是（　　）。

A. 登记的次数相同　　B. 登记会计期间一致

C. 登记的方向相同　　D. 登记的金额相等

4. 下列账户中，期末结转后无余额的账户有（　　）。

A. 实收资本　　B. 主营业务成本　　C. 库存商品　　D. 销售费用

5. 试算平衡表中，试算平衡的公式有（　　）。

A. 借方科目金额 = 贷方科目金额

B. 期末借方余额 = 期初借方余额 + 本期借方发生额 - 本期贷方发生额

C. 全部账户借方发生额合计 = 全部账户贷方发生额合计

D. 全部账户的借方余额合计 = 全部账户的贷方余额合计

6. 在借贷记账法下，下列应登记在有关账户贷方的经济事项是（　　）。

A. 短期借款增加　　B. 应付账款减少　　C. 材料减少　　D. 应交税费增加

7. 下列错误属于试算平衡无法发现的错误有（　　）。

A. 用错账户名称　　B. 重记某项经济业务

C. 漏记某项经济业务　　D. 记账方向颠倒

8. 复式记账法的优点有（　　）。

A. 能全面反映账户的对应关系　　B. 便于按会计科目汇总

C. 有利于检查账户记录的正确性　　D. 便于分工记账

9. 某项经济业务发生后，一个资产账户记借方，则有可能（　　）。

A. 另一个资产账户记贷方　　B. 另一个负债账户记贷方

C. 另一个所有者权益账户记贷方　　D. 另一个资产账户记借方

三、判断题

1. 总分类账户与明细分类账户登记的原始依据和详细程度不同。（　）
2. 通过试算平衡检查账簿记录后，如果左右平衡就可以肯定记账没有错误。（　）
3. 复合会计分录是由几个简单会计分录合并而成的。（　）
4. 在发生经济业务时，单式记账法只在一个账户中登记，复式记账法则在两个账户中登记。（　）
5. 费用类账户结构与资产类账户结构基本一致。（　）
6. 账户的对应关系是指总账和明细账之间的关系。（　）

四、简答题

1. 什么是复式记账法？有何优点？
2. 什么是借贷记账法？如何理解借贷记账法中“借”字和“贷”字的含义？
3. 借贷记账法下账户的结构如何规定？

4. 为什么要进行试算平衡？如何进行？
5. 有哪些情况的发生，通过试算平衡不能查出账户记录错误？
6. 如何正确理解平行登记的三个要点？

五、核算题

1. 根据各类账户的登记方法，请将下面左右两边相关的内容用线连接起来。

（1）资产类账户
（2）负债类账户
（3）所有者权益类账户
（4）费用类账户
（5）收入类账户

A. 增加记贷方，减少记借方，余额一般在贷方
B. 增加记借方，减少记贷方，余额一般在借方
C. 增加记贷方，减少记借方，期末一般无余额
D. 增加记借方，减少记贷方，期末一般无余额

2. 中发公司 2019 年 12 月 31 日的部分账户资料如表 3-8 所示。

表 3-8　账户资料

单位：元

会计科目	期初余额		本期发生额		期末余额	
	借方	贷方	借方	贷方	借方	贷方
银行存款	60 000		（　）	80 000	90 000	
应收账款	（　）		45 000	10 000	54 000	
库存商品	10 000		3 000	（　）	11 000	
固定资产	280 000		20 000		（　）	
短期借款		20 000	（　）	57 000		52 000
应付账款		（　）	9 000	5 000		10 000
长期借款		56 000	40 000	18 000		（　）
实收资本		300 000		（　）		380 000

要求：根据账户期初余额、本期发生额和期末余额的关系，填列表中括号部分的金额。

3. 星海公司 2019 年 11 月的有关账户余额如表 3-9 所示。

表 3-9　账户余额

单位：元

资产	金额	负债及所有者权益	金额
库存现金	1 500	短期借款	195 000
银行存款	45 000	应付账款	142 500
原材料	90 000	应交税费	9 000
应收账款	47 700	长期借款	186 000
库存商品	60 000	实收资本	304 200
生产成本	202 500	盈余公积	210 000
固定资产	600 000		
合计	1 046 700	合计	1 046 700

该公司 12 月发生下列经济业务。

(1) 购进一台计算机，价值 10 000 元，以银行存款支付。

(2) 从银行提取 2 000 元现金。

(3) 投资者投入材料一批，作价 20 000 元。

(4) 生产车间从仓库领用一批材料，价值 4 000 元，投入生产使用。

(5) 以银行存款 22 500 元偿还应付供货单位货款。

(6) 向银行取得长期借款 100 000 元，存入银行。

(7) 以银行存款上交税金 9 000 元。

(8) 收到购货单位偿还前欠货款 18 000 元，存入银行。

要求：

(1) 根据以上资料编制会计分录；

(2) 开设相关账户，并将上述业务登入账户中；

(3) 编制发生额及余额试算平衡表。

第四章　借贷记账法的应用

前面两章比较详细地阐述了会计科目、账户和复式记账的基本原理，本章将结合产品制造企业的主要经济业务，系统地说明账户和借贷记账法的具体运用。

第一节　产品制造业的主要经济业务

产品制造企业是依法经营、自负盈亏、独立核算的商品生产和经营单位。拥有一定的经济资源是企业开展生产经营活动的物质条件，企业通过开展生产经营活动，一方面向社会提供了商品和劳务；另一方面力求获得最多的盈利，以扩大其拥有的经济资源，使企业不断发展，保证企业所有者获得丰厚的报酬，并按期对债权人支付利息。

企业要完成盈利这一经营目标，就必须从事各种经营活动。产品制造企业主要的生产经营过程可分为三个阶段，即生产准备、产品生产和产品销售。企业为了进行生产经营活动，必须拥有一定数量的经营资金，这就需要从不同的渠道筹集资金。经营资金在生产经营过程中被具体运用时表现为不同的占用形态，一般可以分为货币资金、储备资金、生产资金、成品资金等形态，而且随着生产经营过程的不断进行，这些资金形态不断转化，形成经营资金的循环与周转。根据产品制造企业在生产经营过程中的业务特点，其经济业务主要分为资金筹集业务、生产准备业务、产品生产业务、产品销售业务和财务成果业务等。

资金筹集业务是指企业从各种渠道筹集生产经营所需资金的业务，其主要核算内容包括投资者投入资金的核算和借入资金的核算。

生产准备业务是指为产品的生产过程准备必要的生产资料的业务，也就是购置生产所需要的机器设备等固定资产和购买进行产品生产所需要的原材料。其主要核算内容包括固定资产购入业务核算和材料采购业务核算。通过生产准备业务，企业的资金形态由货币资金转化为储备资金和固定资金。

产品生产业务是指劳动者借助劳动手段进行生产劳动，把劳动对象（原材料）加工成产成品的业务。在产品的制造过程中，发生了各种材料费用、固定资产折旧费用、工资费用和其他费用等，它们形成了产品的生产成本，这时资金从固定资金、储备资金和货币资金形态转化为生产资金形态。产品生产业务的主要核算内容包括直接材料、直接人工和制造费用等业务的核算。随着产品制造加工完成并验收入库，资金又从生产资金形态转化为成品资金形态。

产品销售业务是指企业将其所生产的产品按合同对外销售并收取货款的业务。在销售过程中，企业将产品销售给购买单位。企业确认销售收入、办理结算、收取货款、计算产品销售成本、支付销售税费等业务构成了产品销售业务核算的主要内容。此时资金由成品资金形态转化为货币资金形态。

将一定期间取得的全部收入与全部费用相抵后的金额即为企业的财务成果（利润或亏损）。如果取得利润，则要进行利润分配；如果发生了亏损，则要进行弥补。通过分配，一部分资金退出企业，另一部分资金又重新投入生产周转。在产品制造的生产经营过程中，资金筹集和资金收回或退出企业，与生产准备、产品生产和产品销售首尾相接，形成了产品制造业的主要经济业务。

为了全面、连续、系统地核算产品制造业的主要经济业务所形成的生产经营过程和结果，企业必须根据各项经济业务的具体内容和管理要求设置相应的账户，并运用借贷记账法对各项经济业务进行会计处理，以提供管理上所需的各种信息。

第二节　资金筹集业务的核算

企业筹集资金的渠道主要有两方面：一是所有者投入资本，形成所有者权益；二是向债权人借入资金，形成企业的负债，即债权人权益。投资者作为投入资本的所有者既享有企业的经营收益，也承担企业的经营风险；债权人权益主要包括企业向债权人借入的资金和结算形成的负债资金等，这部分资本的所有者享有按约收回本金和利息的权利。

一、投入资本的核算

企业所有者投入的资本按投资主体的不同，可分为国家投入资本、法人投入资本、个人投入资本和外商投入资本等。按投入资本的不同物质形态，可分为货币资产投资、实物投资、证券投资和无形资产投资等。所有者投入的资本应当保全，除法律、法规另有规定外，不得抽回。

（一）账户设置

为了核算企业投入资本的增减变动情况及其结果，企业应设置以下账户。

1. “实收资本”账户

该账户属于所有者权益类账户，用来核算所有者投入企业资本金的增减变动情况，贷方登记所有者投入企业资本金的增加额，借方登记所有者投入企业资本金的减少额，期末余额在贷方，反映所有者投入企业资本的实有数额。该账户应按投资者的不同设置明细账，进行明细分类核算。

股份制企业核算投资者投入资本应设置“股本”账户，由于“股本”账户和“实收资本”账户的核算方法基本相同，因此本书以实收资本为例说明投入资本的核算。

2. “资本公积”账户

为了核算企业收到投资者的出资额超过在注册资本或股本中所占的份额部分以及直接计入所有者权益的利得和损失等，企业应设置“资本公积”账户。该账户属于所有者权益类账户，贷方登记从不同渠道取得的资本公积的增加额，借方登记资本公积的减少额，期末余额在贷方，反映资本公积的期末余额。该账户设置“资本溢价或股本溢价”和“其他资本公积”两个明细账。

3. “银行存款”账户

该账户属于资产类账户，用以核算企业存入银行或其他金融机构的各种款项，但是银行汇票存款、银行本票存款、信用卡存款、信用证保证金存款、存出投资款、外埠存款等，通过“其他货币资金”账户核算。该账户借方登记存入的款项，贷方登记提取或支出的存款。期末余额在借方，反映企业存在银行或其他金融机构的各种款项。该账户应当按照开户银行、存款种类等分别进行明细核算。

企业收到投资者的投资应按实际投资数额入账。以货币资产投入的资本，应以实际收到的货币资产数额或者存入企业开户银行的金额作为实收资本入账。企业接受非货币资产投资时，应按投资合同或协议约定的价值（投资合同或协议约定的价值不公允的除外）确定非货币资产的价值和投资者在注册资本中应享有的份额。

（二）投入资本业务的核算

［例题 4-1］B 企业收到华安公司投入的一批原材料，双方协议价为 40 000 元（不含可抵扣的增值税）。

这项经济业务的发生，一方面使企业资产中的原材料增加了 40 000 元，另一方面使所有者权益中的投入资本增加了 40 000 元。因此，这项经济业务涉及“原材料”和“实收资本”两个账户。原材料增加记入“原材料”账户的借方，投入资本增加记入“实收资本”账户的贷方。所以，这笔经济业务应编制如下会计分录。

借：原材料　　40 000

　　贷：实收资本——华安公司　　40 000

［例题 4-2］华联公司以一项专利权作为投资投入 B 企业，经双方共同确认，专利权的价值为50 000元，已办完各种相关手续。

这项经济业务的发生，一方面使企业资产中的无形资产增加了 50 000 元，另一方面使所有者权益中的投入资本增加了 50 000 元。因此，这项经济业务涉及“无形资产”和“实收资本”两个账户。无形资产增加记入“无形资产”账户的借方，投入资本增加记入“实收资本”账户的贷方。所以，这笔经济业务应编制如下会计分录。

借：无形资产　　50 000

　　贷：实收资本——华联公司　　50 000

［例题 4-3］B 企业收到南方公司投资 500 000 元，款项存入银行。

这项经济业务的发生，一方面使企业资产中的银行存款增加了 500 000 元，另一方面使所有者权益中的投入资本增加了 500 000 元。因此，这项经济业务涉及“银行存款”和“实收资本”两个账户。银行存款增加记入“银行存款”账户的借方，投入资本增加记入“实收资本”账户的贷方。所以，这笔经济业务应编制如下会计分录。

借：银行存款　　500 000

　　贷：实收资本——南方公司　　500 000

［例题 4-4］B 企业收到北方公司投入的一套全新且不需要安装的设备，双方确认价值为120 000元（假定该设备不涉及增值税），该设备投入使用。B 企业的注册资本为 1 000 000 元，北方公司投资在 B 企业注册资本中享有的股份为 10%。

这项经济业务的发生，一方面使企业资产中的固定资产增加了 120 000 元，另一方面使所有者权益中的投入资本增加了 100 000 元，资本溢价增加了 20 000 元。因此，这项经济业务涉及“固定资产”“实收资本”“资本公积”三个账户。固定资产增加记入“固定资产”账户的借方，投入资本增加记入“实收资本”账户的贷方，资本溢价增加记入“资本公积”账户的贷方。所以，这笔经济业务应编制如下会计分录。

借：固定资产　　　　　　　　　　　　　　　　　　　　　　120 000
　　贷：实收资本——北方公司　　　　　　　　　　　　　　　　100 000
　　　　资本公积——资本溢价　　　　　　　　　　　　　　　　20 000

下面将 B 企业的投入资本业务绘成核算图，如图 4-1 所示。

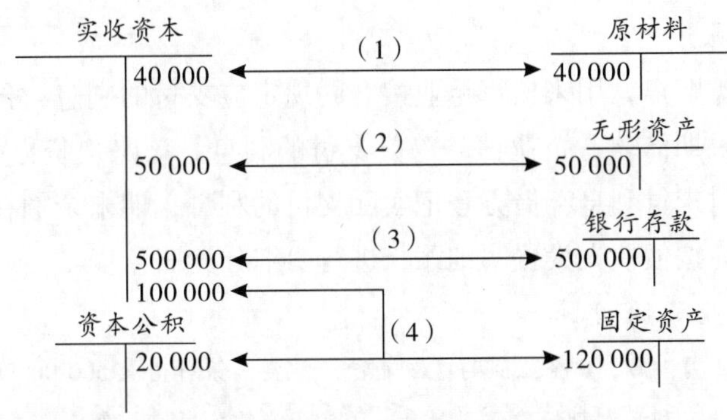

图 4-1　投入资本业务核算图

二、借入资金的核算

企业在生产经营过程中，由于各种原因，经常需要向银行或其他金融机构借入资金，以弥补经营资金的不足。企业借入资金按偿还期限长短的不同，可分为短期借款和长期借款。短期借款是指偿还期在 1 年以内（含 1 年）的各种借款，长期借款是指偿还期在 1 年以上的各种借款。企业借入的资金按规定的用途使用，到期还本付息。

（一）账户设置

为了核算资金的借入和归还情况，企业应设置“短期借款”和“长期借款”账户。为了核算借款本利的结算和支付情况，企业还应设置“财务费用”和“应付利息”等账户。

1. “短期借款”账户

该账户属于负债类账户，用来核算短期借款的借入与归还情况。该账户贷方登记企业借入短期借款本金的增加额，借方登记企业归还短期借款本金的减少额。期末余额在贷方，反映尚未偿还的短期借款数额。该账户应按借款单位、借款种类和币种设置明细账，进行明细分类核算。

2. “长期借款”账户

该账户属于负债类账户，用来核算长期借款的借入与归还情况。该账户贷方登记企业借入长期借款本息的增加额，借方登记企业归还的长期借款本息的减少额。期末余额在贷方，反映尚未偿还的长期借款数额。该账户应按借款单位和借款种类设置明细账，分别按“本金”“应计利息”等进行明细分类核算。

3. “财务费用”账户

该账户属于损益类账户，用来核算企业为筹集生产经营所需资金等而发生的各项筹资费用，包括银行借款利息支出（减存款利息收入）以及相关手续费等。为购建或生产满足资本化条件的资产发生的应予资本化的借款费用，通过“在建工程”“制造费用”等账户核算。该账户借方登记本期发生的各项财务费用，贷方登记本期发生的利息收入和期末转入“本年利润”账户借方的财务费用，该账户结转后无余额。该账户按费用项目设置明细账，进行明细分类核算。

4. “应付利息”账户

该账户属于负债类账户，用来核算企业按合同规定应支付的利息，包括短期借款利息和分期付息到期还本的长期借款、企业债券等应支付的利息。该账户贷方登记资产负债表日，按规定计算确定的应付未付利息，借方登记实际支付的利息，期末余额在贷方，反映企业应付未付的利息。该账户按债权人设置明细账，进行明细分类核算。

（二）借入资金业务的核算

[例题 4-5] 2019 年 1 月 1 日，B 企业因购建固定资产需要向银行借款 500 000 元，款项存入银行，借款期 2 年，贷款利率为 9%，利息到期一次还本付息，固定资产购建项目一年后完工交付使用。

这项经济业务的发生，一方面使企业资产中的银行存款增加了 500 000 元，另一方面使负债中的长期借款增加了 500 000 元。因此，这项经济业务涉及“银行存款”和“长期借款”两个账户。银行存款增加记入“银行存款”账户的借方，长期借款增加记入“长期借款——本金”账户的贷方。所以，这笔经济业务应编制如下会计分录。

借：银行存款　　500 000

　　贷：长期借款——本金　　500 000

[例题 4-6] 2019 年 1 月 1 日，B 企业因资金周转的需要，向银行借款 800 000 元，款项存入银行，借款期 6 个月，年利率为 6%。根据签署的借款协议，该款项利息按季于季末支付。

这项经济业务的发生，一方面使企业资产中的银行存款增加了 800 000 元，另一方面使负债中的短期借款增加了 800 000 元。因此，这项经济业务涉及“银行存款”和“短期借款”两个账户。银行存款增加记入“银行存款”账户的借方，短期借款增加记入“短期借款”账户的贷方。所以，这笔经济业务应编制如下会计分录。

借：银行存款　　800 000

　　贷：短期借款　　800 000

[例题 4-7] B 企业 2019 年 1 月末计提本月的应计利息 4 000（800 000 × 6% ÷ 12）元。

这项经济业务的发生，一方面使企业的利息支出增加了 4 000 元，另一方面使负债中的应付利息增加了 4 000 元。因此，这项经济业务涉及“财务费用”和“应付利息”两个账户。财务费用增加记入“财务费用”账户的借方，应付利息增加记入“应付利息”账户的贷方。所以，这笔经济业务应编制如下会计分录。

借：财务费用　　4 000

　　贷：应付利息　　4 000

2 月末计提 2 月的利息费用处理与 1 月末的处理相同，如果企业的短期借款利息是按月支付的，或者利息数额不大，在借款到期时连同本金一起归还，那么可以不采用预提的方法，在实际支付时直接计入当期损益，即直接借记“账务费用”账户。

[例题 4-8] B 企业在 2019 年 3 月末通过银行支付第一季度的利息 12 000 元。

这项经济业务的发生，一方面使企业 3 月的利息支出增加了 4 000 元，另一方面使负债中的应付利息减少了 8 000 元，银行存款减少了 12 000 元。因此，这项经济业务涉及“财务费用”“应付利息”“银行存款”三个账户。财务费用增加记入“财务费用”账户的借方，应付利息减少记入“应付利息”账户的借方，银行存款减少记入“银行存款”账户的贷方。所以，这笔经济业务应编制如下会计分录。

借：财务费用　　4 000
　　应付利息　　8 000
　　贷：银行存款　　12 000

2019 年 4 月末和 5 月末的利息费用处理与 1 月末的处理相同。

[例题 4-9] B 企业 2019 年 6 月末以银行存款归还第二季度的利息和借款本金共计812 000元。

这项经济业务的发生，一方面使企业 6 月的利息支出增加了 4 000 元，另一方面使应付利息减少了 8 000元，银行存款减少了 812 000 元，短期借款减少了 800 000 元。因此，这项经济业务涉及“财务费用”“应付利息”“银行存款”“短期借款”四个账户。财务费用增加记入“财务费用”账户的借方，应付利息减少记入“应付利息”账户的借方，银行存款减少记入“银行存款”账户的贷方，短期借款减少记入“短期借款”账户的借方。所以，这笔经济业务应编制如下会计分录。

借：财务费用　　4 000
　　应付利息　　8 000
　　短期借款　　800 000
　　贷：银行存款　　812 000

[例题 4-10] B 企业 2019 年 12 月 31 日计提本年度长期借款利息 45 000（500 000 ×9%）元。

这项经济业务的发生，一方面使企业的利息费用增加了 45 000 元，由于购建的固定资产项目尚未完工，其利息费用应予以资本化，即在建工程成本增加了 45 000 元；另一方面使负债中长期借款的应计利息增加了 45 000 元。因此，这项经济业务涉及“在建工程”和“长期借款”两个账户。在建工程成本增加记入“在建工程”账户的借方，长期借款的应计利息增加记入“长期借款——应计利息”账户的贷方。所以，这笔经济业务应编制如下会计分录。

借：在建工程　　45 000
　　贷：长期借款——应计利息　　45 000

[例题 4-11] B 企业 2020 年 12 月 31 日计提本年度长期借款利息 45 000（500 000 ×9%）元。

这项经济业务的发生，一方面使企业的利息支出增加了 45 000 元，由于购建的固定资产项目已经完工，其利息费用应计入财务费用；另一方面使负债中长期借款的应计利息增加了 45 000 元。因此，这项经济业务涉及“财务费用”和“长期借款”两个账户。财务费用增加记入“财务费用”账户的借方，长期借款的应计利息增加记入“长期借款——应计利息”账户的贷方。所以，这笔经济业务应编制如下会计分录。

借：财务费用　　45 000
　　贷：长期借款——应计利息　　45 000

[例题 4-12] B 企业 2021 年 1 月 1 日以银行存款归还长期借款的本利和，共计 590 000 元。

这项经济业务的发生，一方面使长期借款的本金减少了500 000元，长期借款的应计利息减少了90 000元；另一方面使银行存款减少了590 000元。因此，这项经济业务涉及“长期借款”和“银行存款”两个账户。长期借款的本金减少应记入“长期借款——本金”账户的借方，长期借款的应计利息减少应记入“长期借款——应计利息”账户的借方，银行存款减少记入“银行存款”账户的贷方。所以，这笔经济业务应编制如下会计分录。

借：长期借款——本金　　500 000

　　　　　　——应计利息　　90 000

　贷：银行存款　　590 000

下面将B企业的借入资金业务绘成核算图，如图4-2所示。

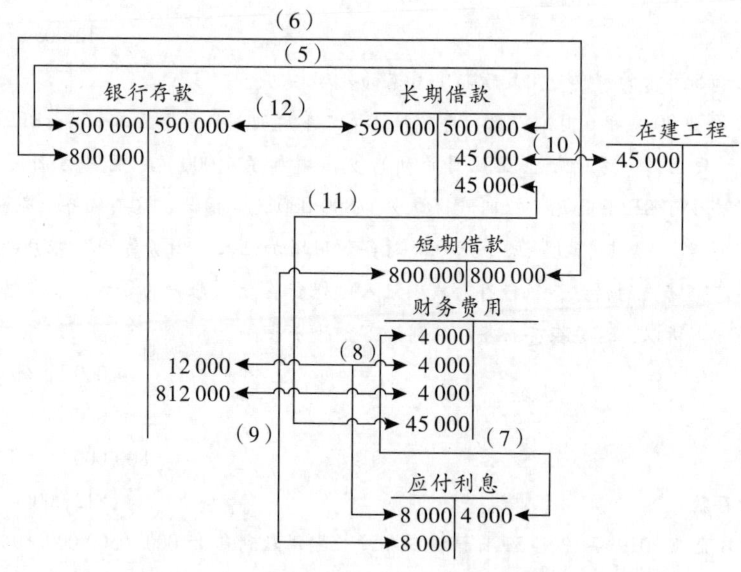

图4-2　借入资金业务核算图

第三节　生产准备业务的核算

为了生产产品，企业必须购建厂房、购置机器设备和采购材料，这是企业进行正常生产经营活动的重要条件。因此，固定资产的购建业务和材料的采购业务核算构成了生产准备业务的主要内容。

一、固定资产购置业务的核算

固定资产是企业赖以生存的物质基础，是企业产生效益的源泉。它是同时具备以下三个特征的有形资产：一是为生产商品提供劳务、出租或经营管理而持有的；二是使用寿命超过一个会计年度；三是具有实物形态的有形资产，如房屋、建筑物、机器设备、运输设备、工具器具等。企业购建的固定资产按取得时的实际成本（即原始价值）入账。固定资产的实际成本是指为购建某项固定资产而达到预定可使用状态前所发生的可归属于该项资产的一切合理的必要支出，包括购买价款、运输费、保险费、包装费、安装费和专业人员服务费等。

（一）账户设置

企业购入的固定资产按是否需要安装可分为不需要安装的固定资产和需要安装的固定资产。为了核算和监督固定资产的购建业务情况，企业应设置“固定资产”“在建工程”“应交税费”账户。

1. “固定资产”账户

该账户属于资产类账户，用来核算固定资产原始价值（简称原价或原值）的增减变动及其结存情况。该账户借方登记固定资产原价的增加额，贷方登记固定资产原价的减少额。期末余额在借方，反映期末结存固定资产的原价。该账户可按固定资产类别和项目进行明细分类核算。

2. “在建工程”账户

该账户属于资产类账户，用来核算企业进行各项固定资产的新建、更新改造及其机器设备的安装等在建工程发生的实际支出。该账户借方登记各种在建工程发生的实际支出，贷方登记工程达到预定可使用状态时结转工程的全部支出，即从“在建工程”账户的贷方转入“固定资产”账户的借方。期末余额在借方，反映期末尚未达到预定可使用状态的工程成本。

3. “应交税费”账户

该账户属于负债类账户，用来核算企业按税法等规定计算应向税务机关缴纳的各种税费，包括增值税、消费税、所得税、土地增值税、城市维护建设税、房产税、土地使用税、车船使用税、教育费附加等。该账户贷方登记应缴纳的各种税费，借方登记实际上缴的各种税费。期末贷方余额，反映应交未交的税费；期末借方余额，反映多交或尚未抵扣的税费。该账户按应交的税费项目设置明细账，进行明细分类核算，其中“应交税费——应交增值税”账户是用来核算企业应交和实交增值税结算情况的账户。

企业购买材料时缴纳的增值税进项税额记入该账户的借方（其他可抵扣的项目，如运杂费等，本书暂不予考虑，下同），企业销售产品时向购买单位收取的增值税销项税额记入该账户的贷方。期末将销项税额与进项税额相抵后，如为贷方余额，表示应交未交的增值税税额；如为借方余额，表示多交或尚未抵扣的增值税税额。增值税纳税人分为一般纳税人和小规模纳税人。本书以一般纳税人为例。一般纳税人的增值税税率开始实施时为 17%，目前为 13%。

在此需要说明的是购买固定资产支付的增值税税额。按照我国 1993 年颁发的《中华人民共和国增值税暂行条例》的规定，企业购进固定资产的增值税是不可以抵扣的，要计入固定资产成本，也就是实行的是生产型增值税，这种做法制约了企业技术改进的积极性。为了改变这种情况，自 2004 年 7 月 1 日起，经国务院批准，我国东北、中部等部分地区已先后进行了增值税的改革试点，并取得了成功的经验。为了进一步消除增值税重复征税的问题，降低企业设备投资税收负担，鼓励企业技术进步和促进产业结构调整，自 2009 年 1 月 1 日起，在全国推行增值税的转型改革，其核心就是在企业计算应交增值税时，允许企业将新购入使用期限超过12个月的机器、机械、运输工具以及其他与生产经营有关的设备、工具、器具等支付的增值税进项税额记入“应交税费——应交增值税”账户的借方，即准予从销项税额中扣除。自2018年5月1日起，一般纳税人销售或进口货物的增值税税率由17%降至16%。为进一步深化增值税改革，自2019年4月1日起，我国制造业等行业的增值税税率又由16%降至13%。

（二）固定资产购置业务的核算

[**例题4-13**] B企业购入一台不需要安装的设备，价款为10 000元，增值税税额为1 300元，款项均用银行存款支付。

这项经济业务的发生，一方面使B企业资产中的固定资产增加了10 000元，增值税进项税额增加了1 300元；另一方面使资产中的银行存款减少了11 300元。因此，这项经济业务涉及“固定资产”“应交税费”“银行存款”三个账户。固定资产增加记入“固定资产”账户的借方，增值税进项税额的增加是负债的减少，记入“应交税费”账户的借方，银行存款减少记入“银行存款”账户的贷方。所以，这笔经济业务应编制如下会计分录。

借：固定资产	10 000	
应交税费——应交增值税（进项税额）	1 300	
贷：银行存款		11 300

[**例题4-14**] B企业购入一台需要安装的设备，买价为20 000元，增值税税额为2 600元，包装费和运杂费为600元，全部款项用银行存款支付。

这项经济业务的发生，一方面使企业资产中的在建工程支出增加了20 600元，增值税进项税额增加了2 600元；另一方面使资产中的银行存款减少了23 200元。因此，这项经济业务涉及“在建工程”“应交税费”“银行存款”三个账户。在建工程支出增加记入“在建工程”账户的借方，增值税进项税额的增加是负债的减少，记入“应交税费”账户的借方，银行存款减少记入“银行存款”账户的贷方。所以，这笔经济业务应编制如下会计分录。

借：在建工程	20 600	
应交税费——应交增值税（进项税额）	2 600	
贷：银行存款		23 200

[**例题4-15**] 上述需要安装的设备在安装过程中领用原材料4 400元，用库存现金支付外请安装人员费用600元。

这项经济业务的发生，一方面使B企业资产中的在建工程支出增加了5 000元，另一方面使企业的库存现金减少了600元，库存原材料减少4 400元。因此，这项经济业务涉及“在建工程”“库存现金”“原材料”三个账户。在建工程支出增加记入“在建工程”账户的借方，库存现金减少记入“库存现金”账户的贷方，库存原材料减少记入“原材料”账户的贷方。所以，这笔经济业务应编制如下会计分录。

借：在建工程	5 000	
贷：原材料		4 400
库存现金		600

[**例题4-16**] 上述设备安装完毕，验收合格交付使用，结转工程成本。

这项经济业务的发生，一方面使B企业资产中的固定资产增加了25 600元，另一方面使资产中的在建工程支出减少了25 600元。因此，这项经济业务涉及"在建工程"和"固定资产"两个账户。固定资产增加记入"固定资产"账户的借方，在建工程减少记入"在建工程"账户的贷方。所以，这笔经济业务应编制如下会计分录。

借：固定资产　　25 600
　贷：在建工程　　25 600

下面将B企业的固定资产购置业务绘成核算图，如图4-3所示。

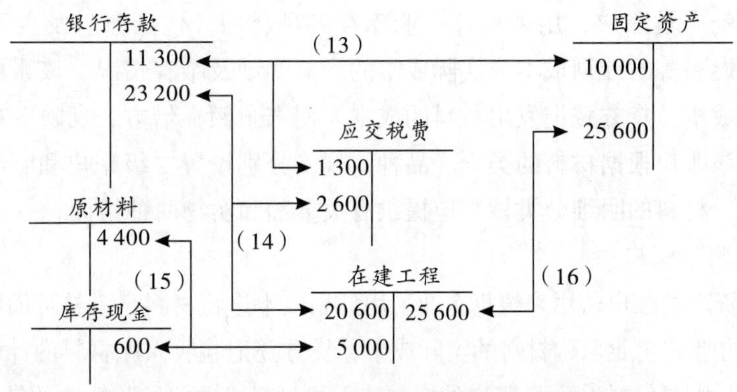

图4-3　固定资产购置业务核算图

二、材料采购业务的核算

（一）材料采购成本的组成内容

企业为了满足商品生产的需要，就要有计划地采购材料。在材料采购的过程中，一方面企业从供应单位购进各种材料物资；另一方面企业要支付材料的买价和各种采购费用，并与供应单位发生货款结算关系。企业购进的材料经验收入库后即可供生产使用。

材料的采购成本是指企业购入的材料物资从采购到入库前所发生的全部支出，一般由买价和采购费用组成。买价就是企业采购各种材料时，供货单位开出的发票上确认的购货价格，即企业应支付给供货单位的货款。买价是构成材料采购成本的主要内容。购进材料时支付的增值税专用发票上注明的增值税税额，不计入购进材料的采购成本，而是作为销售产品收到购买方支付的增值税销项税额的抵扣项目，记入"应交税费——应交增值税（进项税额）"账户的借方。因为增值税是价外税，所以购买材料和销售产品的价格均不包括增值税税额。若发票上所列价格为含税价，则需将含税价转化为不含税价，其计算公式为：

$$单价(不含税价)=\frac{单价(含税价)}{1+增值税税率}$$

采购费用是指企业在采购过程中发生的，除买价和进项税额之外所需支付的各项费用，主要包括（1）外地运杂费，即在运输过程中发生的运输费、装卸费、包装费、保险费和仓储费等；（2）运输途中的合理损耗，即外购材料物资在运输过程中发生的正常范围内的损耗，这种损耗会减少材料物资的数量，提高外购材料物资的单位成本；（3）入库前的挑选整理费用，即材料在入库之前进行整理挑选时发生的人工费用支出等。为简化核算手续，实际工作中对本应计入采购成本的市内零星运杂费、采购人员的差旅费等，不计入材料的采购成本，而是直接计入管理费用。

（二）账户设置

为了加强对材料采购业务的管理，核算和监督库存材料的增减变动及结存情况，以及因采购材料与供应单位发生的债权债务关系，企业应设置以下账户。

1. “原材料”账户

该账户属于资产类账户，用来核算企业库存各种材料，包括原料及主要材料、辅助材料、包装材料、燃料等的计划成本或实际成本的增减变动及结存情况。该账户借方登记已经验收入库材料的成本，贷方登记发出材料的成本。期末余额在借方，反映库存材料的计划成本或实际成本。该账户根据材料的类别、品种、规格分别设置二级账户和明细分类账户，进行明细分类核算。材料的明细分类核算应提供有关金额和实物两种指标。

2. “材料采购”账户

该账户属于资产类账户，用来核算企业采用计划成本进行材料日常核算而购入材料的采购成本。该账户借方登记企业采购材料的实际成本，贷方登记验收入库材料的计划成本。借方大于贷方表示超支，从“材料采购”账户的贷方转入“材料成本差异”账户的借方；贷方大于借方表示节约，从“材料采购”账户的借方转入“材料成本差异”账户的贷方；期末为借方余额，反映企业在途材料的采购成本。该账户按材料种类设置明细账，进行明细分类核算。

3. “材料成本差异”账户

该账户属于资产类账户，用来核算企业采用计划成本进行日常核算的材料的计划成本与实际成本的差额。该账户借方登记入库材料形成的超支差异以及转出的发出材料应负担的节约差异，贷方登记入库材料形成的节约差异以及转出的发出材料应负担的超支差异。期末余额若在借方，则反映企业库存材料的超支差异；期末余额若在贷方，则反映企业库存材料的节约差异。该账户按照材料种类设置明细账，进行明细分类核算。

4. “在途物资”账户

该账户属于资产类账户，用来核算企业采用实际成本进行材料物资日常核算、货款已付尚未验收入库的在途物资的采购成本。该账户借方登记购入材料物资的买价和采购费用（采购材料的实际成本），贷方登记已验收入库材料物资应结转的实际采购成本。期末余额在借方，反映企业期末在途材料物资的采购成本。该账户可按供应单位和材料物资种类设置明细账，进行明细分类核算。

5. “应付账款”账户

该账户属于负债类账户，用来核算企业因购买材料和接受劳务供应等而应付给供应单位的款项。该账户贷方登记企业购入材料已验收入库但货款尚未支付或因接受供应单位劳务而发生的应付未付款项，借方登记偿付的应付款项。期末余额一般在贷方，反映企业尚未支付的应付账款。期末余额如果在借方，则反映企业期末的预付账款。该账户应按供应单位名称设置明细账，并在明细账上注明合同号数和经办采购人员的姓名。

6. “应付票据” 账户

该账户属于负债类账户，用来核算企业因购买材料等而开出的、承兑的商业汇票，包括商业承兑汇票和银行承兑汇票。

商业汇票是由收款人或付款人签发，由承兑人（付款人）承兑，并于到期日向收款人或被背书人支付款项的证明。由收款人签发，经付款人承兑，或由付款人签发并承兑的商业汇票叫商业承兑汇票；由收款人或承兑申请人签发，并由承兑申请人向开户银行申请，经银行审查同意承兑的商业汇票叫银行承兑汇票。经承兑后的商业汇票，承兑人即付款人负有到期无条件支付票款的责任。

“应付票据”账户贷方登记企业因购买材料等而开出承兑的商业汇票和用承兑的商业汇票抵付应付账款，借方登记企业偿付应付票据款或到期不能支付票款时转入应付账款的款项。期末余额在贷方，反映尚未到期的应付票据款。

7. “预付账款” 账户

该账户属于资产类账户，用来核算企业因采购材料或接受劳务供应等按照供货合同规定预付给供应单位的款项。该账户借方登记企业预付或补付的货款，贷方登记核销的预付款或退回多付的货款。期末借方余额，反映已经付款但尚未结算的预付金额。该账户应按供应单位名称设置明细账，进行明细分类核算。

对于预付账款业务不多的企业，可以不单独设置“预付账款”账户，可将预付的款项业务直接记入“应付账款”账户，此时，“应付账款”账户就成为具有双重性质的账户。

需要说明的是，现行企业会计准则取消了“待摊费用”这一会计科目，对于在会计实务中发生的预付费用，如预付的报刊订阅费、财产保险费、房屋设备的租赁费等，为了正确划分各个会计期间的费用界限，根据权责发生制核算要求，可在本科目中进行核算。

（三）材料采购业务的核算

根据我国会计制度的规定，企业材料的日常收发及结存可以按实际成本法核算，也可以按计划成本法核算，具体采用哪一种方法，由企业根据实际情况自行确定。

1. 材料按实际成本核算

在实际成本法下，一般通过“原材料” 和“在途物资” 等账户进行核算。企业外购材料时，根据货款支付与材料验收入库二者时间的不一致，可分为以下三种情况。

（1）货款已经支付或开出承兑商业汇票，同时材料已验收入库

如果货款已经支付或开出承兑商业汇票，发票账单已收到，材料已验收入库，则按支付的实际金额，借记“原材料”“应交税费——应交增值税（进项税额）”等账户，贷记“银行存款”“应付票据”“预付账款” 等账户。

［例题4-17］B企业从广发公司购入A、B两种材料，A材料40吨，单价为每吨300元，买价12 000元；B材料60吨，单价为每吨500元，买价30 000元。A、B两种材料的买价共计42 000元，增值税税额共计5 460元，两种材料的运杂费为2 800元，款项全部用银行存款支付。A、B两种材料已验收入库。

这项经济业务的发生，一方面使材料采购支出增加了 50 260 元，其中，A 材料采购成本增加了 13 120 元，B 材料采购成本增加了 31 680 元（参见表 4-1），增值税进项税额增加了5 460元；另一方面企业的银行存款减少了 50 260 元。因此，这项经济业务涉及“原材料”“应交税费”“银行存款”三个账户。原材料成本增加记入“原材料”账户的借方，银行存款减少记入“银行存款”账户的贷方，增值税进项税额的增加是负债的减少，记入“应交税费——应交增值税”账户的借方。所以，这笔经济业务应编制如下会计分录。

借：原材料——A 材料　　13 120

　　　　　——B 材料　　31 680

　　应交税费——应交增值税（进项税额）　　5 460

　　贷：银行存款　　50 260

［**例题 4-18**］B 企业以银行存款 30 000 元向华发公司预付购买 G 材料款。

这项经济业务的发生，一方面使 B 企业的银行存款减少了 30 000 元，另一方面使预付账款增加了 30 000元。因此，这项经济业务涉及“预付账款”和“银行存款”两个账户。预付账款增加记入“预付账款”账户的借方，银行存款减少记入“银行存款”账户的贷方。所以，这笔经济业务应编制如下会计分录。

借：预付账款——华发公司　　30 000

　　贷：银行存款　　30 000

［**例题 4-19**］B 企业从顺达公司购买 C 材料 10 吨，价款共计 10 000 元，增值税税额为1 300元，企业开出承兑的商业汇票，材料已验收入库。

这项经济业务的发生，一方面使库存材料成本增加了 10 000 元，增值税进项税额增加了 1 300 元；另一方面使 B 企业的应付票据增加了 11 300 元。因此，这项经济业务涉及“原材料”“应交税费”“应付票据”三个账户。原材料成本增加记入“原材料”账户的借方，增值税进项税额增加记入“应交税费——应交增值税”账户的借方，应付票据增加记入“应付票据”账户的贷方。所以，这笔经济业务应编制如下会计分录。

借：原材料——C 材料　　10 000

　　应交税费——应交增值税（进项税额）　　1 300

　　贷：应付票据——顺达公司　　11 300

［**例题 4-20**］B 企业收到华发公司运来的 G 材料（货款已预付），并验收入库。G 材料增值税专用发票上的买价为 22 000 元，增值税税额为 2 860 元，对方代垫运杂费 1 260 元，共计26 120元，多余款项华发公司通过银行存款退回。

这项经济业务的发生，一方面使原材料成本增加了 23 260 元，增值税进项税额增加了2 860元，银行存款增加了 3 880 元；另一方面使预付账款减少了 30 000 元。因此，这项经济业务涉及“原材料”“应交税费”“银行存款”“预付账款”四个账户。原材料成本增加记入“原材料”账户的借方，增值税进项税额增加记入“应交税费——应交增值税”账户的借方，银行存款增加记入“银行存款”账户的借方，预付账款减少记入“预付账款”账户的贷方。所以，这笔经济业务应编制如下会计分录。

借：原材料——G 材料　　23 260

　　应交税费——应交增值税（进项税额）　　2 860

　　银行存款　　3 880

　　贷：预付账款——华发公司　　30 000

［**例题 4-21**］B 企业用银行存款偿还前欠顺达公司的货款 11 300 元。

这项经济业务的发生，一方面使应付票据减少了11 300元，另一方面使银行存款减少了11 300元。因此，这项经济业务涉及“应付票据”和“银行存款”两个账户。应付票据减少记入“应付票据”账户的借方，银行存款减少记入“银行存款”账户的贷方。所以，这笔经济业务应编制如下会计分录。

借：应付票据——顺达公司　　11 300

　　贷：银行存款　　11 300

(2) 货款已经支付或已开出承兑商业汇票，材料尚未到达或尚未验收入库

如果货款已经支付或已开出承兑商业汇票，发票账单已收到，但材料尚未验收入库，则按支付的金额，借记“在途物资”“应交税费——应交增值税（进项税额）”等账户，贷记“银行存款”等账户；待验收入库时再由“在途物资”账户转入“原材料”账户。

[例题4-22] B企业向海通公司购入F材料一批，发票账单已收到，增值税发票上注明的价款为20 000元，增值税税额为2 600元，运杂费为600元，全部款项均通过银行付清，材料尚未到达。

这项经济业务的发生，一方面使在途物资成本增加了20 600元，增值税进项税额增加了2 600元；另一方面使银行存款减少了23 200元。因此，这项经济业务涉及“在途物资”“应交税费”“银行存款”三个账户。在途物资成本增加记入“在途物资”账户的借方，增值税进项税额增加记入“应交税费——应交增值税”账户的借方，银行存款减少记入“银行存款”账户的贷方。所以，这笔经济业务应编制如下会计分录。

借：在途物资——海通公司　　20 600

　　应交税费——应交增值税（进项税额）　　2 600

　　贷：银行存款　　23 200

[例题4-23] B企业向海通公司购买的F材料已收到，并验收入库。

这项经济业务的发生，一方面使库存原材料成本增加了20 600元，另一方面使在途物资成本减少了20 600元。因此，这项经济业务涉及“在途物资”“原材料”两个账户。原材料成本增加记入“原材料”账户的借方，在途物资成本减少记入“在途物资”账户的贷方。所以，这笔经济业务应编制如下会计分录。

借：原材料——F材料　　20 600

　　贷：在途物资——海通公司　　20 600

(3) 货款尚未支付，材料已经验收入库

如果货款尚未支付，材料已经验收入库，则按相关发票凭证上应付的金额，借记“原材料”“应交税费——应交增值税（进项税额）”等账户，贷记“应付账款”账户。

如果货款尚未支付，材料已经验收入库，但月末仍未收到相关发票凭证，则按照暂估价入账，即借记“原材料”账户，贷记“应付账款”等账户。下月初作相反分录予以冲回，收到相关发票账单后再编制会计分录。

[例题4-24] B企业向星海公司购入N材料一批，增值税专用发票上注明的价款为12 000元，增值税税额为1 560元，另外对方代垫运杂费800元，相关发票账单已经收到，款项尚未支付，材料已验收入库。

这项经济业务的发生，一方面使原材料成本增加了12 800元，增值税进项税额增加了1 560元；另一方面使企业的应付账款增加了14 360元。因此，这项经济业务涉及“原材料”“应交税费”“应付账款”三个账户。原材料成本增加记入“原材料”账户的借方，应付账款的增加记入“应付账款”账户的贷方，增值税进项税额增加是负债的减少，记入“应交税费——应交增值税”账户的借方。所以，这笔经济业务应编制如下会计分录。

借：原材料——N 材料　　12 800

　应交税费——应交增值税（进项税额）　　1 560

　贷：应付账款——星海公司　　14 360

[例题 4-25] B 企业购入 H 材料一批，材料已验收入库，至月末发票账单尚未收到，无法确定材料实际成本，暂估价值为 12 000 元。

这项经济业务的发生，一方面使原材料成本增加了 12 000 元，另一方面使应付账款增加了 12 000 元。因此，这项经济业务涉及"原材料"和"应付账款"两个账户。原材料成本增加记入"原材料"账户的借方，应付账款增加记入"应付账款"账户的贷方。所以，这笔经济业务应编制如下会计分录。

借：原材料——H 材料　　12 000

　贷：应付账款——暂估应付账款　　12 000

下月初作相反的会计分录予以冲回，即应编制如下会计分录。

借：应付账款——暂估应付账款　　12 000

　贷：原材料——H 材料　　12 000

下面将 B 企业发生的材料按实际成本核算的业务绘成核算图，如图 4-4 所示。

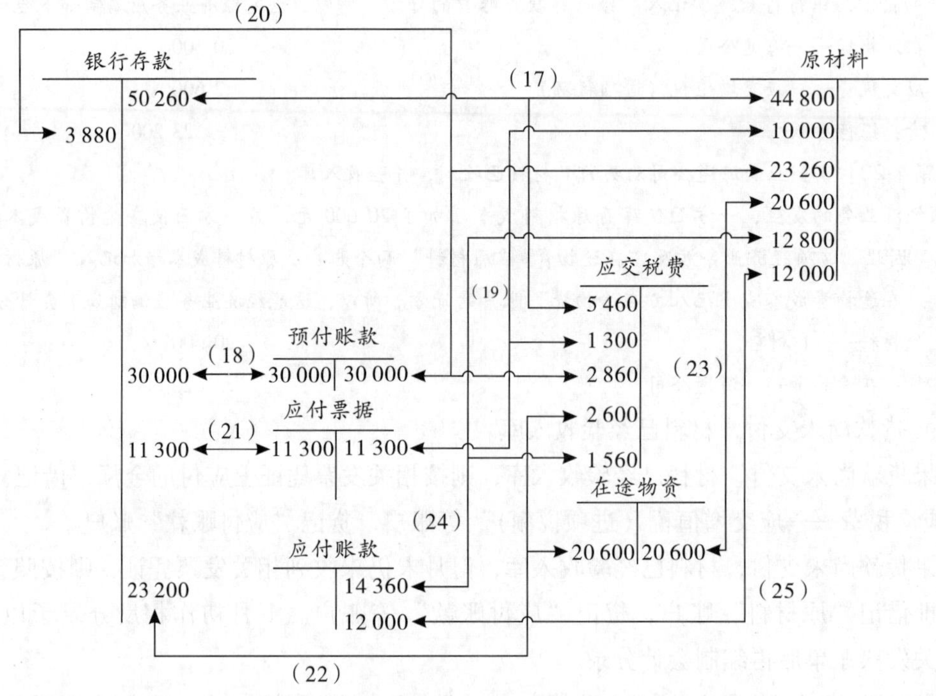

图 4-4　材料按实际成本核算的业务核算图

2. 材料按计划成本核算

在计划成本法下，一般通过"材料采购""原材料""材料成本差异"等账户进行核算。企业外购材料时，根据货款支付与材料验收入库二者时间的不一致，可分为以下三种情况。

（1）货款已经支付或开出承兑商业汇票，同时材料已验收入库如果货款已经支付或开出承兑商业汇票，发票账单已到，材料已验收入库，则按支付的实际金额，借记“材料采购”“应交税费——应交增值税（进项税额）”等账户，贷记“银行存款”“应付票据”“预付账款”等账户。按材料的计划成本金额，借记“原材料”账户，贷记“材料采购”账户；按计划成本与实际成本之间的差额，借记（或贷记）“材料采购”账户，贷记（或借记）“材料成本差异”账户。

［**例题4-26**］B企业购入M材料一批，增值税专用发票上注明的价款为50 000元，增值税税额为6 500元，另外对方代垫运杂费1 000元，款项全部用银行存款支付，发票账单已收到，计划成本为52 000元，材料已验收入库。

这项经济业务可分为材料采购成本发生业务和材料验收入库业务。

材料采购成本发生业务，一方面使材料采购实际成本增加了51 000元，增值税进项税额增加了6 500元；另一方面使银行存款减少了57 500元。因此，材料采购成本发生业务涉及“材料采购”“应交税费”“银行存款”三个账户。材料采购成本增加记入“材料采购”账户的借方，银行存款减少记入“银行存款”账户的贷方，增值税进项税额的增加是负债的减少，记入“应交税费——应交增值税”账户的借方。所以，这笔经济业务应编制如下会计分录。

借：材料采购——M材料　　51 000
　　应交税费——应交增值税（进项税额）　　6 500
　　贷：银行存款　　57 500

材料验收入库业务，一方面使库存原材料增加了52 000（计划成本）元，另一方面使材料采购成本减少了51 000（实际成本）元，计划成本与实际成本的差额属于材料节约差异1 000元。因此，这项经济业务涉及“原材料”“材料采购”“材料成本差异”三个账户。原材料增加记入“原材料”账户的借方，材料采购成本减少记入“材料采购”账户的贷方，材料成本节约差异记入“材料成本差异”账户的贷方。所以，这笔经济业务应编制如下会计分录。

借：原材料　　52 000
　　贷：材料采购——M材料　　51 000
　　　　材料成本差异　　1 000

如果M材料的计划成本为49 800元，则验收入库业务应编制如下会计分录。

借：原材料——M材料　　49 800
　　材料成本差异　　1 200
　　贷：银行存款　　51 000

（2）货款已经支付或开出承兑商业汇票，材料尚未验收入库

［**例题4-27**］B企业从本市延庆公司购进C材料5吨，单价为每吨1 000元，买价为5 000元，增值税税额为650元，全部款项均已通过银行支付。

这项经济业务的发生，一方面使材料采购支出增加了5 650元，其中材料买价5 000元，增值税进项税额650元；另一方面使银行存款减少了5 650元。因此，这项经济业务涉及“材料采购”“应交税费”“银行存款”三个账户。材料采购成本增加记入“材料采购”账户的借方，增值税进项税额增加记入“应交税费——应交增值税”账户的借方，银行存款减少记入“银行存款”账户的贷方。所以，这笔经济业务应编制如下会计分录。

借：材料采购——C 材料　　5 000
　　应交税费——应交增值税（进项税额）　　650
　　贷：银行存款　　5 650

（3）货款尚未支付，材料已经验收入库

如果货款尚未支付，材料已经验收入库，则按相关发票凭证上应付的金额，借记“材料采购”“应交税费——应交增值税（进项税额）”等账户，贷记“应付账款”账户。

如果材料已经验收入库，货款尚未支付，月末仍未收到相关发票凭证，则按照计划成本暂估入账，即借记“原材料”账户，贷记“应付账款”等账户。下月初作相反分录予以冲回，收到账单后再编制会计分录。这种情况的计划成本核算处理与实际成本的核算处理相同，在此不再重复举例。

［**例题 4-28**］B 企业向红星公司购入 H 材料一批，增值税专用发票上注明的价款为11 500元，增值税税额为 1 495 元，另外对方代垫运杂费 600 元，相关发票账单已经收到，款项尚未支付，材料已验收入库。

这项经济业务的发生，一方面使材料采购成本增加了 12 100 元，增值税进项税额增加了 1 495 元；另一方面使企业的应付账款增加了 13 595 元。因此，这项经济业务涉及“材料采购”“应交税费”“应付账款”三个账户。材料采购成本增加记入“材料采购”账户的借方，应付账款增加记入“应付账款”账户的贷方，增值税进项税额的增加是负债的减少，记入“应交税费——应交增值税”账户的借方。所以，这笔经济业务应编制如下会计分录。

借：材料采购——H 材料　　12 100
　　应交税费——应交增值税（进项税额）　　1 495
　　贷：应付账款——红星公司　　13 595

例题 4-27 和例题 4-28 两笔业务在收到材料并验收入库后再按计划成本借记“原材料”账户，按原记材料采购借方的金额，贷记“材料采购”账户，实际成本与计划成本的差额，如为超支差异，借记“材料成本差异”账户；如为节约差异，贷记“材料成本差异”账户。这笔业务的处理与例题 4-26 处理相同，不再重复举例。

下面将 B 企业发生的材料按计划成本核算的业务绘成核算图，如图 4-5 所示。

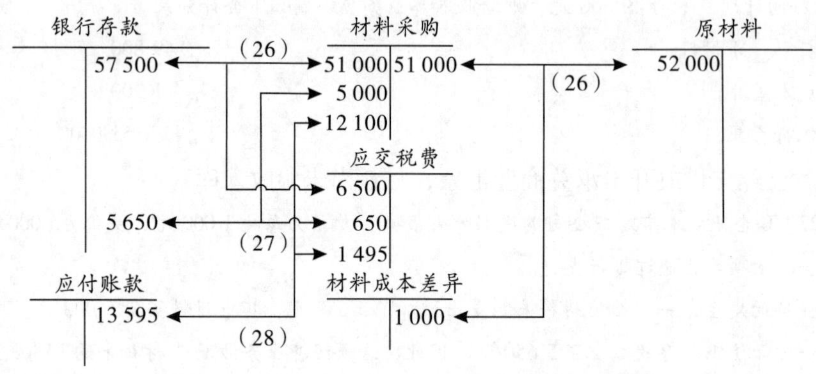

图 4-5　材料按计划成本核算的业务核算图

（四）材料实际采购成本的计算

材料实际采购成本的计算就是将材料采购过程中发生的实际采购成本按一定种类的材料进行归集和分配，确定该种材料的实际总成本和单位成本。

在计算材料的实际采购成本时，凡是能分清为采购哪种材料所发生的费用，都应直接计入该种材料的采购成本，如材料的买价；凡是不能分清为哪种材料所发生的费用，如同时运输两种或两种以上材料时发生的运输费用，它就需要由所采购的两种或两种以上的材料共同负担，采用合理的分配标准分配计入各种材料的采购成本之中。分配标准有材料的重量、体积和买价等。

根据例题4-17的资料：B企业购入A、B两种材料的买价可直接计入它们的采购成本，但支付的共同运杂费2 800元，需要按重量比例进行分配。A材料重40吨，B材料重60吨，则分配结果如下：

费用分配率 $=\frac{2\ 800}{40+60}=28$（元/吨）

A材料应分配运杂费 $=28\times40=1\ 120$（元）

B材料应分配运杂费 $=28\times60=1\ 680$（元）

A、B两种材料的实际采购成本计算如表4-1所示。

表4-1 材料采购成本计算表

单位：元

材料名称	单位	数量	单价	买价	运杂费	总成本	单位成本
A材料	吨	40	300	12 000	1 120	13 120	328
B材料	吨	60	500	30 000	1 680	31 680	528
合　计		100		42 000	2 800	44 800	

材料按实际成本核算，材料验收入库结转其实际成本时，除了根据经济业务，按照各种入库材料的实际总成本登记“原材料”总账账户外，还应根据表4-1中的资料计算各种材料的实际成本，分别登记A、B两种材料的明细账。材料明细账的登记内容参见第八章第二节中“发出存货计价”部分的相关内容。

第四节　产品生产业务的核算

一、生产费用的主要内容

我们通常将制造企业从材料投入生产到产品完工入库这一过程称为生产过程。产品生产过程同时也是生产的耗费过程。在这一过程中，既有劳动资料的耗费，又有劳动对象的耗费；既有物化劳动的耗费，又有活劳动的耗费，如材料费、折旧费、工资费用、办公费用等。产品生产过程中发生的用货币表现的生产耗费叫作生产费用。这些费用最终都要归集、分配到一定种类的产品上去，从而形成各种产品的成本。生产费用按照是否构成产品成本可分为生产成本和期间费用两类。

（一）生产成本

产品的生产成本是企业为生产一定种类和一定数量的产品所支出的各种生产费用的总和。产品的生产成本主要包括三个成本项目：直接材料、直接人工和制造费用。

直接材料是指企业在生产产品和提供劳务过程中所消耗的、直接用于产品生产，构成产品实体的各种原料及主要材料以及有助于产品形成的辅助材料、燃料、动力等。

直接人工是指在生产产品和提供劳务的过程中，直接从事产品生产的工人的职工薪酬，包括工资、奖金、津贴和补贴、职工福利费、社会保险费、住房公积金等。

制造费用是指企业生产车间为管理和组织生产所发生的各种间接费用，包括车间管理人员的职工薪酬、折旧费、办公费、水电费、劳动保护费等。

（二）期间费用

期间费用是指与产品生产无直接关系，属于某一期间耗费的费用，不计入产品成本，而是直接计入当期损益的各种费用。期间费用包括管理费用、销售费用和财务费用。

管理费用是企业行政管理部门为管理和组织企业生产所发生的各项费用，包括行政管理人员的职工薪酬、办公费、差旅费、业务招待费、聘请中介机构费、诉讼费、劳动保险费等。

销售费用是企业在销售过程中发生的各种费用，如运输费、包装费、广告费、保险费以及为销售商品而专设的销售机构人员的职工薪酬、业务费等。

财务费用是企业为筹集生产经营所需资金等而发生的筹资费用，包括银行借款利息支出（减存款利息收入）以及相关手续费等。

在产品生产过程中费用的发生、归集和分配以及产品成本的形成，共同构成了产品生产业务核算的主要内容。

二、账户设置

为了核算和监督各项生产费用的发生、归集和分配，正确计算产品成本，企业应设置以下账户。

（一）“生产成本”账户

该账户属于成本类账户，用来核算企业产品生产过程中发生的各种生产费用，并据以计算产品的实际生产成本。该账户借方登记直接计入产品生产成本的直接材料、直接人工等直接费用以及期末分配计入产品生产成本的制造费用，贷方登记完工入库产成品应结转的生产成本。期末若有余额在借方，反映尚未加工完成的在产品成本。该账户按产品品种设置明细账，进行明细分类核算。

（二）“制造费用”账户

该账户属于成本类账户，用来核算企业生产车间为生产产品和提供劳务而发生的各项间接生产费用。该账户借方登记实际发生的各项制造费用，贷方登记期末分配转入“生产成本”账户借方，应由各种产品负担的制造费用。期末分配结转后一般无余额。该账户按不同的车间（部门）设置明细账，进行明细分类核算。

（三）“应付职工薪酬”账户

该账户属于负债类账户，用来核算企业应付给职工的薪酬总额的提取、结算、使用等情况，包括职工工资、奖金、津贴与补贴、职工福利费和社会保险费等。该账户贷方登记本月计算的应付职工薪酬总额，即应分配计入有关成本费用的职工薪酬的数额，借方登记本月实际支付的职工薪酬额。期末余额在贷方，反映企业应付未付的职工薪酬。该账户按照“工资”“职工福利”“社会保险费”等应付职工薪酬项目设置明细账，进行明细分类核算。

（四）“管理费用”账户

该账户属于损益类账户，用来核算企业行政管理部门为管理和组织生产所发生的各项管理费用。该账户借方登记发生的各项管理费用，贷方登记期末转入“本年利润”账户借方的本期管理费用。该账户结转后无余额。该账户按费用项目设置明细账，进行明细分类核算。

（五）“销售费用”账户

该账户属于损益类账户，用来核算企业销售商品过程中发生的各种销售费用。该账户借方登记发生的各种销售费用，贷方登记期末转入“本年利润”账户借方的各种销售费用。该账户结转后应无余额。该账户按费用种类设置明细账，进行明细分类核算。

（六）“累计折旧”账户

1. 固定资产折旧的含义

固定资产和流动资产的价值转移方式是不同的。原材料等流动资产的价值是一次性转移到生产的产品成本中，而固定资产如机器设备，其价值是以折旧的方式逐渐地、部分地转移到成本费用中去。固定资产折旧是指在固定资产使用寿命内，按照确定的方法对应计折旧额进行的系统分摊。其中，应计折旧额是指应当计提折旧的固定资产的原价扣除其预计净残值后的金额。预计净残值是指假定固定资产的预计使用寿命已满并处于使用寿命终了时的预期状态，企业目前从该项资产的处置中获得的扣除预计处置费用后的金额。预计净残值率是指固定资产预计净残值占其原价的比率。企业应当根据固定资产的性质和使用情况，合理确定固定资产的预计净残值。预计净残值一经确定，不得随意变更。

2. 固定资产折旧额的计算

企业应当按月对所有的固定资产计提折旧，但是，已提足折旧仍然继续使用的固定资产、单独计价入账的土地除外。提足折旧是指已经提足该项固定资产的应计折旧额。当月增加的固定资产，当月不计提折旧，从下月起计提折旧；当月减少的固定资产，当月仍然计提折旧，从下月起不计提折旧。

企业可选用的折旧方法有年限平均法、工作量法、双倍余额递减法和年数总和法等。本书重点介绍年限平均法和工作量法。

（1）年限平均法

年限平均法又称直线法，是指将固定资产的应计折旧额均匀地分摊到固定资产预计使用寿命内的一种方法。各月应计提折旧额的计算公式如下：

$$月折旧额 = 固定资产原价 \times 月折旧率$$

其中，

$$月折旧率 = 年折旧率 \div 12$$

$$年折旧率 = \frac{1 - 净残值率}{预计使用寿命}$$

［例题4-29］甲公司有一台用于污水处理的设备，原价为360 000元，预计使用年限为10年，预计净残值率为4%，计算该设备每月应计提的折旧额。

$年折旧率 = \frac{1-4\%}{10} = 9.6\%$

$月折旧率 = 9.6\% \div 12 = 0.8\%$

$月折旧额 = 360\ 000 \times 0.8\% = 2\ 880$（元）

（2）工作量法

工作量法是指根据实际工作量计算每期应提折旧额的一种方法。各月应计提折旧额的计算公式如下：

$$某项固定资产月折旧额 = 该项固定资产当月工作量 \times 单位工作量折旧额$$

其中，

$$单位工作量折旧额 = \frac{固定资产原价 \times (1 - 净残值率)}{预计总工作量}$$

［例题4-30］甲公司有一辆运货卡车，原价为600 000元，预计总行驶里程为500 000公里，预计报废时净残值率为5%，本月行驶4 500公里，计算该货车的月折旧额。

$单位里程折旧额 = \frac{600\ 000 \times (1-5\%)}{500\ 000} = 1.14$（元/公里）

$货车本月折旧额 = 4\ 500 \times 1.14 = 5\ 130$（元）

不同的折旧方法将影响固定资产使用寿命期间内不同时期的折旧费用。企业应当根据与固定资产有关的经济利益的预期实现方式合理选择折旧方法，固定资产的折旧方法一经确定，不得随意变更。

3. “累计折旧”账户的用途与结构

固定资产在使用期限内保持原有的实物形态，其价值随着折旧的计提而逐渐减少。“固定资产”账户是按原始价值反映其增减变动和结存情况。为便于计算固定资产的账面净值（折余价值），企业需专门设置“累计折旧”账户来反映固定资产的价值损耗情况。

“累计折旧”账户属于资产类账户，用来核算企业固定资产累计折旧情况。该账户贷方登记每月计提的固定资产折旧额，借方登记因出售、报废等原因引起的固定资产减少时而转出的已提取的累计折旧额。期末余额应在贷方，表示现有固定资产的累计折旧额。将“累计折旧”账户的贷方余额抵减“固定资产”账户的借方余额即可求得固定资产的账面净值。该账户可按固定资产的类别或项目进行明细分类核算。

（七）“库存商品”账户

该账户属于资产类账户，用来核算企业已经生产完成并已验收入库，可作为商品对外销售的产品实际成本。该账户借方登记已经完工并验收入库的各种产成品的实际生产成本，贷方登记已经发出的产成品的实际生产成本。期末余额在借方，表示库存产成品的实际生产成本。该账户按产品种类、品种或规格设置明细账，进行明细分类核算。

三、产品生产主要业务的核算

［例题4-31］B企业生产甲、乙两种产品，本月领用材料（按实际成本核算）及其用途如表4-2所示。

表4-2 领用材料及其用途表

单位：元

项目	A材料	B材料	C材料	合计
生产产品耗用	40 000	20 000	9 000	69 000
其中，甲产品	24 000	12 000	7 000	43 000
乙产品	16 000	8 000	2 000	26 000
车间一般耗用		200	400	600
管理部门耗用		800	600	1 400
合计	40 000	21 000	10 000	71 000

这项经济业务的发生，一方面使库存原材料减少了71 000元；另一方面使生产费用增加了71 000元，其中用于产品生产的69 000元应记入“生产成本”账户，车间一般耗用的600元应记入“制造费用”账户，管理部门耗用的1 400元应记入“管理费用”账户。因此，这项经济业务涉及“原材料”“生产成本”“制造费用”“管理费用”四个账户。原材料减少记入“原材料”账户的贷方，生产费用增加应分别记入“生产成本”等账户的借方。所以，这笔经济业务应编制如下会计分录。

借：生产成本——甲产品　　43 000
　　　　　　——乙产品　　26 000
　　制造费用　　600
　　管理费用　　1 400
　　贷：原材料　　71 000

［例题4-32］B企业结算本月应付职工工资40 000元，其中，生产车间生产甲产品工人工资12 000元，生产乙产品工人工资10 000元，车间管理人员工资6 000元，厂部行政管理人员工资8 000元，销售人员工资4 000元。

这项经济业务的发生，一方面使生产费用增加了40 000元，其中，生产工人工资22 000元应记入“生产成本”账户的借方，车间管理人员工资6 000元应记入“制造费用”账户的借方，行政管理人员工资8 000元应记入“管理费用”账户的借方，销售人员工资4 000元应记入“销售费用”账户的借方；另一方面使应付职工薪酬增加了40 000元，应付职工薪酬的增加是企业负债的增加，应记入“应付职工薪酬”账户的贷方。所以，这笔经济业务应编制如下会计分录。

借：生产成本——甲产品　　12 000
　　　　　　——乙产品　　10 000
　　制造费用　　6 000

管理费用　8 000
销售费用　4 000
贷：应付职工薪酬——工资　40 000

［例题4-33］按例题4-32工资总额的14%计提职工福利费。

生产甲产品工人职工福利费＝12 000×14%＝1 680（元）

生产乙产品工人职工福利费＝10 000×14%＝1 400（元）

车间管理人员职工福利费＝6 000×14%＝840（元）

行政管理人员职工福利费＝8 000×14%＝1 120（元）

销售人员职工福利费＝4 000×14%＝560（元）

合计＝5 600（元）

这项经济业务的发生，一方面使B企业的成本费用增加了5 600元，其中，生产工人工资提取职工福利费3 080元应记入“生产成本”账户的借方，车间管理人员工资计提福利费840元应记入“制造费用”账户的借方，行政管理人员工资计提职工福利费1 120元应记入“管理费用”账户的借方；销售人员工资计提职工福利费560元应记入“销售费用”账户的借方；另一方面使应付福利费增加了5 600元，应付福利费的增加是企业负债的增加，应记入“应付职工薪酬”账户的贷方。所以，这笔经济业务应编制如下会计分录。

借：生产成本——甲产品　1 680
　　　　　　——乙产品　1 400
　　制造费用　840
　　管理费用　1 120
　　销售费用　560
　　贷：应付职工薪酬——职工福利　5 600

［例题4-34］B企业从银行提取现金40 000元，准备发放职工工资。

这项经济业务的发生，一方面使库存现金增加了40 000元，另一方面使银行存款减少了40 000元。因此，这项经济业务涉及“库存现金”和“银行存款”两个账户。库存现金增加记入“库存现金”账户的借方，银行存款减少记入“银行存款”账户的贷方。所以，这笔经济业务应编制如下会计分录。

借：库存现金　40 000
　　贷：银行存款　40 000

［例题4-35］B企业以库存现金40 000元发放职工工资。

这项经济业务的发生，一方面使库存现金减少了40 000元，另一方面使应付职工薪酬减少了40 000元。因此，这项经济业务涉及“库存现金”和“应付职工薪酬”两个账户。库存现金减少记入“库存现金”账户的贷方，应付职工薪酬减少记入“应付职工薪酬”账户的借方。所以，这笔经济业务应编制如下会计分录。

借：应付职工薪酬——工资　40 000
　　贷：库存现金　40 000

［例题4-36］B企业车间租入一台生产设备，租期3个月，以银行存款预付3个月的租金3 600元。

这项经济业务的发生，一方面使银行存款减少了3 600元，另一方面使预付账款增加了3 600元。因此，这项经济业务涉及“银行存款”和“预付账款”两个账户。银行存款减少记入“银行存款”账户的贷方，预付账款增加记入“预付账款”账户的借方。所以，这笔经济业务应编制如下会计分录。

借：预付账款　　3 600

　贷：银行存款　　3 600

[例题 4-37] 摊销应由本月负担的设备租金 1 200 元。

这项经济业务的发生，一方面使制造费用增加了 1 200 元，另一方面使预付账款减少了 1 200 元。因此，这项经济业务涉及“制造费用”和“预付账款”两个账户。制造费用增加记入“制造费用”账户的借方，预付账款减少记入“预付账款”账户的贷方。所以，这笔经济业务应编制如下会计分录。

借：制造费用　　1 200

　贷：预付账款　　1 200

[例题 4-38] 计提本月固定资产折旧 8 400 元，其中生产车间用固定资产折旧 5 400 元，行政管理用固定资产折旧 3 000 元。

这项经济业务的发生，一方面使成本费用增加了 8 400 元，其中，车间固定资产折旧额5 400元应记入“制造费用”账户的借方，行政管理用固定资产折旧额 3 000 元应记入“管理费用”账户的借方；另一方面使固定资产的折旧额增加了 8 400 元，应记入“累计折旧”账户的贷方。所以，这笔经济业务应编制如下会计分录。

借：制造费用　　5 400

　　管理费用　　3 000

　贷：累计折旧　　8 400

[例题 4-39] B 企业以银行存款支付车间的办公费 440 元，水电费 670 元，劳动保护费 650 元，共计 1 760元。

这项经济业务的发生，一方面使银行存款减少了 1 760 元，另一方面使制造费用增加了 1 760 元。因此，这项经济业务涉及“银行存款”和“制造费用”两个账户。银行存款减少记入“银行存款”账户的贷方，制造费用增加记入“制造费用”账户的借方。所以，这笔经济业务应编制如下会计分录。

借：制造费用　　1 760

　贷：银行存款　　1 760

[例题 4-40] 月末，将发生的制造费用总额 15 800 元分配转入产品生产成本。

这项经济业务的发生，一方面使生产成本增加了 15 800 元，其中，甲产品成本增加9 480元，乙产品成本增加 6 320 元（参见表 4-3 和表 4-4）；另一方面使制造费用减少了15 800元。因此，这项经济业务涉及“生产成本”和“制造费用”两个账户。生产成本增加记入“生产成本”账户的借方，制造费用减少记入“制造费用”账户的贷方。所以，这笔经济业务应编制如下会计分录。

借：生产成本——甲产品　　9 480

　　　　　——乙产品　　6 320

　贷：制造费用　　15 800

[例题 4-41] 月末，结转已全部制造完工验收入库甲产品的生产成本 66 160 元。

这项经济业务的发生，一方面使库存产成品增加了 66 160 元，另一方面使生产过程中的生产成本减少了 66 160 元。因此，这项经济业务涉及“库存商品”和“生产成本”两个账户。产成品增加记入“库存商品”账户的借方，生产成本减少记入“生产成本”账户的贷方。所以，这笔经济业务应编制如下会计分录。

借：库存商品——甲产品　　66 160

　　贷：生产成本——甲产品　　66 160

下面将B企业发生的产品生产业务绘成核算图，如图4-6所示。

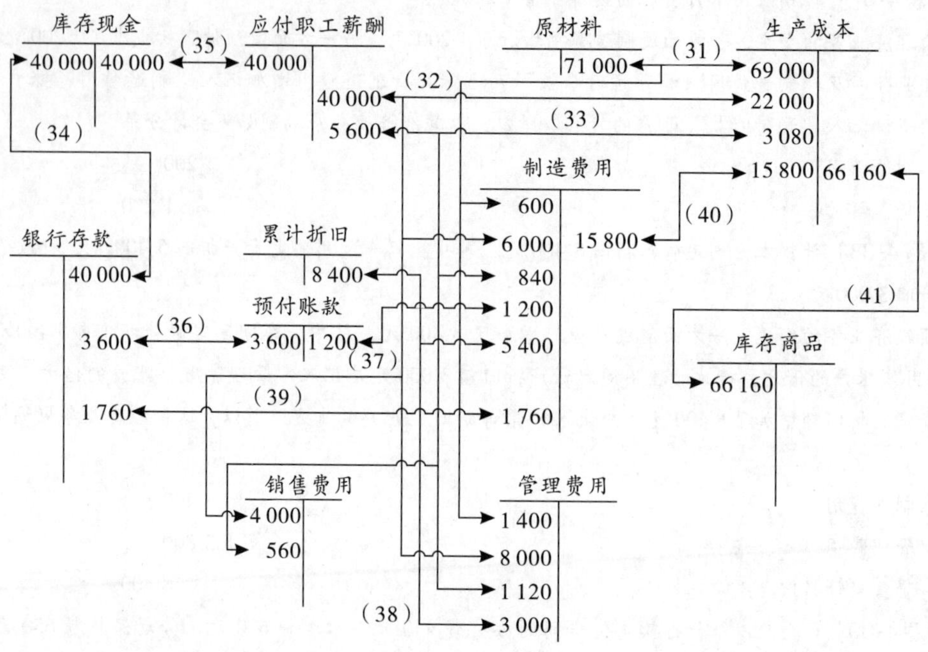

图4-6　产品生产业务核算图

四、产品生产成本的计算

为了正确确定各个会计期间的盈亏，企业必须计算各种产品的生产成本。产品生产成本计算就是按照生产的各种产品归集和分配在生产过程中发生的各种生产费用，并按成本项目计算各种产品的总成本和单位成本。

（一）确定成本计算对象

成本计算对象是指生产费用归属的对象，即通常所说的算什么的成本。成本计算对象的确定，是设置产品成本明细账（成本计算单）、归集生产费用、正确计算产品成本的前提。不同类型的企业由于生产特点和管理要求的不同，所以成本计算对象也有所不同。而成本计算对象不同，相应的成本计算的方法也不同。不论以何种方法计算产品成本，最终都要按产品品种计算产品的生产成本。按品种计算成本是产品成本计算方法中最基本的方法。

（二）按成本项目归集和分配生产费用

产品成本明细账是按产品品种设置，并按直接材料、直接人工、制造费用等成本项目设专栏（参见表4-3和表4-4）。在以产品品种为成本计算对象的企业或车间内，如果只生产一种产品，那么发生的生产费用都是直接费用，可直接计入产品成本明细账，不存在在各成本计算对象之间分配费用的问题。如果生产的产品不止一种，那么发生的生产费用就存在费用的分配问题。凡是能分清为哪种产品所消耗的，应根据有关凭证直接计入该种产品成本明细账；凡是不能分清为哪种产品所消耗的，如由几种产品共同耗用的原材料费用、生产工人的计时工资、制造费用等，则应采取适当的分配方法在各种产品之间进行分配，然后计入产品成本明细账。

间接计入生产成本的费用分配方法有很多，可按定额消耗量、机器工时、实际工时、定额工时等标准进行分配。

根据例题4-40资料：制造费用总额15 800元，甲、乙两种产品的生产工时分别为600小时和400小时。制造费用按生产工时分配如下：

分配率 $=\frac{15\ 800}{600+400}=15.8$（元/小时）

甲产品应分配的制造费用 $=15.8\times600=9\ 480$（元）

乙产品应分配的制造费用 $=15.8\times400=6\ 320$（元）

（三）计算产品生产成本

在计算产品成本时，如果某种产品全部完工，那么该种产品成本明细账所归集的费用总额就是该种产品的完工产品总成本。完工产品总成本除以该种产品的产量，便可计算出该种产品的单位成本。如果某种产品全部未完工，那么该种产品成本明细账所归集的费用总额就是该种产品的在产品总成本。如果在一个月内，既有完工产品，又有未完工产品，那么应采用合理的分配方法在完工产品和在产品之间进行费用分配。

根据产品生产过程的主要经济业务和制造费用的分配结果，上述B企业甲、乙两种产品的生产成本明细账和完工产品成本计算表如表4-3、表4-4和表4-5所示。

表4-3 生产成本明细账（一）

产品名称：甲产品　　　　单位：元

××年		凭证（业务号）	摘要	成本项目			合计
月	日			直接材料	直接人工	制造费用	
略	略	4-31	生产领料	43 000			43 000
		4-32	生产工人工资		12 000		12 000
		4-33	生产工人福利费		1 680		1 680
		4-40	分配制造费用			9 480	9 480
			生产费用合计	43 000	13 680	9 480	66 160
		4-41	完工产品总成本	43 000	13 680	9 480	66 160
			月末在产品成本	—	—	—	—

表 4-4 生产成本明细账（二）

产品名称：乙产品　　　　　　　　　　　　　　　　　　　　单位：元

××年		凭证（业务号）	摘要	成本项目			合计
月	日			直接材料	直接人工	制造费用	
略	略	4-31	生产领料	26 000			26 000
		4-32	生产工人工资		10 000		10 000
		4-33	生产工人福利费		1 400		1 400
		4-40	分配制造费用			6 320	6 320
			生产费用合计	26 000	11 400	6 320	43 720
			完工产品成本	—	—	—	—
			月末在产品成本	26 000	11 400	6 320	43 720

表 4-5 完工产品成本计算表

产量：1 000 件　　　　　　×年×月　　　　　　单位：元

成本项目	甲产品	
	总成本	单位成本
直接材料	43 000	43.00
直接人工	13 680	13.68
制造费用	9 480	9.48
合计	66 160	66.16

第五节　产品销售业务的核算

制造企业从生产制造完成的库存商品验收入库开始，到销售给购买单位为止的过程称为销售过程。产品销售过程也是产品价值的实现过程。在这一过程中，企业一方面将库存商品及时销售出去，另一方面按销售价格向购买单位收取货款，通常把销售货款称为销售收入。这时企业经营资金从成品资金形态转化为货币资金形态，完成了一次资金循环。

一、商品销售收入的确认与计量

在产品销售过程中，企业应先解决商品销售收入的确认与计量问题，即解决收入的入账时间和入账金额问题。企业生产经营活动所获得的收入应当以权责发生制原则为基础，根据收入实现原则加以确认与计量。按照 2018 年 1 月 1 开始分步实施的《企业会计准则第 14 号——收入》的要求，企业商品销售收入的确认与计量大致分为以下五步。

（一）识别与客户订立的合同

这里的合同是指双方或多方之间订立有法律约束力的权利义务的协议。合同包括书面形式、口头形式以及其他形式（如隐含于商业惯例或企业以往的习惯做法中等）。企业与客户之间的合同同时满足收入确认的五项条件的，企业应当在履行了合同中的履约义务，即在客户取得相关商品控制权时确认收入。

（二）识别合同中的单项履约义务

这里的履约义务是指合同中企业向客户转让可明确区分商品的承诺。合同开始日，企业应当识别合同中所包含的各单项履约义务，并确定各单项履约义务是在某一时段内履行，还是在某一时点履行，然后在履行了各单项义务时分别确认收入。

（三）确定交易价格

交易价格是指企业因向客户转让商品而预期有权收取的对价金额。企业代第三方收取的款项（如增值税）以及企业预期将退还给客户的款项，应当作为负债进行会计处理，不计入交易价格。合同标价并不一定代表交易价格，企业应当根据合同条款并结合以往的习惯做法等确定交易价格。

（四）将交易价格分摊至各单项履约义务

合同中包含两项或多项履约义务，企业应当在合同开始日，按照各单项履约义务所承诺商品的单独售价的相对比例，将交易价格分摊至各单项履约义务。单独售价，是指企业向客户单独销售商品的价格。企业在类似环境下向类似客户单独销售某商品的价格，应作为该商品的单独售价。单独售价无法直接观察的，企业应当综合考虑其能够合理取得的全部相关信息，采用市场调整法、成本加成法、余值法等方法合理估计单独售价。

（五）在履行每一单项履约义务时确认收入

企业应当在履行了合同中的履约义务，即客户取得相关商品控制权时确认收入。企业将商品的控制权转移给客户，应先判断履约义务是否满足在某一时段内履行的条件，如不满足，则该履约义务属于在某一时点履行的履约义务。对于在某一时段内履行的履约义务，企业应当选取恰当的方法来确定履约进度；对于在某一时点履行的履约义务，企业应当综合分析控制权转移的迹象，判断其转移时点。

企业为取得商品销售收入必然会付出一定的代价。在确认和计算商品销售收入时，必须对已销售产品的制造成本进行结转，以实现费用与收入的正确配比。此外，企业取得的商品销售收入还应按税法规定计算应缴纳各种税费。因此，销售收入的确认、货款的结算、支付销售费用、结转销售成本、计算和缴纳销售税费，共同构成了产品销售业务核算的主要内容。

二、账户设置

为了核算和监督企业销售过程中发生的商品销售收入，以及其他与商品销售收入相关联的业务，正确计算销售损益，企业应设置以下账户。

（一）“主营业务收入”账户

该账户属于损益类账户，用来核算企业销售产品和提供劳务等主营业务活动所产生的收入。该账户贷方登记实现的商品销售收入，借方登记发生销售退回和销售折让时冲减当期的商品销售收入和期末转入“本年利润”账户贷方的商品销售收入，期末结转后应无余额。该账户应按商品种类设置明细账，进行明细分类核算。

（二）“主营业务成本”账户

该账户属于损益类账户，用来核算企业因销售商品、提供劳务等日常活动而发生的实际生产成本。该账户借方登记结转已实现销售的产品的实际生产成本，贷方登记期末转入“本年利润”账户借方的主营业务成本，期末结转后应无余额。该账户应按商品种类设置明细账，进行明细分类核算。

（三）“其他业务收入”账户

该账户属于损益类账户，用来核算企业确认的除主营业务收入以外的其他经营活动实现的收入，包括材料销售收入、包装物出租收入、固定资产的租金收入等。该账户贷方登记实现的其他业务收入，即其他业务收入的增加额，借方登记期末转入“本年利润”账户贷方的其他业务收入，结转后账户无余额。该账户按业务种类设置明细账，进行明细分类核算。

（四）“其他业务成本”账户

该账户属于损益类账户，用来核算企业确认的除主营业务成本以外的其他经营活动发生的支出，包括销售材料、出租包装物等发生的相关成本费用等。该账户借方登记实际发生的其他业务成本，贷方登记期末转入“本年利润”账户借方的其他业务成本，结转后该账户无余额。该账户按业务种类设置明细账，进行明细分类核算。

（五）“税金及附加”账户

该账户属于损益类账户，用来核算企业经营业务活动发生的消费税、城市维护建设税和教育费附加等相关税费。该账户借方登记按规定计算确定的与经营活动相关的税费，贷方登记期末转入“本年利润”账户借方的与经营活动相关的税费，结转后本账户无余额。

（六）“应收账款”账户

该账户属于资产类账户，用来核算企业因销售商品、提供劳务等经营活动应向购买单位或接受劳务的单位收取的款项。该账户借方登记发生的应收账款，包括应收取的价款、税款和代垫款等；贷方登记已经收回的应收账款。期末余额通常在借方，反映企业尚未收回的应收账款。期末余额若在贷方，则反映企业预收的账款。该账户按不同的购货单位或接受劳务的单位设置明细账，进行明细分类核算。

（七）“应收票据”账户

该账户属于资产类账户，用来核算企业因销售商品而收到的商业汇票，包括商业承兑汇票和银行承兑汇票。该账户借方登记收到购买单位开出已承兑的商业汇票，贷方登记汇票到期收回购买单位的款项。期末余额在借方，反映尚未到期的票据应收款项。该账户按开出并承兑的商业汇票的单位设置明细账，进行明细分类核算。

（八）“预收账款”账户

该账户属于负债类账户，用来核算企业按照合同规定向购买单位预收的款项。该账户贷方登记企业实际向购货单位预收的款项或补收的款项，借方登记企业用产品或劳务抵偿的预收账款。期末余额若在贷方，则反映企业未用产品或劳务偿付的预收账款；期末余额若在借方，则反映企业已转销但尚未收取的款项，即应收款项。该账户应按购买单位名称设置明细账，进行明细分类核算。

对于预收账款业务不多的企业，可以不单独设置“预收账款”账户，而将预收的款项业务直接记入“应收账款”账户。

三、产品销售业务的核算

[例题4-42] B企业向益友公司销售甲产品600件，单价为150元，价款为90 000元，增值税税额为11 700元，款项已通过银行全部收回。

这项经济业务的发生，一方面使银行存款增加了101 700元；另一方面使主营业务收入增加了90 000元，应交增值税增加了11 700元。因此，这项经济业务涉及“银行存款”“主营业务收入”“应交税费”三个账户。银行存款增加记入“银行存款”账户的借方，主营业务收入增加记入“主营业务收入”账户的贷方，应交增值税增加记入“应交税费——应交增值税”账户的贷方。所以，这笔经济业务应编制如下会计分录。

借：银行存款　　101 700

　贷：主营业务收入　　90 000

　　应交税费——应交增值税（销项税额）　　11 700

[例题4-43] B企业向外地南星公司发出甲产品200件，每件售价为150元，价款共计30 000元，以银行存款支付代垫运杂费900元，增值税销项税额为3 900元，货款及增值税均未收到。

这项经济业务的发生，一方面使应收账款增加了34 800元；另一方面使主营业务收入增加了30 000元，应交增值税增加了3 900元，银行存款减少了900元。因此，这项经济业务涉及“应收账款”“主营业务收入”“应交税费”“银行存款”四个账户。应收账款增加记入“应收账款”账户的借方，主营业务收入增加记入“主营业务收入”账户的贷方，应交增值税增加记入“应交税费——应交增值税”账户的贷方，银行存款减少记入“银行存款”账户的贷方。所以，这笔经济业务应编制如下会计分录。

借：应收账款——南星公司　　34 800

　贷：主营业务收入　　30 000

　　应交税费——应交增值税（销项税额）　　3 900

　　银行存款　　900

[例题4-44] B企业收到沪发公司预付购买甲产品的货款20 000元，款项已收存银行。

这项经济业务的发生，一方面使银行存款增加了20 000元，另一方面使负债中的预收账款增加了20 000元。因此，这项经济业务涉及“银行存款”和“预收账款”两个账户。银行存款增加记入“银行存款”账户的借方，预收账款增加记入“预收账款”账户的贷方。所以，这笔经济业务应编制如下会计分录。

借：银行存款　　20 000

　贷：预收账款——沪发公司　　20 000

[例题4-45] B企业采用商业汇票结算方式向南通公司销售甲产品220件，每件售价为150元，价款共计33 000元，增值税税额为4 290元，收到该公司签发并承兑的商业汇票，票面金额为37 290元，期限为6个月。

这项经济业务的发生，一方面使应收票据增加了37 290元，另一方面使主营业务收入增加了33 000元，应交增值税增加了4 290元。因此，这项经济业务涉及“应收票据”“主营业务收入”“应交税费”三个账户。应收票据增加记入“应收票据”账户的借方，主营业务收入增加记入“主营业务收入”账户的贷方，应交增值税增加记入“应交税费——应交增值税”账户的贷方。所以，这笔经济业务应编制如下会计分录。

借：应收票据——南通公司　37 290
　贷：主营业务收入　33 000
　　应交税费——应交增值税（销项税额）　4 290

[例题4-46] B企业出售材料一批，价款为4 000元，增值税销项税额为520元，款项已收存银行。

这项经济业务的发生，一方面使银行存款增加了4 520元；另一方面使其他业务收入增加了4 000元，应交增值税增加了520元。因此，这项经济业务涉及“银行存款”“其他业务收入”“应交税费”三个账户。银行存款增加记入“银行存款”账户的借方，其他业务收入增加记入“其他业务收入”账户的贷方，应交增值税增加记入“应交税费——应交增值税”账户的贷方。所以，这笔经济业务应编制如下会计分录。

借：银行存款　4 520
　贷：其他业务收入　4 000
　　应交税费——应交增值税（销项税额）　520

[例题4-47] 期末，B企业结转出售材料的实际成本1 851.70元。

这项经济业务的发生，一方面使原材料减少了1 851.70元，另一方面使其他业务成本增加了1 851.70元。因此，这项经济业务涉及“原材料”和“其他业务成本”两个账户。原材料减少记入“原材料”账户的贷方，其他业务成本增加记入“其他业务成本”账户的借方。所以，这笔经济业务应编制如下会计分录。

借：其他业务成本　1 851.70
　贷：原材料　1 851.70

[例题4-48] B企业接到银行通知，收到南星公司货款及税款、代垫费用共计34 800元。

这项经济业务的发生，一方面使银行存款增加了34 800元，另一方面使应收账款减少了34 800元。因此，这项经济业务涉及“银行存款”和“应收账款”两个账户。银行存款增加记入“银行存款”账户的借方，应收账款减少记入“应收账款”账户的贷方。所以，这笔经济业务应编制如下会计分录。

借：银行存款　34 800
　贷：应收账款——南星公司　34 800

[例题4-49] B企业按合同规定向沪发公司发出甲产品110件，每件售价为150元，价款共计16 500元，应收增值税税额为2 145元，以银行存款支付代垫运杂费295元。冲销原预收货款20 000元外，多余款项1 060元，企业开出支票退回。

这项经济业务的发生，一方面使预收账款减少了20 000元，另一方面使主营业务收入增加了16 500元，应交增值税增加了2 145元，银行存款减少了1 355元。因此，这项经济业务涉及“预收账款”“主营业务收入”“应交税费”“银行存款”四个账户。预收账款减少记入“预收账款”账户的借方，主营业务收入增加记入“主营业务收入”账户的贷方，应交增值税增加记入“应交税费——应交增值税”账户的贷方，银行存款的减少记入“银行存款”账户贷方。所以，这笔经济业务应编制如下会计分录。

借：预收账款——沪发公司　20 000
　贷：主营业务收入　16 500
　　应交税费——应交增值税（销项税额）　2 145
　　银行存款　1 355

[例题4-50] B企业用银行存款支付产品广告费用1 500元。

这项经济业务的发生，一方面使银行存款减少了1 500元，另一方面使销售费用增加了1 500元。因此，这项经济业务涉及“银行存款”和“销售费用”两个账户。银行存款减少记入“银行存款”账户的贷方，销售费用增加记入“销售费用”账户的借方。所以，这笔经济业务应编制如下会计分录。

借：销售费用　　1 500

　　贷：银行存款　　1 500

[例题4-51] 期末，经汇总计算本月销项税额为22 555元（参见例题4-42至例题4-49），进项税额为17 680元（参见例题4-13、例题4-14、例题4-17、例题4-19、例题4-20、例题4-22和例题4-24），确定本月应交增值税为4 875元，按照应交增值税的7%计算应交城市维护建设税，按照应交增值税的3%计算应交教育费附加。

应交城市维护建设税 = 4 875 × 7% = 341.25（元）

应交教育费附加 = 4 875 × 3% = 146.25（元）

这项经济业务的发生，一方面使税金及附加增加了487.50元，另一方面使应交税费增加了487.50元。因此，这项经济业务涉及“税金及附加”和“应交税费”两个账户。税金及附加增加记入“税金及附加”账户的借方，应交税费增加记入“应交税费”账户的贷方。所以，这笔经济业务应编制如下会计分录。

借：税金及附加　　487.50

　　贷：应交税费——应交城市维护建设税　　341.25

　　　　　　　——应交教育费附加　　146.25

[例题4-52] B企业期末计算并结转本月已销售甲产品1130件（本月完工1000件，期初结存130件）的生产成本74 760.80元（单位成本参见表4-5）。

这项经济业务的发生，一方面使主营业务成本增加了74 760.80元，另一方面使库存商品减少了74 760.80元。因此，这项经济业务涉及“主营业务成本”和“库存商品”两个账户。主营业务成本增加记入“主营业务成本”账户的借方，库存商品减少记入“库存商品”账户的贷方。所以，这笔经济业务应编制如下会计分录。

借：主营业务成本　　74 760.80

　　贷：库存商品——甲产品　　74 760.80

下面将B企业发生的产品销售业务绘成核算图，如图4-7所示。

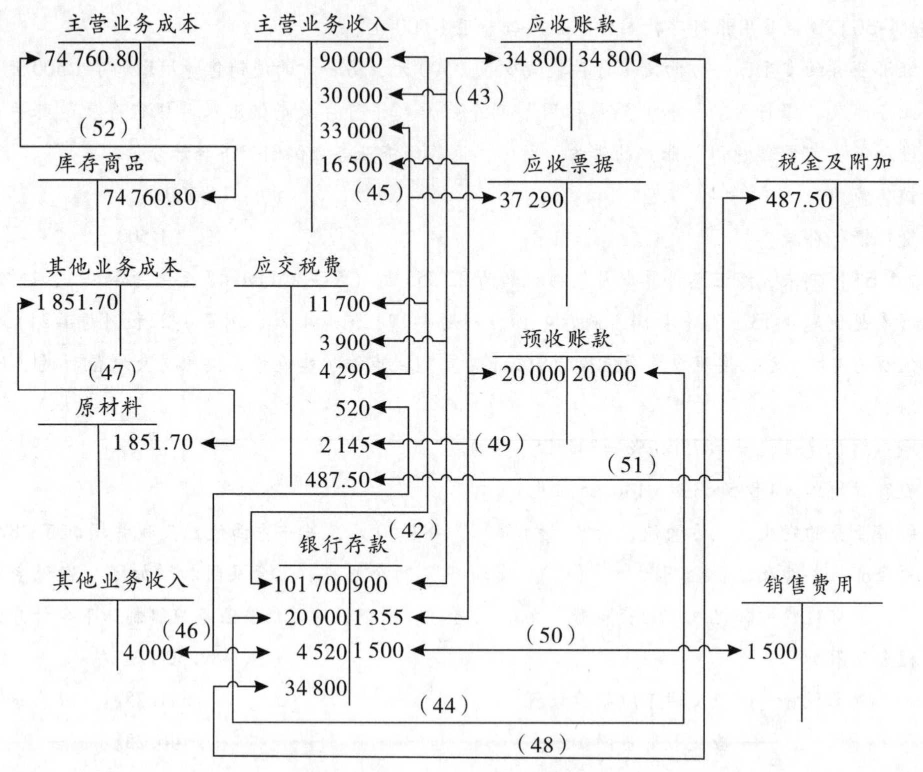

图 4-7　产品销售业务核算图

第六节　财务成果业务的核算

财务成果是企业在一定时期内进行生产经营活动的最终经营成果，也就是企业所实现的利润总额或亏损总额。利润包括收入减去费用后的差额、直接计入当期利润的利得和损失等。直接计入当期利润的利得和损失，是指应当计入当期损益、会导致所有者权益发生增减变动的、与所有者投入资本或者向所有者分配利润无关的利得或者损失。财务成果指标是考核和评价企业生产经营效果的一项综合性指标。企业在增加产品产量、提高产品质量、降低产品成本、扩大销售以及提高管理水平等方面所取得的成绩，都会综合地反映在利润这一指标上。

企业取得了利润，应先向国家缴纳所得税，税后净利润还应按国家有关规定进行分配。因此，企业利润的形成和对净利润进行分配，共同构成了企业财务成果核算的主要内容。

一、利润形成的核算

（一）利润的组成内容

利润由营业利润、利润总额和净利润三个层次构成。

营业利润是企业利润的主要来源，主要由主营业务活动、其他业务活动和投资活动三方面实现的利润共同构成。它包括营业收入、营业成本、税金及附加、销售费用、管理费用、财务费用、资产减值损失、公允价值变动损益以及投资收益等，用公式表示为：

营业利润＝营业收入－营业成本－税金及附加－销售费用－管理费用－财务费用－资产减值损失＋公允价值变动收益（－公允价值变动损失）＋投资收益（－投资损失）

其中，

营业收入＝主营业务收入＋其他业务收入

营业成本＝主营业务成本＋其他业务成本

利润总额又称税前利润，它是在营业利润的基础上加上营业外收入，减去营业外支出后的金额，其计算公式如下：

利润总额＝营业利润＋营业外收入－营业外支出

净利润又称税后利润或净收益，是企业利润总额扣除所得税费用后的净额，其计算公式如下：

净利润＝利润总额－所得税费用

（二）账户设置

为了核算和监督企业利润的形成情况，企业应设置以下账户。

1.“营业外收入”账户

该账户属于损益类账户，用来核算企业发生的与其日常经营活动没有直接关系的各项利得，主要包括捐赠利得、盘盈利得、罚款利得等。该账户贷方登记发生的各项营业外收入，借方登记期末转入“本年利润”账户贷方的各项营业外收入。该账户结转后无余额。该账户按收入项目设置明细账，进行明细分类核算。

2.“营业外支出”账户

该账户属于损益类账户，用来核算企业发生的与其日常经营活动没有直接关系的各项损失，主要包括公益性捐赠支出、盘亏损失、罚款支出、非常损失等。该账户借方登记发生的各项营业外支出，贷方登记期末转入“本年利润”账户借方的各项营业外支出。该账户结转后无余额。该账户按费用项目设置明细账，进行明细分类核算。

3.“投资收益”账户

该账户属于损益类账户，用来核算企业对外投资确认的投资收益或投资损失。该账户贷方登记对外投资实现的投资收益，借方登记对外投资发生的投资损失。期末结转前如果为贷方余额，反映企业投资的净收益，则从借方转入“本年利润”账户贷方的投资净收益；期末结转前如果为借方余额，反映企业投资的净损失，则从贷方转入“本年利润”账户借方的投资净损失，结转后该账户无余额。该账户按投资收益种类设置明细账，进行明细分类核算。

4.“本年利润”账户

该账户属于所有者权益类账户，用来核算企业本年度实现的净利润或发生的净亏损。该账户贷方登记期末从各损益账户转入的本期发生的各种收入与利得，借方登记期末从各损益账户转入的本期发生的各种费用与损失。收入和利得与费用和损失相抵后，如果为贷方余额，则反映本期实现的净利润；如果为借方余额，则反映本期发生的净亏损。在年度中间，该账户余额保留在本账户，不进行结转，反映自年初至本期止累计实现的净利润或发生的净亏损。年终，该账户余额转入“利润分配”账户，结转后本账户无余额。

5.“所得税费用”账户

该账户属于损益类账户，用来核算企业按规定确认的应从利润总额中扣除的所得税费用。该账户借方登记企业应计入当期损益的所得税费用，贷方登记期末转入“本年利润”账户借方的所得税费用。该账户结转后无余额。

（三）利润形成主要业务的核算

[**例题4-53**] B企业向希望工程捐款2 000元，用银行存款支付。

这项经济业务的发生，一方面使银行存款减少了2 000元，另一方面使营业外支出增加了2 000元。因此，这项经济业务涉及“银行存款”和“营业外支出”两个账户。银行存款减少记入“银行存款”账户的贷方，营业外支出增加记入“营业外支出”账户的借方。所以，这笔经济业务应编制如下会计分录。

借：营业外支出　　2 000

　　贷：银行存款　　2 000

[**例题4-54**] B企业清理长期无法支付的应付账款5 000元，经批准转作营业外收入。

这项经济业务的发生，一方面使应付账款减少了5 000元，另一方面使营业外收入增加了5 000元。因此，这项经济业务涉及“应付账款”和“营业外收入”两个账户。应付账款减少记入“应付账款”账户的借方，营业外收入增加记入“营业外收入”账户的贷方。所以，这笔经济业务应编制如下会计分录。

借：应付账款　　5 000

　　贷：营业外收入　　5 000

[**例题4-55**] 职工王明报销差旅费880元（原借1 000元），余额退回现金。

这项经济业务的发生，一方面使管理费用增加了880元，库存现金增加了120元；另一方面使企业应收回职工的欠款减少了1 000元。因此，这项经济业务涉及“管理费用”“库存现金”“其他应收款”三个账户。管理费用增加记入“管理费用”账户的借方，现金增加记入“库存现金”账户的借方，应收职工欠款是资产中的债权减少，应记入“其他应收款”账户的贷方。所以，这笔经济业务应编制如下会计分录。

借：管理费用　　880

　　库存现金　　120

　　贷：其他应收款——王明　　1 000

[**例题4-56**] B企业对外投资，收到联营单位分得的净利润6 000元并存入银行。

这项经济业务的发生，一方面使银行存款增加了6 000元，另一方面使投资收益增加了6 000元。因此，这项经济业务涉及“银行存款”和“投资收益”两个账户。银行存款增加记入“银行存款”账户的借方，投资收益增加记入“投资收益”账户的贷方。所以，这笔经济业务应编制如下会计分录。

借：银行存款　　6 000

　　贷：投资收益　　6 000

[**例题4-57**] 期末，将本期发生的损益类账户的贷方余额结转到“本年利润”账户。

根据上述经济业务资料，可查得期末结转前，“主营业务收入”账户余额为169 500元，“其他业务收入”账户余额为4 000元，“投资收益”账户余额为6 000元，“营业外收入”账户余额为5 000元，从这些账户的借方转入“本年利润”账户的贷方，应编制如下会计分录。

借：主营业务收入　　169 500

　　其他业务收入　　4 000

　　投资收益　　6 000

　　营业外收入　　5 000

　　贷：本年利润　　184 500

[**例题 4-58**] 期末，将本期发生的损益类账户的借方余额结转到“本年利润”账户。

根据上述经济业务资料，可查得期末结转前，“主营业务成本”账户余额为74 760.80元，“税金及附加”账户余额为487.50元，“销售费用”账户余额为1 500元，“财务费用”账户余额为4 000元，“其他业务成本”账户余额为1 851.70元，“营业外支出”账户余额为2 000元，“管理费用”账户余额为14 400元，从这些账户的贷方转入“本年利润”账户的借方，应编制如下会计分录。

借：本年利润　　99 000.00

　　贷：主营业务成本　　74 760.80

　　　　税金及附加　　487.50

　　　　销售费用　　1 500.00

　　　　财务费用　　4 000.00

　　　　其他业务成本　　1 851.70

　　　　营业外支出　　2 000.00

　　　　管理费用　　14 400.00

[**例题 4-59**] 期末，B企业按规定计算本期应交所得税。

所得税是企业按国家税法的规定，对企业某一经营年度的所得，按照规定的税率计算缴纳的税款。企业所得税是企业生产经营过程中的一部分耗费，是企业的一项费用支出，其计算公式如下：

企业应交所得税 = 应纳税所得额 × 适用税率

应纳税所得额 = 利润总额 ± 所得税税前利润中予以调整的项目

根据上述经济业务资料，本期实现的利润总额为184 500 − 99 000 = 85 500（元），扣除从联营单位分得的净利润6 000元，企业应纳税所得税 = 85 500 − 6 000 = 79 500（元）。假定企业所得税税率为25%，则企业应交所得税 = 79 500 × 25% = 19 875（元）。

这项经济业务的发生，一方面使应从本期损益中扣减的所得税费用增加了19 875元，另一方面使应交所得税增加了19 875元。应从本期损益中扣减的所得税增加作为费用的增加，记入“所得税费用”账户的借方；应交所得税的增加是负债的增加，记入“应交税费”账户的贷方。所以，这笔经济业务应编制如下会计分录。

借：所得税费用　　19 875

　　贷：应交税费——应交所得税　　19 875

因此，本期实现的净利润 = 85 500 − 19 875 = 65 625（元）

假定企业“本年利润”账户贷方1月—11月累计余额为260 375元，则全年的净利润为326 000元。

[**例题 4-60**] 期末，结转所得税费用19 875元。

这项经济业务的发生，一方面因所得税费用的增加而使本年利润减少了19 875元，应记入“本年利润”账户的借方；另一方面结转所得税费用使其减少了19 875元，应记入“所得税费用”账户的贷方。所以，这笔经济业务应编制如下会计分录。

借：本年利润　　　　　　　　　　　　　　　　　　　　　　19 875

　　贷：所得税费用　　　　　　　　　　　　　　　　　　　　　19 875

下面将B企业的利润形成业务绘成核算图，如图4-8所示。

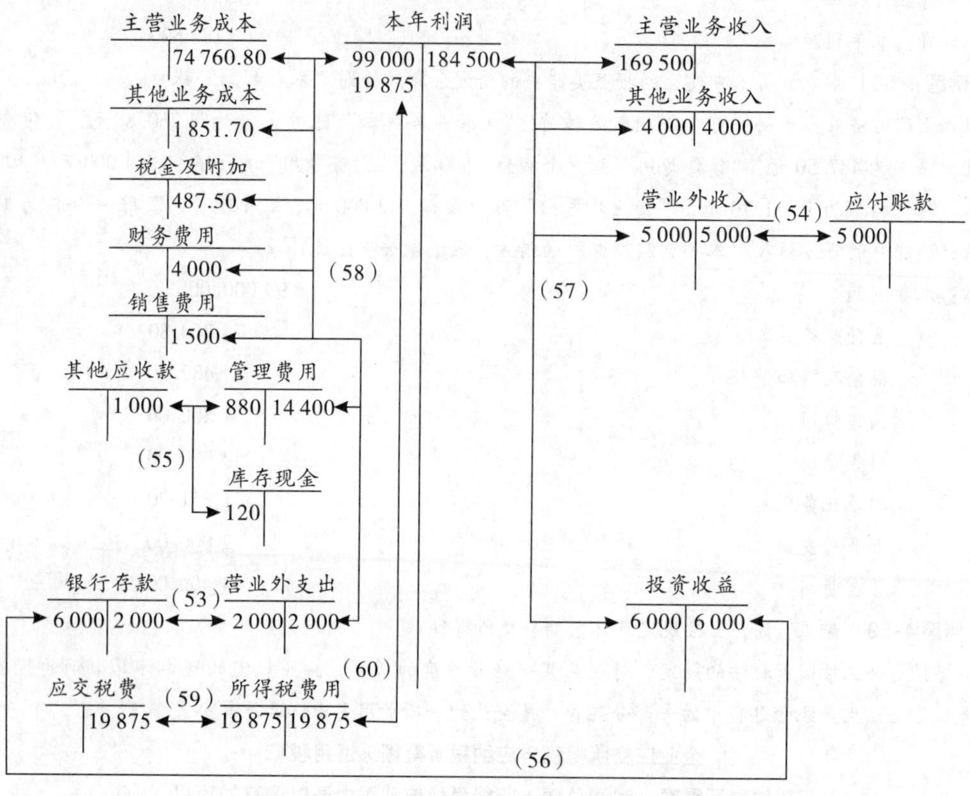

图4-8　利润形成业务核算图

二、利润分配的核算

利润分配是指企业根据国家有关规定和企业章程、投资者协议等，对企业当年可供分配利润指定其特定用途和分配给投资者的行为。利润分配的过程和结果不仅关系到每个股东的合法权益是否得到保障，而且还关系到企业的未来发展。

（一）利润分配的顺序

企业向投资者分配利润，应按一定的顺序进行。按照我国《公司法》的有关规定，利润分配应按下列顺序进行。

1. 计算可供分配的利润

企业在利润分配前，应根据本年净利润（或亏损）与年初未分配利润（或亏损）、其他转入的金额（如盈余公积弥补的亏损）等项目，计算可供分配的利润，即可供分配的利润＝净利润（或亏损）＋年初未分配利润－弥补以前年度的亏损＋其他转入的金额。

如果可供分配的利润为负数（即累计亏损），则不能进行后续分配；如果可供分配利润为正数（即累计盈利），则可进行后续分配。

2. 提取法定盈余公积

按照《公司法》的有关规定，公司应当按照当年净利润（抵减年初累计亏损后）的10%提取法定盈余公积，提取的法定盈余公积累计额超过注册资本50%以上的，可以不再提取。

3. 提取任意盈余公积

公司提取法定盈余公积后，根据公司章程或股东大会决议，还可以从净利润中提取任意盈余公积。

4. 向投资者分配利润（或股利）

企业可供分配的利润扣除提取的盈余公积后，形成可供投资者分配的利润，计算公式如下：

可供投资者分配的利润 = 可供分配的利润 – 提取的盈余公积

（二）账户设置

为了核算和监督企业净利润的分配情况，企业应设置以下账户。

1. “利润分配”账户

该账户属于所有者权益类账户，用来核算企业利润的分配（或亏损弥补）和历年利润分配（或亏损弥补）后的积存余额。账户借方登记实际分配的利润额，包括提取的盈余公积和分配给投资者的利润，以及年终由“本年利润”账户转入的本年发生的净亏损额；贷方登记弥补亏损额和年终从“本年利润”账户转入的本年实现的净利润额。年末，应将“利润分配”账户下的其他明细账户的余额转入“未分配利润”明细账户，结转后除“未分配利润”明细账户可能有余额外，其他各个明细账户均无余额。“未分配利润”明细账户期末贷方余额为企业历年积存的未分配利润（即供以后年度分配的利润），期末借方余额为企业历年积存的未弥补亏损。该账户按净利润的分配内容，如“提取法定盈余公积”“提取任意盈余公积”“应付现金股利”“未分配利润”等设置明细账，进行明细分类核算。

2. “盈余公积”账户

该账户属于所有者权益类账户，用来核算企业从净利润中提取的盈余公积金。该账户贷方登记提取的盈余公积，即盈余公积的增加额；借方登记实际使用的盈余公积，即盈余公积的减少额。期末余额在贷方，反映盈余公积的结余数额。该账户分别设“法定盈余公积”和“任意盈余公积”进行明细分类核算。

3. “应付股利”账户

该账户属于负债类账户，用来核算企业分配的现金股利或利润。该账户贷方登记企业根据通过的股利或利润分配方案，应支付给投资者的现金股利或利润；借方登记企业实际支付的现金股利或利润。期末余额在贷方，反映企业尚未支付的现金股利或利润。该账户按投资者设置明细账，进行明细分类核算。

（三）利润分配主要业务的核算

［例题 4-61］B 企业税后净利润为 326 000 元，按净利润的 10%、5% 分别提取法定盈余公积和任意盈余公积。

这项经济业务的发生，一方面使利润分配数额增加了 48 900 元，其中，提取法定盈余公积 32 600 元，提取任意盈余公积 16 300 元；另一方面使盈余公积增加了 48 900 元，其中，法定盈余公积增加 32 600 元，任意盈余公积增加 16 300 元。利润分配增加应记入“利润分配”账户的借方，盈余公积增加应记入“盈余公积”账户的贷方。所以，这笔经济业务应编制如下会计分录。

借：利润分配——提取法定盈余公积　　32 600
　　　　　　——提取任意盈余公积　　16 300
　贷：盈余公积——提取法定盈余公积　　32 600
　　　　　　——提取任意盈余公积　　16 300

［例题 4-62］年末，B 企业经股东大会决议分配给投资者利润 150 000 元。

这项经济业务的发生，一方面使利润分配数额增加了 150 000 元，另一方面使企业应付给投资者的利润增加了 150 000 元。因此，这项经济业务涉及“利润分配”和“应付股利”两个账户。利润分配增加记入“利润分配”账户的借方，应付股利增加记入“应付股利”账户的贷方。所以，这笔经济业务应编制如下会计分录。

借：利润分配——应付现金股利　　150 000
　贷：应付股利　　150 000

［例题 4-63］年末，B 企业结转全年实现的净利润 326 000 元。

这项经济业务的发生，就是将全年实现的净利润 326 000 元从“本年利润”账户的借方转到“利润分配”账户的贷方。B 企业应编制如下会计分录。

借：本年利润　　326 000
　贷：利润分配——未分配利润　　326 000

如果企业经营发生了净亏损，则应作相反的会计分录。

［例题 4-64］年终，B 企业结转全年已分配利润 198 900 元。

这项经济业务的发生，应将“利润分配”账户所属有关明细分类账的借方余额合计数 198 900 元（其中，提取法定盈余公积 32 600 元，提取任意盈余公积 16 300 元，应付现金股利 150 000 元）结转到“利润分配——未分配利润”明细分类账的借方。B 企业应编制如下会计分录。

借：利润分配——未分配利润　　198 900
　贷：利润分配——提取法定盈余公积　　32 600
　　　　　　　——提取任意盈余公积　　16 300
　　　　　　　——应付现金股利　　150 000

年末，B 企业的未分配利润为 127 100（326 000 − 198 900）元。

下面将 B 企业的利润分配业务绘成核算图，如图 4-9 所示。

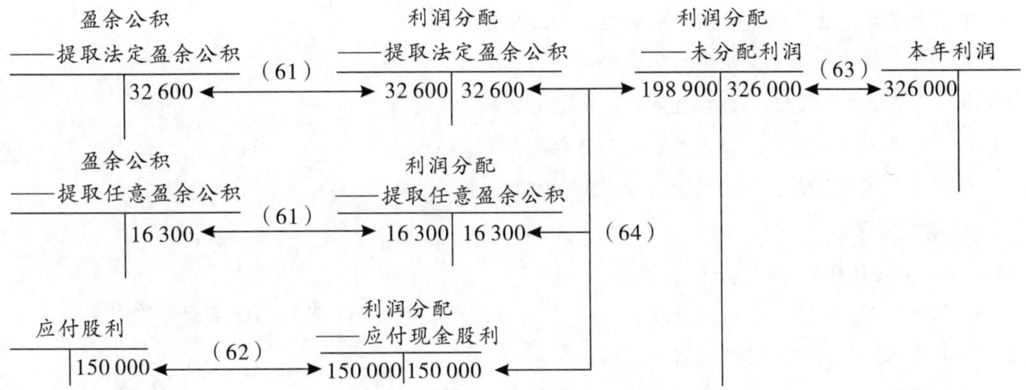

图4-9 利润分配业务核算图

练习题

一、单项选择题

1. 企业要进行经营，必须要有一定的本钱，这实际上是指（ ）。

A. 资本公积　　B. 盈余公积　　C. 实收资本　　D. 各种债务

2. 与“在途物资”账户的借方有对应关系的账户是（ ）。

A. 应交税费　　B. 银行存款　　C. 原材料　　D. 管理费用

3. 企业生产车间发生的固定资产修理费应计入（ ）。

A. 生产成本　　B. 制造费用　　C. 管理费用　　D. 营业外支出

4. 下列项目中，不属于管理费用的是（ ）。

A. 车间管理人员工资　　B. 厂部管理人员工资　　C. 厂部耗用材料　　D. 厂部办公用房的租金

5. 已售产品制造成本的结转，即是从（ ）账户转入“主营业务成本”账户。

A. 制造费用　　B. 生产成本　　C. 原材料　　D. 库存商品

6. 制造企业销售材料获得的收入，应属于（ ）。

A. 主营业务收入　　B. 其他业务收入　　C. 营业外收入　　D. 投资收益

7. 不影响本期营业利润的项目是（ ）。

A. 主营业务成本　　B. 管理费用　　C. 主营业务收入　　D. 所得税费用

8. 下列账户中月末余额一般为零的是（ ）。

A. 本年利润　　B. 利润分配　　C. 制造费用　　D. 生产成本

9. 企业应付款项确实无法支付，经批准确认后转作（ ）。

A. 主营业务收入　　B. 其他业务收入　　C. 营业外收入　　D. 资本公积

10. “本年利润”账户6月贷方余额为20 000元，它表示（ ）。

A. 6月实现的净利润　　B. 1月—6月累计实现的净利润

C. 6月出现的亏损　　D. 1月—6月累计出现的亏损

11. 下列影响营业利润的是（ ）。

A. 营业外收入　　B. 所得税费用　　C. 管理费用　　D. 营业外支出

12. 在下列关于“生产成本”账户的表述中，正确的是（　）。

A.“生产成本”账户期末肯定无余额

B.“生产成本”账户期末若有余额，肯定在借方

C.“生产成本”账户的余额表示已完工产品的成本

D.“生产成本”账户的余额表示本期发生的生产费用总额

二、多项选择题

1. 工业企业的材料采购成本一般包括（　　）。

A. 买价　B. 运杂费　C. 入库后的仓储费　D. 采购人员工资

2.“生产成本”账户借方应登记（　　）。

A. 直接材料　B. 直接工资　C. 管理费用　D. 分配计入的制造费用

3. 与“应付职工薪酬”账户贷方相对应的借方账户一般有（　　）。

A. 生产成本　B. 制造费用　C. 管理费用　D. 库存现金

4. 计提固定资产折旧可能涉及的账户包括（　　）。

A. 固定资产　B. 累计折旧　C. 制造费用　D. 管理费用

5. 下列各项费用，应计入管理费用的有（　　）。

A. 广告费　B. 业务招待费　C. 咨询费　D. 展览费

6. 下列账户中，年末应无余额的有（　　）。

A. 税金及附加　B. 管理费用

C. 利润分配——未分配利润　D. 本年利润

7.（　　）属于“利润分配”核算的内容。

A. 提取法定盈余公积　B. 盈余公积转增资本

C. 分配给投资者的利润　D. 计算应交所得税

8. 营业外支出项目有（　　）。

A. 固定资产盘亏　B. 罚款支出

C. 非常损失　D. 取得营业外收入的相应成本

9. 下列各项业务中，会使企业资产总额和负债总额同时发生减少变化的是（　　）。

A. 用现金支付职工工资　B. 购买材料，货款未付

C. 将资本公积转增资本　D. 用银行存款偿还所欠货款

10. 以下税费可能记入“税金及附加”账户核算的有（　　）。

A. 增值税　B. 消费税　C. 城市维护建设税　D. 教育费附加

三、判断题

1. 一般纳税人外购材料应负担的增值税进项税额，应记入“应交税费——应交增值税”账户的借方。（　）

2. 基本生产车间管理人员的工资及福利费不属于直接人工费。（　）

3. 企业购入固定资产应通过“在建工程”账户核算。（　）

4. 营业外收入与营业外支出之间也有一种配比关系。（　）

5. 利得与损失是与企业日常活动直接关联的经济利益总流入或总流出。（　）

6. 企业车间固定资产的修理费用应计入制造费用。（　）

7. 企业收到商品预收款时应立即确认为商品销售收入。( )

8. 所得税费用属于利润分配的一项内容。( )

9. 制造费用和管理费用期末都应转入"本年利润"账户。( )

10. 企业如果在一定期间内发生了亏损，则必将导致企业的所有者权益减少。( )

11. "本年利润"账户年内的贷方余额表示为企业的亏损额。( )

四、简答题

1. 产品制造业生产经营活动的主要经济业务有哪些?

2. 固定资产的入账价值如何确定?

3. "在途物资"账户的用途是什么?借方、贷方登记什么内容?是否有余额，如有余额，在哪方?反映什么内容?

4. 与"生产成本"账户借贷方发生对应关系的账户主要有哪些?

5. 产品销售收入的确认应符合哪些条件?

6. 企业利润总额包括哪些内容?

五、核算题

1. 练习资金筹集和固定资产购置业务的核算。

资料：广发公司2019年12月发生如下经济业务。

(1) 企业向银行借入3年期借款290 000元，存入银行。

(2) 远大公司投入一台不需要安装的新设备，价值300 000元。

(3) 企业因临时生产经营需要，向银行借入期限9个月的短期借款60 000元，收存银行。

(4) 收到华康公司投资一批材料，价值20 000元。

(5) 用存款归还长期借款100 000元。

(6) 用存款购买一台需要安装的固定资产，买价为8 000元，运杂费为640元，增值税税额为1 040元，设备投入安装。

(7) 上述设备安装过程中发生安装费2 000元，用存款支付，安装过程领用材料500元。

(8) 设备安装完工，交付使用，结转成本。

要求：根据上述经济业务编制相应的会计分录。

2. 练习材料采购业务的核算。

资料：广发公司材料按实际成本进行收发核算，2019年12月发生如下材料采购业务。

(1) 企业向胜利公司购入甲材料3 500千克，单价为每千克8元，增值税进项税额为3 640元，款项未付。

(2) 用银行存款支付甲材料的运杂费1 750元，甲材料验收入库。

(3) 企业向海东公司购进甲材料1 600千克，单价为每千克8元；丙材料1 400千克，单价为每千克5元。价税款项均通过银行付清，包括供应单位代垫的运杂费3 000元，增值税税率为13%，运费按重量比例分配，材料验收入库。

(4) 通过银行支付所欠胜利公司甲材料的价税款共计31 640元。

(5) 用银行存款28 000元，向长庆公司预付订购丁材料货款。

(6) 企业购入乙材料120吨，单价为每吨420元，价款计50 400元，增值税进项税额为6 552元，均通过银行付清，材料尚未到达。

(7) 收到长庆公司发来的丁材料，价款为22 600元（含税价），运费为3 400元，多余款项长庆公司通过银行退回，丁材料验收入库。

要求：

(1) 根据上述经济业务编制相应的会计分录；

(2) 假定广发公司对材料按计划成本进行收发核算，甲材料的计划单价为7.80元，丙材料的计划单价为4.90元，编制上述(1)、(2)、(3)业务的会计分录。

3. 练习产品生产业务的核算。

资料：广发公司2019年12月发生如下产品生产业务。

(1) 生产车间为了进行产品生产，从仓库领用原材料共计32 000元（材料按实际成本核算），其中，A产品领用12 000元，B产品领用18 000元，车间一般消耗领用600元，行政管理部门领用1 400元。

(2) 结算本月应付职工工资50 000元，按用途归集如下：

A产品生产工人工资：16 000元

B产品生产工人工资：16 000元

车间管理人员工资：8 000元

行政管理人员工资：10 000元

(3) 从银行提取库存现金50 000元，准备发放职工工资。

(4) 发放职工工资50 000元现金。

(5) 根据规定按工资总额的14%计提职工福利费。

(6) 计提本月固定资产折旧5 000元，其中车间固定资产折旧2 800元，行政管理部门固定资产折旧2 200元。

(7) 用存款支付明年的保险费3 600元。

(8) 用现金支付本月车间设备租金600元。

(9) 用存款支付车间的办公费、水电费等1 320元。

(10) 生产车间设备发生故障，用支票支付外聘人员修理费2 000元。

(11) 期末，将制造费用总额转入“生产成本”账户，并按生产工人工资比例分配计入A、B两种产品的产品生产成本中。

(12) A产品100件、B产品200件全部完工，结转两种产品的生产成本。

要求：

(1) 根据上述经济业务编制相应的会计分录；

(2) 编制产品生产成本计算表，格式如表4-6所示。

表4-6　产品生产成本计算表

2019年12月　　　　单位：元

成本项目	A产品		B产品	
	总成本（　件）	单位成本	总成本（　件）	单位成本
直接材料				
直接人工				
制造费用				
合计				

4. 练习产品销售和财务成果的核算。

资料：广发公司假定2019年发生如下产品销售和财务成果业务。

(1) 销售产品20台，单价为每台2 000元，增值税税率为13%，价税款暂未收到。

(2) 销售产品总价款30 000元、增值税税额3 900元均收存银行。

(3) 用银行存款2 000元支付销售产品的广告费。

(4) 预收宏运公司订货款30 000元并存入银行。

(5) 企业销售产品，价款为8 000元，增值税税款为1 040元，收到一张已承兑的商业汇票9 040元。

(6) 用库存现金5 000元支付单位职工困难补助。

(7) 向宏运公司发出产品，价款为24 000元，增值税税款为3 120元，代垫运杂费120元用库存现金支付，多余款项开出支票退回。

(8) 结转本期已售产品生产成本40 000元。

(9) 将无法偿还的应付账款16 000元予以结转。

(10) 企业让售材料一批，价值10 000元，增值税税款为1 300元，全部收存银行。

(11) 结转让售材料成本8 000元。

(12) 计算本期产品应交城市维护建设税1 400元和教育费附加600元。

(13) 报销职工差旅费800元，原借1 000元，余款退回库存现金。

(14) 预提本期应负担的银行短期借款利息800元。

(15) 结转本期发生的主营业务收入、其他业务收入和营业外收入。

(16) 结转本期发生的管理费用、财务费用、主营业务成本等损益类中的费用账户。

(17) 计算本期实现的利润总额，按税率的25%计算并结转应交所得税。

(18) 按税后利润的10%提取盈余公积。

(19) 按剩余利润的40%分配给投资者。

(20) 年末计算并结转本期的净利润。

(21) 年末结转本期的利润分配额。

要求：根据上述经济业务编制相应的会计分录。

第五章 账户的分类

为了满足会计信息使用者对信息的需求，取得经营管理上所需要的各种会计核算资料，企业必须设置和运用一系列的账户，并分析每一账户的经济性质、用途与结构。账户分类就是将全部账户按照账户的本质和特性进行科学的概括和归类。每个账户都有自己特定的经济业务核算，它只能从某一侧面反映会计要素的变化及其结果。为了实现会计核算的连续性、系统性和完整性，企业必须建立一个完整的账户体系，使各个账户之间既有区别，又有联系，从而能够记录全部经济活动。

为了深入掌握账户的设置和运用，有必要对各种账户进行适当的分类。账户的分类是对账户设置和运用规律的再认识。在前面章节中介绍了许多账户，它们各自核算不同的经济内容，并具有不同的用途和结构。由于每个经济核算单位的各项经济业务是相互联系的，因此用来核算这些经济业务的各个账户也并非孤立，而是相互联系、相互依存的。资金运动作为一个整体，并不是由个别账户而是由全部账户记录和反映的。全部账户共同组成一个统一完整的账户体系，它们分工协作记录和反映资金运动的全貌。账户的分类就是研究账户体系中各账户之间存在的相互联系及其共性，以寻求其规律，从而加深对账户的认识，以便更好地运用账户这个手段对企业经济活动进行全面记录和反映。

账户可以采用不同的分类标准进行分类，从不同的角度全方位观察账户体系的全貌。账户的分类标准主要有按经济内容分类、按用途和结构分类以及按其他标准分类三种。

第一节 账户按经济内容分类

账户的经济内容是账户分类的基础。按经济内容分类是账户最基本的一种分类方法。通过账户按经济内容分类的研究，可以较全面地了解各个账户所反映和监督的内容，以及全部账户的设置和运用能否适应企业经济活动的特点，能否满足经营管理的需要。这对正确区分账户的经济性质，并建立完善的账户体系是非常必要的。此外，账户按经济内容分类还可以为编制财务报表提供依据。

账户的经济内容就是账户所反映的会计对象的具体内容，即单位的资金运动。账户按经济内容分类就是按账户所核算和监督的资金运动状态分类。资金运动通常表现为静态和动态两种。资金运动在静态条件下表现为资产、负债及所有者权益；资金运动在动态条件下表现为收入、费用和利润。所以，有时人们也将账户按经济内容分类称为账户按会计要素分类。对账户按经济内容分类并非简单地按会计要素分类，其原因如下。

首先，这里的经济内容通常是以最典型、最复杂的制造业的资金运动为代表的。在制造企业的资金运动过程中，生产成本是资产的一种特殊形态，反映生产资金运动状态。因此，在对账户按经济内容进行分类时，已经把生产成本的账户作为一类。

其次，由于企业在一定期间内实现的利润最终要归属于所有者权益，在对账户按经济内容进行分类时，可以将利润并入所有者权益。

最后，由于收入和费用两个要素同属于损益计算要素，在按经济内容对账户进行分类时，称为损益类。

因此，账户按经济内容分类可以分为资产类账户、负债类账户、所有者权益类账户、成本类账户、损益类账户五大类。

一、资产类账户

资产类账户是用来核算和监督资产的增减变动及结存情况的账户，按照资产的流动性可分为以下两类。

（1）反映流动资产的账户，如“原材料”“应收账款”“银行存款”等账户。

（2）反映非流动资产的账户，分别反映固定资产、无形资产、长期股权投资、其他资产等情况。其中，反映固定资产情况的账户，如“固定资产”“累计折旧”等账户；反映无形资产情况的账户，如“无形资产”账户；反映长期股权投资情况的账户，如“长期股权投资”等账户；反映其他资产情况的账户，如“长期待摊费用”账户。

二、负债类账户

负债类账户，按债务偿还期的长短可分为以下两类。

（1）反映流动负债类账户，如“短期借款”“应付账款”“应付票据”“其他应付款”“应付职工薪酬”“应交税费”等账户。

（2）反映非流动负债类账户，如“长期借款”“应付债券”“长期应付款”等账户。

三、所有者权益类账户

所有者权益类账户，按照所有者权益的来源和构成可分为以下两类。

（1）反映投入资本类账户，如“实收资本”“资本公积”等账户。

（2）反映留存收益类账户，如“盈余公积”“本年利润”等账户。

四、成本类账户

成本类账户，按照成本所处经营过程的不同可分为以下两类。

（1）反映供应过程中成本类的账户，如“在途物资”账户。

（2）反映生产过程中成本类的账户，如“生产成本”“制造费用”账户。

五、损益类账户

损益类账户，根据企业损益形成的内容可分为以下两类。

（1）反映收入类的账户，如“主营业务收入”“其他业务收入”“营业外收入”等账户。

（2）反映费用类的账户，如“主营业务成本”“销售费用”“税金及附加”“管理费用”“财务费用”“营业外支出”“所得税费用”等账户。

需要说明的是，在第二章，我们曾提到共同类账户。共同类账户是指有特殊经济业务的企业需要设置的账户，如金融企业需要设置的“衍生工具”“清算资金往来”等账户，但对于制造企业来说，一般不需要设置此类账户。

账户按经济内容分类如图 5-1 所示。

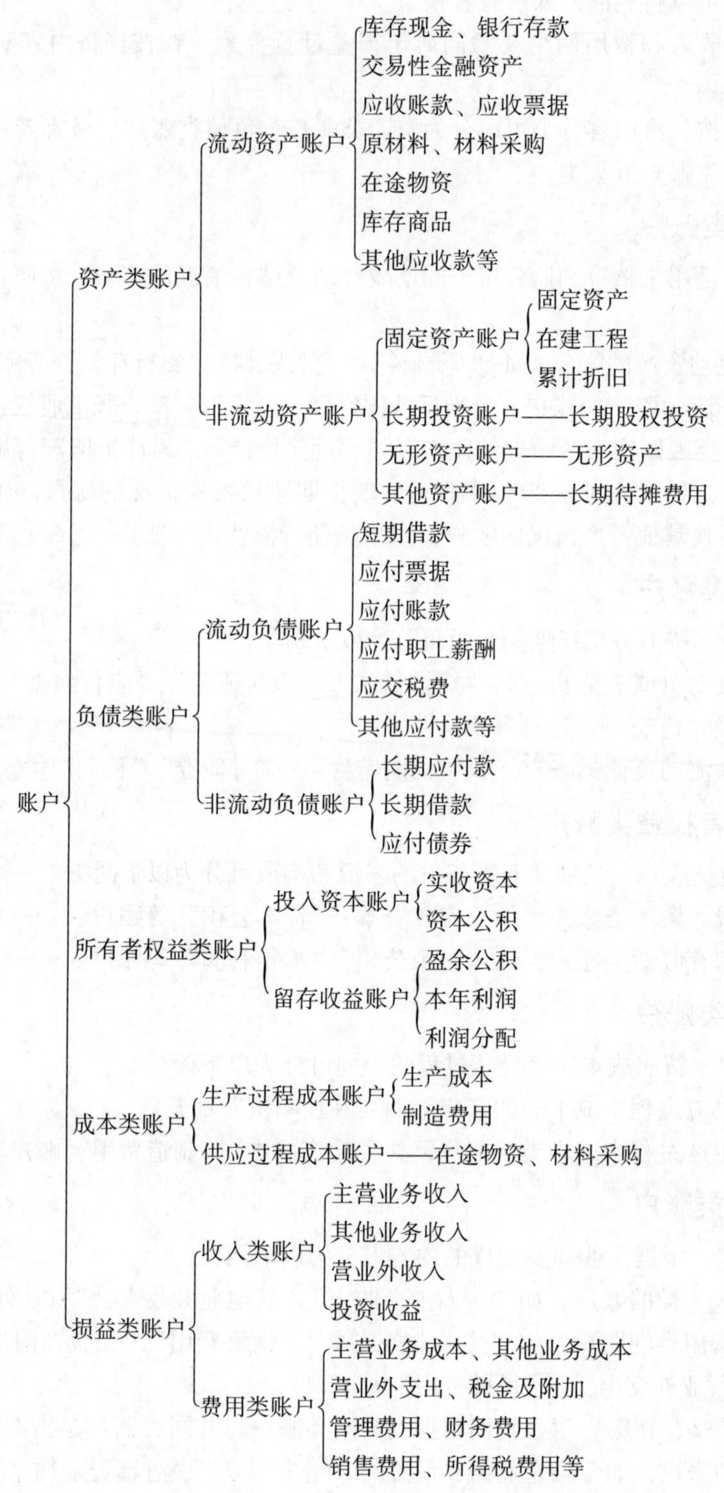

图 5-1　账户按经济内容分类

图5-1所列账户的分类，是按照各账户所反映的主要经济内容来划分的。应该指出，有些账户可以同时列入两个类别。例如，反映成本类的账户，期末若有借方余额，则同时又属于反映资产类的账户。

第二节 账户按用途和结构分类

对账户按其反映的经济内容进行分类，对于正确区分账户的经济性质，合理设置和运用账户，提供企业经营管理和对外报告所需要的各种核算指标，具有十分重要的意义。但是，仅按经济内容分类难以详细说明各账户的具体用途，也难以提供管理上所需要的各种核算指标，因为按照经济内容划分为同一类的账户，它们可能具有不同的用途和结构。

账户的用途是指账户的作用，即设置、运用账户的目的和账户记录所能提供的经济信息。具体来说，就是账户的借方登记什么，贷方登记什么，在一般情况下余额在哪一方，反映什么内容。例如，“固定资产”和“累计折旧”账户，按其反映的经济内容都属于资产类账户，都是反映企业固定资产的情况。但是，这两个账户的用途和结构不同。“固定资产”账户是按固定资产的原始价值反映固定资产增减变化及其结存情况的账户，增加在借方，减少在贷方，期末余额在借方，反映企业现有固定资产的原始价值。而“累计折旧”账户是用来反映固定资产由于损耗而引起的价值减少，即反映累计折旧提取情况的账户，计提折旧增加记入贷方，已提折旧减少或注销记入借方，期末余额在贷方，反映现有固定资产的累计折旧。账户按用途和结构分类，是把所有在用途和结构上相互联系并具有某些共同特点的账户加以归类，从个别到一般，从特性到共性，总结了同类账户在结构和用途上的共同特点，便于认识和掌握账户的使用规律，并正确地管理和运用账户，充分发挥账户的作用。

账户按用途和结构分类，一般可以分为盘存账户、结算账户、资本账户、跨期摊配账户、调整账户、待处理账户、集合分配账户、成本计算账户、计价对比账户、收入账户、费用账户及财务成果账户共12类。下面对各类账户的用途、结构及其特点进行简要说明。

一、盘存账户

盘存账户是用来核算和监督各项财产物资和货币资金的增减变动及其结存情况的账户。它是任何制造企业都必须设置的账户，如“固定资产”“库存商品”“原材料”“银行存款”“库存现金”等账户。“生产成本”账户的期初、期末余额表示在产品的成本，也具有盘存账户的特点。

在借贷记账法下，盘存账户的借方登记各种财产物资和货币资金的增加额；贷方登记财产物资和货币资金的减少额；余额通常在借方，反映期末各种财产物资和货币资金的实存数额。该类账户的结构如图5-2所示。

借方	盘存账户 贷方
期初余额：财产物资和货币资金的期初结存额 发生额：财产物资和货币资金的增加额	发生额：财产物资和货币资金的减少额
期末余额：财产物资和货币资金的期末结存额	

图 5-2　盘存账户的结构

盘存账户的特点如下。

（1）所有盘存账户都可以通过定期或不定期的实物盘点和核对账目来检查账户记录是否正确，账实是否相符，检查实存的财产物资和货币资金在管理及使用上是否存在问题。

（2）在各项财产物资和货币资金有结存的情况下，反映各项财产物资和货币资金的账户期末应有借方余额，不仅总分类账户的余额在借方，而且明细分类账户的余额也在借方。除“库存现金”和“银行存款”外的其他盘存账户的明细账，都可以提供实物数量和金额两种核算指标。

二、结算账户

结算账户是用来核算和监督企业同其他单位和个人之间债权、债务结算情况的账户，即核算各种应收、应付款项的账户。结算业务的性质不同，决定了不同的结算账户具有不同的用途和结构。按照用途和结构的不同，结算账户分为债权结算账户、债务结算账户、债权债务结算账户三种。

（一）债权结算账户

债权结算账户又称资产结算账户，是用来核算和监督企业与各个债务单位和个人之间在经济往来中发生的各种应收款项的账户，如“应收账款”“应收票据”“预付账款”“其他应收款”等账户。

在借贷记账法下，债权结算账户的借方登记债权的增加数，反映债权的形成或建立；贷方登记债权的减少数，反映债权的清偿或解除；余额一般在借方，反映期末尚未收回的债权实有数，即应收而未收回的各种款项，也就是企业与有关债务单位或个人尚未解除的债权。该类账户的结构如图 5-3 所示。

借方	债权结算账户 贷方
期初余额：期初尚未收回的应收款项或尚未核销的预付款项的实有额 发生额：本期应收款项或预付款项的增加额	发生额：本期应收款项或预付款项的减少额
期末余额：期末尚未收回的应收款项或尚未核销的预付款项的实有额	

图 5-3　债权结算账户的结构

债权结算账户的特点如下。

(1) 为了保证核算资料的正确性，债权结算账户需要定期通过与有关债务单位或个人核对账目，保证账账相符。因此，债权结算账户要求按建立债务关系的单位和个人设置明细分类账户，并进行明细分类核算。

(2) 由于债权结算账户核算对债务单位有索取债务的权利，对债权结算账户来说，无论是总分类核算还是明细分类核算，都只需提供货币信息。

(3) 这类账户期末余额一般在借方，反映债权的实有数，但也有可能出现贷方余额，这时账户就具有了负债结算账户的性质。

(二) 债务结算账户

债务结算账户又称负债结算账户，是用来核算和监督企业与各个债权单位或个人之间在经济往来中发生的各种应付款项的账户，如“短期借款”“长期借款”“应付账款”“应付票据”“应付债券”“预收账款”“其他应付款”“应付职工薪酬”“应交税费”等账户。

在借贷记账法下，负债结算账户的借方登记债务的减少数，反映债务的清偿或解除；贷方登记债务的增加数，反映债务的形成或建立；余额一般在贷方，反映各种应付款项的余额，即应付而未予偿还的各种款项，也就是企业已建立而未清偿的债务。该类账户的结构如图5-4所示。

借方　　　　债务结算账户	贷方
	期初余额：期初结欠的借入款项和应付款项或尚未结算的预收款项的数额
发生额：本期偿还的债务额	发生额：本期借入款项、应付款项或预收款项的增加额
	期末余额：期末结欠的借入款项和应付款项或尚未结算的预收款项的数额

图5-4　债务结算账户的结构

债务结算账户的特点如下。

(1) 该类账户一般需要通过定期与有关债权单位或个人核对账目，以确保负债的真实性，因此债务结算账户要求按具有债权结算关系的单位或个人设置明细分类账户，进行明细分类核算。

(2) 债务结算账户反映会计主体对各个债权单位或个人的责任，无论是总分类核算还是明细分类核算，均只需提供货币信息。

(3) 这类账户期末余额一般在贷方，反映负债的实有数。但有时也有可能出现借方余额，这时账户就具有了债权结算账户的性质。

（三）债权债务结算账户

债权债务结算账户又称资产负债结算账户，是用来核算企业同其他单位和个人之间债权债务结算情况的账户。在实际工作中，企业经常与一些单位有着经常性的往来业务。这些单位和个人有时是企业的债务人，有时是企业的债权人。也就是说，企业与该单位相互发生债权债务，导致双方债权人、债务人地位经常转换。为了集中反映企业与这类单位或个人之间发生的债权和债务往来的结算情况，在会计实务中，可以用一个账户核算应收及应付某一单位或个人款项的增减变动情况及其余额，从而简化核算手续。

在借贷记账法下，债权债务结算账户的借方登记债权的增加数或者债务的减少数；贷方登记债务的增加数或者债权的减少数；期末余额可能在借方，也可能在贷方。从明细分类账的角度看，借方余额，反映期末债权大于债务的差额，即债权净额；贷方余额，反映期末债务大于债权的差额，即债务净额。该类账户的结构如图 5-5 所示。

借方　　　　债权债务结算账户　　　　贷方

借方	贷方
期初余额：期初债权大于债务的差额 发生额：债权的增加和债务的减少额	期初余额：期初债务大于债权的差额 发生额：债务的增加和债权的减少额
期末余额：期末债权大于债务的差额	期末余额：期末债务大于债权的差额

图 5-5　债权债务结算账户的结构

债权债务结算账户的特点如下。

（1）结算账户只能提供货币指标。

（2）该类账户需按发生结算业务的对应单位或个人开设明细分类账，以便及时进行结算和核对账目。

按现行会计制度的规定，如果一家企业的预收货款业务不多，那么可以将预收货款直接记入“应收账款”账户的贷方，这样“应收账款”账户就成了一个债权债务结算账户。同样，如果一家企业的预付货款业务不多，那么可以将预付货款直接记入“应付账款”账户的借方，这样“应付账款”账户同时核算企业的应付账款和预付货款的增减变动情况，就成了一个债权债务结算账户。还有的企业不设置“其他应收款”和“其他应付款”账户，而单独设置“其他往来”账户，将其他应收款和其他应付款的增减变动情况及其结果都集中反映在“其他往来”账户中，使“其他往来”账户成了一个债权债务结算账户。

在债权债务结算账户中，由于总分类账户的余额不能明确地反映企业与有关单位或个人之间债权、债务的实际结算情况，因此在编制资产负债表时，必须根据有关总分类账户所属明细分类账户中的有关余额分析计算填列。也就是说，将各个明细分类账户的借方余额之和以应收款项目填列在资产负债表的资产方，而将各个明细分类账户的贷方余额之和以应付款项目填列在资产负债表的负债方，以便正确反映债权、债务的实际情况。

三、资本账户

资本账户是用来核算和监督企业从外部各种渠道取得的投资以及内部形成积累的增减变化及其实有数额的账户，如“实收资本”“资本公积”“盈余公积”等账户。

在借贷记账法下，资本账户的借方登记其减少数或支用数；贷方登记各项资本的增加数、公积金的增加数或形成数；余额在贷方，反映各项资本、公积金的实有数额。该类账户的结构如图 5-6 所示。

借方　　　　　　资本账户	贷方
发生额：资本的减少额	期初余额：资本的期初结存额 发生额：资本的增加额
	期末余额：资本的期末结存额

图 5-6　资本账户的结构

资本账户的特点如下。

（1）由于该类账户反映企业从外部取得的投资或内部形成的积累，因此在生产经营期间，反映外部投资的账户一定有贷方余额，而反映企业内部形成资本积累的账户有时可能出现贷方无余额的情况。但无论是反映外部投资还是内部积累的账户，都不会出现借方余额；否则就说明所有者权益受到侵犯或者账户在处理上有错误。

（2）由于资本账户反映企业投资人对企业净资产的所有权，因此该类账户无论是总分类核算还是明细分类核算，都只需用货币计量，而且只有运用统一的货币量度，才能总括说明其增减变化和实有数额的状况。

四、跨期摊配账户

跨期摊配账户是用来核算和监督应由若干个会计期间共同负担的费用，并将这些费用按照一定的标准，在各个会计期间进行分摊的账户。设置和运用跨期摊配账户，是为了使费用的确认建立在权责发生制的基础上，分清计入成本计算对象的时期界限，并正确计算成本和利润，以便有根据地评估各个会计期间的经营业绩和经营责任。常用的跨期摊配账户有“长期待摊费用”等账户。该类账户的结构如图 5-7 所示。

借方　　　　　　跨期摊配账户	贷方
期初余额：期初已支付但尚未摊销的数额 发生额：本期支付的数额	发生额：本期分摊的数额
期末余额：期末已支付但尚未摊销的数额	

图 5-7　跨期摊配账户的结构

跨期摊配账户的特点如下。

（1）当实际支付的费用摊提完毕后，该类账户无余额。

（2）跨期摊配账户应按费用的种类或用途开设明细分类账，进行明细分类核算。

五、调整账户

调整账户是用来调整某个账户（即被调整账户）的余额，以表明被调整账户的实际余额而设置的账户。在会计核算中，由于管理的需要或其他原因，对于一些资产、负债、所有者权益等会计要素的具体项目，需要开设两个账户，并用两种不同的数字来反映。一个账户核算和监督会计要素具体项目的原始指标；另一个账户则用来核算和监督原始指标的调整指标，将原始指标和调整指标相加或相减，就可以求得现在的实有指标，从而全面地反映同一会计内容，满足管理上的特殊需要。在会计核算中把记录和反映原始数字的账户，称为被调整账户；记录和反映对原始数字进行调整的账户，称为调整账户。将调整账户和被调整账户相互配合，既能全面、完整地反映同一个会计对象，又能提供管理上所需要的某些特定指标。

调整账户按调整方式的不同可分为备抵账户、附加账户和备抵附加账户。

（一）备抵账户

备抵账户又称扣减账户，是用来扣减被调整账户的余额，从而求得被调整账户调整后实际余额的账户。备抵账户的调整方式是用备抵账户的余额抵减被调整账户的余额，从而求得调整后的实际余额。被调整账户的余额与备抵账户的余额方向一定相反。如果被调整账户的余额在借方，则备抵账户的余额在贷方；反之亦然。备抵账户按被调整账户的性质和内容的不同，又可分为资产备抵账户和权益备抵账户两类。

1. 资产备抵账户

资产备抵账户是用来扣减某一资产账户的数额，以便求得该资产账户实有数额的账户。例如，“累计折旧”账户就是一个比较典型的资产备抵账户，它与“固定资产”账户之间的关系，就是调整账户与被调整账户之间的关系。两者的相互关系及调整方式如图5-8所示。

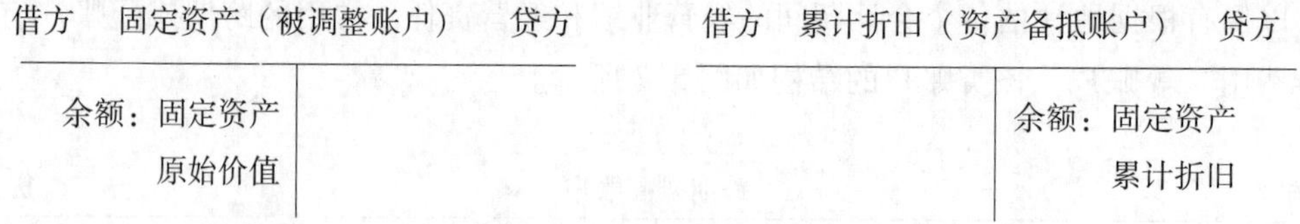

图5-8　资产备抵账户抵减方式

注：固定资产原始价值 - 固定资产累计折旧 = 固定资产实际价值（净值）

从图5-8可以看出，资产备抵账户与被调整账户有如下特点。

（1）资产备抵账户与被调整账户的结构相反，余额方向相反。被调整账户的余额在借方，资产备抵账户的余额在贷方。

（2）资产备抵账户“累计折旧”配合被调整账户“固定资产”账户，从不同的角度描述固定资产的情况，固定资产原始价值，反映企业生产能力的大小、技术水平的高低，并作为计提折旧的依据；而固定资产的磨损价值和净值数额相互对照，用来说明固定资产的新旧程度。这都为了解企业的生产规模，合理组织固定资产的更新改造，确保固定资产的有效利用等提供了全面、系统的信息。

2. 权益备抵账户

权益备抵账户是用来扣减某一权益（负债、所有者权益和收入等）账户（被调整账户）的数额，据此确定该权益账户的实际数额的账户。例如，“利润分配”账户就是一个比较典型的权益备抵账户，它与“本年利润”账户之间的关系，就是调整账户与被调整账户之间的关系。两者的相互关系及调整方式如图 5-9 所示。

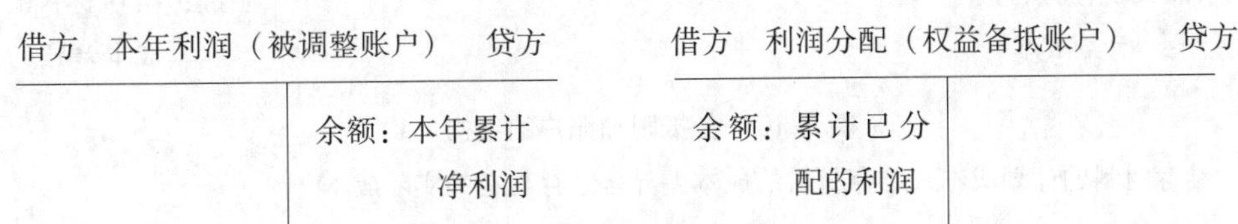

图 5-9 权益备抵账户抵减方式

注：本年累计净利润 - 累计已分配的利润 = 未分配利润

从图 5-9 可以看出，权益备抵账户与被调整账户有如下特点。

（1）权益备抵账户（利润分配）的结构取决于被调整账户（本年利润）的结构，由于采用扣减方式，权益备抵账户与被调整账户的结构相反。

（2）权益备抵账户（利润分配）配合被调整账户（本年利润），从不同侧面揭示企业的财务情况，利润总额综合说明企业的经营业绩，累计实现净利润和已分配利润的相互对照，据此可确定尚未分配的利润数额。

（二）附加账户

附加账户是用来增加被调整账户的余额，以确定被调整账户调整后实际余额的账户。这类账户的调整方式与备抵账户的调整方式刚好相反，其调整方式是将被调整账户的余额加上附加账户的余额，以确定调整后的实际数额。具体可以用下列公式表示：

被调整账户的余额 + 附加账户的余额 = 被调整账户的实际数额

附加账户的余额与被调整账户的余额在同一方向，被调整账户如果是借方（或贷方）余额，那么附加账户也一定是借方（或贷方）余额。

在我国会计实务中，附加调整账户在实际工作中运用较少。

（三）备抵附加账户

备抵附加账户是以备抵或附加的方式来调整被调整账户的账面余额，以确定其实有数额的账户。备抵附加账户同时具有备抵账户和附加账户功能：当账户的余额与被调整账户余额的方向相反时，其调整方式与备抵账户相同，起着备抵账户的作用；当它的余额与被调整账户余额的方向一致时，其调整方式与附加账户相同，起着附加账户的作用。现以“材料成本差异”账户为例说明备抵附加账户的用途与结构。

制造企业按计划成本计价进行材料的日常收发核算时，“材料成本差异”账户就是“原材料”这个被调整账户的备抵附加账户，当“材料成本差异”账户为贷方余额时，反映实际成本低于计划成本的节约额，将“原材料”账户的借方余额减去“材料成本差异”账户的贷方余额，其差额即为库存原材料的实际成本；而当“材料成本差异”账户为借方余额时，反映实际成本高于计划成本的超支额，即将“原材料”账户的借方余额加上“材料成本差异”账户的借方余额，就是库存原材料的实际成本。备抵附加账户的结构如图5-10和图5-11所示。

借方　原材料（被调整账户）	贷方
余额：结存材料的计划成本	

借方　材料成本差异（备抵附加账户）	贷方
	余额：结存材料的成本差异

图5-10　备抵附加账户的结构（1）

注：结存材料的计划成本－结存材料的成本差异＝结存材料的实际成本

借方　原材料（被调整账户）	贷方
余额：结存材料的计划成本	

借方　材料成本差异（备抵附加账户）	贷方
余额：结存材料的成本差异	

图5-11　备抵附加账户的结构（2）

注：结存材料的计划成本＋结存材料的成本差异＝结存材料的实际成本

从图5-10和图5-11可以看出，备抵附加调整账户的特点如下。

（1）调整账户与被调整账户的经济内容相同，但两者余额方向可能相同，也可能相反，相同时相加，相反时相减。

（2）调整账户依赖被调整账户而存在，两者紧密联系，可以用下列公式表示：

被调整账户的账面余额±调整账户的账面余额＝被调整账户的实际数额

六、待处理账户

待处理账户又称暂记账户，是用来核算和监督企业内部需要经过一定批准程序才能转账，或暂时不能确定如何转账的账户。例如，在清查财产物资时如发现盘盈、盘亏和毁损，在尚未查明原因或未经有关部门批准之前，不能确定应登记在借方或贷方的账户中，须先通过待处理账户加以记录。待查明原因，经有关部门按照规定程序报经批准处理后，再按有关规定进行转账处理。“待处理财产损溢”账户就是一个比较典型的待处理账户，该类账户的结构如图5-12所示。

借方	待处理财产损溢账户 贷方
发生额：（1）发生待处理的财产物资盘亏、毁损额 （2）报经批准转账处理的财产物资盘盈额	发生额：（1）报经批准转账处理的财产物资盘亏、毁损额 （2）发生待处理的财产物资盘盈额

图 5-12 待处理账户的结构

待处理账户的特点如下。

（1）该类账户期末余额可能出现在借方，也可能出现在贷方，是一个具有双重性质的账户。若有借方余额，则反映尚未处理的各种财产物资的净损失；若有贷方余额，则反映尚未处理的各种财产物资的净溢余。

（2）该类账户是一种过渡性质的账户，在盘盈、盘亏和毁损的财产物资尚未批准处理之前，账户有余额；经有关部门按照规定程序报经批准处理后，账户无余额。

七、集合分配账户

集合分配账户是用来归集和分配企业在生产经营过程中某个阶段所发生的间接费用，借以核算和监督该阶段费用预算执行情况和费用分配情况的账户，如"制造费用"账户就属于这种集合分配账户。在借贷记账法下，集合分配账户的借方登记费用的发生额，贷方登记费用的分配额。在一般情况下，归集在这类账户中的各项费用在期末都应全部分配出去，因此集合分配账户期末一般没有余额。该类账户的结构如图 5-13 所示。

借方	集合分配账户 贷方
发生额：归集经营过程中某种费用的发生额	发生额：分配到有关受益对象负担的费用额
期末余额：一般无余额	

图 5-13 集合分配账户的结构

集合分配账户的特点如下。

（1）该类账户是一种过渡性账户，其归集的成本费用一般在期末全部分配到各受益对象，费用经分配结转后，该类账户无余额。

（2）为了考核费用的发生情况，该类账户一般要按费用项目进行明细分类核算。

八、成本计算账户

成本计算账户是用来核算和监督企业在生产经营过程中某一阶段所发生的全部费用，并以此确定该过程中各个成本计算对象的实际成本（包括总成本和单位成本）的账户，如"生产成本""在途物资""在建工程"等账户就属于成本计算账户。在借贷记账法下，成本计算账户的借方登记应计入成本的全部费用，贷方登记转出的成本计算对象的实际成本，期末如有余额在借方，反映尚未完成某一阶段的成本计算对象的实际成本。该类账户的结构如图 5-14所示。

借方　　成本计算账户	贷方
期初余额：期初尚未结束完成的经营阶段的成本计算对象的实际成本 发生额：归集经营过程中某个阶段发生的全部费用	发生额：结转已完成的成本计算对象的实际成本
期末余额：期末尚未结束完成的经营阶段的成本计算对象的实际成本	

图 5-14　成本计算账户的结构

成本计算账户的特点如下。

（1）为加强成本管理，成本计算账户应设置明细账，并按成本项目归集各项费用。

（2）成本计算账户所属明细分类账，一方面要适用货币计量，反映全部消耗，以提供综合的成本信息；另一方面要适用实物或劳动计量，反映物资和劳动消耗。

（3）成本计算账户具有盘存账户的结构，能起到盘存账户的作用，期末余额反映尚未结束的在某一经营阶段成本计算对象的实际成本，如在产品、在途物资等。

九、计价对比账户

计价对比账户是用来核算和监督企业在经营过程中发生的某项经济业务，按照两种不同的计价标准进行对照比较，借以确定其业务成果的账户。例如，制造企业材料日常收发按计划成本核算时所设置的“材料采购”账户就是一个计价对比账户。在借贷记账法下，“材料采购”账户的借方登记材料的实际采购成本，贷方登记按计划价格核算材料的计划成本。通过借贷两方面计价进行对比，从而确定材料采购业务的成果。当实际成本大于计划成本时表示超支差异，当实际成本小于计划成本时表示节约差异。由于确定的材料采购业务成果应全部从“材料采购”账户转入“材料成本差异”账户，因此计价对比账户期末一般无余额。该类账户的结构如图 5-15 所示。

借方　　计价对比账户	贷方
发生额：经济业务的第一种计价贷差（贷方计价大于借方计价的差额）结转	发生额：同一经济业务的第二种计价借差（借方计价大于贷方计价的差额）结转

图 5-15　计价对比账户的结构

计价对比账户的特点如下。

（1）为加强材料管理、核算，计价对比账户应按材料种类设置明细账。

（2）计价对比账户的明细分类账一方面要适用货币计量，另一方面要适用实物计量，从实物和价值形态两方面进行反映。

（3）计价对比账户结转后一般期末无余额。

十、收入账户

收入账户是用来核算和监督企业在某一期间内从事经营活动或其他活动所取得的各种收入的账户。收入具有广义和狭义之分，此处的收入是指广义的，即不仅包括营业收入，还包括营业外收入。属于收入账户的有“主营业务收入”“其他业务收入”“投资收益”“营业外收入”等。在借贷记账法下，收入账户的贷方登记收入的增加数，反映企业经营业务收入或其他收入的形成或确认；借方登记当期收入的减少数或转销数；该类账户当期收入结转到“本年利润”账户后，期末无余额。该类账户的结构如图 5-16 所示。

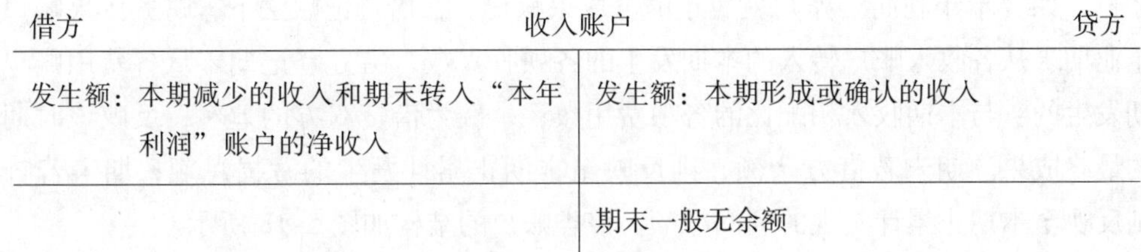

图 5-16　收入账户的结构

收入账户的特点如下。

（1）该类账户的借方登记收入的减少或结转数，贷方登记收入的增加数。

（2）收入账户是一种过渡性账户。企业通过该类账户汇集某会计期间的收入，一般在当期要全部结转，收入结转后，该类账户期末无余额。

（3）为了考核收入的形成情况，收入账户一般要按商品类别等分项目进行明细分类核算。

十一、费用账户

费用账户是用来核算和监督企业在某一会计期间内从事经营活动或其他活动所发生的应当计入当期损益的各项费用的账户。费用具有广义和狭义之分，此处的费用是指广义的，即不仅包括为取得产品销售收入及经营管理而产生的各种耗费，也包括营业外支出和所得税费用。属于费用账户的有“管理费用”“财务费用”“销售费用”“税金及附加”“其他业务成本”“所得税费用”“营业外支出”等。在借贷记账法下，费用账户的借方登记会计期间的费用数或支出数；贷方登记期末转入“本年利润”账户的费用或支出数；结转后，该类账户期末无余额。该类账户的结构如表 5-17 所示。

借方	费用账户　　　　贷方
发生额：本期费用或支出的发生额	发生额：转入“本年利润”账户的费用或支出
期末一般无余额	

图 5-17　费用账户的结构

费用账户的特点如下。

（1）该类账户的借方登记费用的增加数，贷方登记费用的结转数。

（2）费用账户是一种过渡性账户。企业通过该类账户汇集某会计期间的费用，一般在当期要全部结转，费用结转后，该类账户期末无余额。

（3）为了考核费用的发生情况，该类账户一般按费用项目进行明细分类核算。

十二、财务成果账户

财务成果账户是用来核算和监督企业在一定会计期间内全部经营活动实现的最终财务成果的账户，如“本年利润”账户就属于财务成果账户。在借贷记账法下，财务成果账户贷方登记企业期末从各收入账户转入的本期发生的各项收入数；借方登记期末从各费用账户转入的本期发生的、与本期收入相配比的各项费用数；余额为借贷双方的差额，反映该时期经营活动的最终成果。期末若借方余额，则反映至本期止累计发生的亏损总额；期末若贷方余额，则反映至本期止累计实现的利润净额。该类账户的结构如图 5-18 所示。

借方	财务成果账户　　　　贷方
期初余额：期初累计亏损额 发生额：本期发生的各项费用和损失	期初余额：期初累计实现的净利润 发生额：本期发生的各项经营业务活动的收入
期末余额：至期末止累计发生的亏损总额	期末余额：至期末止累计实现的利润净额

图 5-18　财务成果账户的结构

财务成果账户的特点如下。

（1）财务成果账户的期末余额并非都是本期发生的亏损总额或实现的利润净额，而是至本期止本年已累计发生的亏损总额或累计实现的利润净额。

（2）到年度末，企业将本年收入和费用相抵后结出的本期实现的净利润或亏损总额全部转入“利润分配”账户。

制造企业常用账户按用途和结构的分类如图 5-19 所示。

账户
- 盘存账户
  - 库存现金、银行存款
  - 原材料、库存商品
  - 固定资产等
- 结算账户
  - 应收账款、预付账款、应收票据
  - 其他应收款、短期借款、长期借款
  - 应付账款、其他应付款、应付票据
  - 应付职工薪酬、预收账款、应交税费等
- 资本账户
  - 实收资本
  - 资本公积
  - 盈余公积
- 跨期摊配账户——长期待摊费用
- 调整账户
  - 备抵账户
    - 资产备抵账户——累计折旧
    - 权益备抵账户——利润分配
  - 附加账户
  - 备抵附加账户——材料成本差异
- 待处理账户——待处理财产损溢
- 集合分配账户——制造费用
- 成本计算账户——生产成本、在途物资等
- 计价对比账户——材料采购
- 收入账户
  - 主营业务收入
  - 其他业务收入
  - 营业外收入等
- 费用账户
  - 主营业务成本、税金及附加、销售费用
  - 财务费用、管理费用、所得税费用
  - 营业外支出、其他业务成本等
- 财务成果账户——本年利润

图 5-19　制造企业常用账户按用途和结构的分类

第三节　账户的其他分类

账户除了按经济内容、用途和结构分类之外，还可以按其他标准进行分类。

一、账户按会计主体分类

账户按照其与会计主体的关系，可分为表内账户与表外账户。用来核算一个会计主体的资产、负债和所有者权益，以及用来核算会计主体的收入、费用和财务成果的账户，统称为表内账户。因为它们本身如有余额，都应当直接计入各会计主体的资产负债表；它们本身如没有余额，其发生额经过转账，最后会形成财务成果账户的余额，也会计入各会计主体的资产负债表。用来核算不属于会计主体的资产和权益的账户，如为其他企业加工的原材料、租入固定资产、代管物资、代安装设备等账户则称为表外账户，因为按照会计主体假设，它们

所反映的内容只是暂时留存本企业的资产或作为参考资料的权益等，其余额不应列入各会计主体资产负债表之内。

二、账户按与会计报表的关系分类

账户按其与会计报表的关系可分为资产负债表账户和利润表账户两类。这种分类方法是以会计要素分类为基础，把资产账户、负债账户和所有者权益账户这三类账户构成一组，称为资产负债表账户或实账户，用来反映企业在某一时点的财务状况；而把收入账户、费用账户和利润账户这三类账户构成一组，称为利润表账户或虚账户，用来反映企业在一定期间的经营成果。资产负债表账户的特点是，期末一般有余额，期末余额是编制资产负债表的资料来源，同时期末余额还需结转到下一个会计期间。利润表账户的特点是，发生额反映企业已经实现的收入或已经发生的成本、费用和支出，在每一会计期间末了，都要转至“本年利润”账户。因此，利润表账户一般期末无余额。

三、账户按期末有无余额分类

账户按期末有无余额可分为实账户和虚账户。实账户也称永久性账户，它是反映企业的资产、负债和所有者权益的账户，这些账户在期末结账后通常都有余额，反映企业实际拥有或者控制的经济资源和对这些资源的要求权，以后各期都要连续登记。同时，这些账户也是编制资产负债表的依据，因此又称资产负债表账户。虚账户也称临时性账户，它是反映企业经营过程中发生的收入、费用的账户，这些账户在期末结转后一般无余额，下期期初需另行开设。同时，这些账户也是编制利润表的依据，因此又称利润表账户。实账户和虚账户的实质差别表现在期末是否有余额上。将账户分为实账户和虚账户，可以进一步了解账户的经济内容和用途、结构，以便更正确地运用各种账户，为期末进行结账、编制财务报表提供可靠的资料来源。

四、账户按记账形式分类

在借贷记账法下，记账的一个明显特征是从账户两方面来处理经济业务，把每项经济业务的记录分为借贷记录。因此，账户也可按其记账形式分为借方账户和贷方账户。借方账户是指经济业务发生或增加时将其金额记入借方的账户，属于该类账户的有资产账户、费用账户等；贷方账户是指经济业务发生或增加时将其金额记入贷方的账户，属于该类账户的有负债账户、所有者权益账户和收入账户等。

练习题

一、单项选择题

1. 下列内容属于按账户所反映的经济内容分类的是（　）。

A. 成本计算账户　　B. 结算账户　　C. 集合分配账户　　D. 成本类账户

2. 下列不属于费用类账户的是（　）。

A. 主营业务成本　　B. 管理费用　　C. 营业外支出　　D. 应付职工薪酬

3. 生产成本账户如有借方余额，按其用途和结构分类，应属于（　）。

A. 成本计算账户　　B. 盘存账户　　C. 集合分配账户　　D. 资产账户

4. 下列账户中，属于计价对比账户的是（　）账户。

A. 固定资产清理　　B. 本年利润　　C. 材料采购　　D. 累计折旧

5. “制造费用”按用途结构分类属于（　）。

A. 费用账户　　B. 资产类账户　　C. 集合分配账户　　D. 成本类账户

6. 下列账户中属于损益类的是（　）。

A. 本年利润　　B. 销售费用　　C. 制造费用　　D. 利润分配

二、多项选择题

1. 下列账户中，哪些账户一般没有期末余额（　）。

A. 收入账户　　B. 费用账户　　C. 盘存账户　　D. 结算账户

2. 下列账户中，属于盘存账户的有（　）。

A.“长期股权投资”账户　　B.“库存商品”账户

C.“固定资产”账户　　D.“原材料”账户

3. 以下账户属于资本账户的有（　）。

A.“实收资本”账户　　B.“本年利润”账户

C.“资本公积”账户　　D.“盈余公积”账户

4. 下列账户中，属于收入类账户的有（　）。

A.“本年利润”账户　　B.“主营业务收入”账户

C.“营业外收入”账户　　D.“其他业务收入”账户

5. 下列属于调整账户的有（　）。

A. 固定资产　　B. 累计折旧　　C. 利润分配　　D. 本年利润

6. 下列属于总账科目的是（　）。

A. 应收账款　　B. 未分配利润　　C. 应交所得税　　D. 累计折旧

7. 制造业会计中的“原材料”账户属于（　）。

A. 总分类账户　　B. 明细分类账户　　C. 资产类账户　　D. 一级账户

三、判断题

1. 按账户的结构和用途分类是账户分类的基础。（　）

2. “制造费用”账户既属于成本类账户，又属于成本计算账户。（　）

3. 反映营业损益的账户有“主营业务收入”“营业外收入”等。（　）

4. 盘存账户余额在借方。（　）

5. 一般情况下，期末无余额的账户都属于损益类账户。（　）

6. 企业年末结账后，“利润分配”账户的贷方表示本年实现的净利润。（　）

四、简答题

1. 账户按经济内容分类，可以分为哪几类？

2. 账户按用途和结构分类，可以分为哪几类？

3. 什么是结算账户？结算账户分为哪几类？

4. 什么是调整账户？为什么要设置调整账户？

5. 调整账户分为哪几类？举例说明备抵账户的调整方式。

6. 收入账户、费用账户与财务成果账户之间有什么联系？

五、计算与分析题

1. 某企业“固定资产”账户期末余额为900 000元，“累计折旧”账户期末余额为60 000元。

要求：

（1）计算固定资产净值；

（2）说明两个账户之间有何关系。

2. 某企业的原材料按计划成本核算，“原材料”账户期末余额为45 000元，“材料成本差异”账户期末贷方余额为2 000元。

要求：

（1）计算原材料的实际成本；

（2）说明两个账户之间有何关系；

（3）如果“材料成本差异”账户期末借方余额为2 000元，那么材料的实际成本是多少？两个账户之间又是什么关系？

3. 练习账户按经济内容和用途结构的分类。

账户名称：应收账款、应付账款、短期借款、制造费用、银行存款、应付票据、本年利润、实收资本、销售费用、财务费用、管理费用、生产成本、累计折旧、盈余公积、利润分配、库存商品、应交税费、固定资产和主营业务收入。

要求：将上述账户分别按经济内容和用途结构分类，填入表5-1相应的栏目内。

表5-1　账户按经济内容和用途结构分类表

类别	资产类账户	负债类账户	所有者权益类账户	成本类账户	损益类账户
结算账户					
资本账户					
财务成果账户					
收入账户					
费用账户					
盘存账户					
集合分配账户					
调整账户					
成本计算账户					

第六章　会计凭证

第一节　会计凭证的意义和种类

一、会计凭证的意义

会计凭证简称凭证，是用来记录经济业务，明确经济责任的书面证明，也是登记账簿的重要依据。

填制和审核会计凭证是会计核算工作的起点，也是会计核算的基本方法之一。一切单位的记账工作，都是从会计凭证的填制开始的。为了保证会计信息的真实、可靠，任何单位所发生的每一项经济业务，都必须由经办人取得或填制凭证，用以记录经济业务的内容。有些重要凭证还具有法律证明效力。一切会计凭证都必须进行认真的审核，只有经过审核无误的会计凭证，才能据以登账。

填制和审核会计凭证是会计核算的基础工作，也是对经济活动进行核算和监督的基本环节。填制和审核会计凭证的意义概括来说有以下三点。

（一）记录经济业务，提供记账依据

通过会计凭证的填制，可以将日常发生的大量经济业务加以全面记录，以反映经济业务的发生和完成情况。凭证经过分类汇总后，为登记账簿提供了真实可靠的依据；同时，会计凭证是原始的会计资料，也为日后检查经济业务提供了重要的基础资料。

（二）明确经济责任，强化内部控制

由于每笔经济业务都要经由有关部门和有关人员办理，这就使这些部门和人员对经济业务的合法性、合理性与真实性负有责任。这样，有助于加强有关部门和有关人员的责任感，促使他们严格按照政策、法令、制度、计划和预算办事，以防止舞弊行为，强化内部控制。一旦出现问题，易于查明责任，从而及时采取措施、改进工作，加强管理。

（三）监督经济活动，控制经济运行

通过对会计凭证的严格审核，可以查明每笔经济业务是否符合有关政策、法令、制度；是否符合企业的业务经营、财务收支计划及预算的规定；可以及时发现经济管理上是否存在问题，从而防止铺张浪费、违法乱纪等行为的发生，保证经济活动健康运行。

二、会计凭证的种类

会计凭证按其填制程序和用途可分为原始凭证和记账凭证两大类。

（一）原始凭证

原始凭证又称单据，是指在经济业务发生或完成时取得或填制的，用以记录或证明经济

业务的发生或完成情况的原始凭据。原始凭证是办理经济业务的最初书面证明，是记账的原始依据。例如，出差乘坐的车船票、购货时取得的发票、付款时取得的收据、材料验收入库的收料单、材料发出时的领料单、产品交库单等都是原始凭证。凡是不能证明经济业务已经完成的文件或证明，如经济合同、材料请购单、生产通知单等，都不能作为原始凭证。

1. 按来源分类

原始凭证按其来源不同，可分为自制原始凭证和外来原始凭证。

自制原始凭证是由本单位内部有关职能部门和有关人员，在执行或完成某项经济业务时填制的原始凭证，如仓库保管人员在验收原材料时填制的收料单（参见表6-1），车间在向材料仓库领用材料时填制的领料单（参见表6-2）。

外来原始凭证是指在经济业务发生或完成时，从其他单位或个人处直接取得的原始凭证，如由销货单位开给购货单位的发票（参见表6-3）和由收款单位开给付款单位的现金收据（参见表6-4）。

表6-1至表6-4均为一次凭证。一次凭证是指只记录一笔经济业务或者同时记录若干笔同类性质的经济业务的凭证。

表6-1 一次凭证（一）

（企业名称）
收料单
×年×月×日

供货单位：上海钢厂　　凭证编号：312
发票编号：073216　　收料仓库：3号库

材料类别	材料编号	材料名称及规格	计量单位	数量		金额（元）			
				应收	实收	单价	买价	运杂费	合计金额
圆钢	05317	¢30mm	千克	4 000	4 000	1.9	7 600.00	100.00	7 700.00
备注						合计			7 700.00

仓库管理员（签章）　　记账（签章）　　收料（签章）

表6-2 一次凭证（二）

（企业名称）
领料单
×年×月×日

领料单位：第二车间　　凭证编号：516
用　　途：制造A产品　　发料仓库：3号库

材料类别	材料编号	材料名称及规格	计量单位	数量		单位成本（元）	金额（元）
				请领	实发		
圆钢	05317	¢30mm	千克	2 000	2 000	2.1	4 200.00
备注						合计	4 200.00

仓库管理员（签章）　　发料（签章）　　记账（签章）
领料主管（签章）　　领料（签章）

表6-3 一次凭证（三）

3600198140 江西增值税专用发票 № 00376346

发票联

开票日期:2019 年 12 月 06 日

购货单位	名称:山东益力公司 纳税人识别号:370041100820 19 地址、电话:青岛市中山路 38 号 开户行及账号:工行青岛市支行 1602230009300020264	密码区	略				
货物或应税劳务名称	规格型号	单位	数量	单价	金额	税率	税额
甲产品		千克	300	600. 00	180 000. 00	13%	23 400. 00
合计					¥180 000. 00		¥23 400. 00
价税合计(大写)	⊗贰拾万零叁仟肆佰圆整				（小写）¥203 400. 00		
销货单位	名称:华发股份有限责任公司 纳税人识别号:36062110022004 地址、电话:××市工业大道 118 号 0701-4661065 开户行及账号:工行××市支行 1502320002230002264	备注	销售明细见销货清单				

收款人: 复核: 开票人:吴宏辉 销货单位(章)

第一联：记账联 销货方记账凭证

表6-4 一次凭证（四）

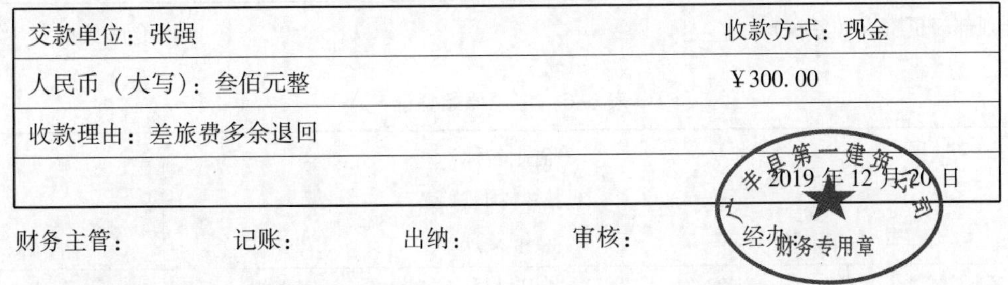

收据

入账日期：2019 年 12 月 20 日

交款单位：张强	收款方式：现金
人民币（大写）：叁佰元整	¥300. 00
收款理由：差旅费多余退回	
	2019 年 12 月 20 日

财务主管： 记账： 出纳： 审核： 经办：

2. 按填制手续分类

原始凭证按其填制的手续和内容不同，可分为一次凭证、累计凭证和汇总凭证。

一次凭证是指只记录一笔经济业务或者同时记录若干笔同类性质的经济业务的凭证，因为填制手续是一次完成的，所以称为一次凭证。外来凭证都属于一次凭证。自制凭证中绝大多数也是一次凭证，如收料单、领料单等。

累计凭证是指一定时期内连续记录若干笔同类经济业务的自制原始凭证，累计凭证的填制手续不是一次完成的，而是在规定的时期内在一张凭证中多次进行连续的记载，直至期末求出总额以后才完成填制手续，如限额领料单（参见表6-5）。

汇总凭证是指一定时期内将若干张同类经济业务的原始凭证定期加以汇总而重新编制的原始凭证汇总表，如根据领料单汇总编制耗用材料汇总表（参见表6-6）。通过编制汇总原始凭证，可以减少记账凭证的数量，从而进一步简化会计核算工作。汇总原始凭证在大、中型企业中广泛使用。

表6-5　累计凭证

（企业名称）

限额领料单

×年×月

领料单位：____　　　　凭证编号：____

用　　途：____　　　　收料仓库：____

材料类别	材料编号	材料名称及规格	计量单位	单价	全月领用限额	全月实领			
						数量		金额	

供应部门主管（签章）　　　　生产计划部门主管（签章）

日期	请领		实发			限额结余	退库	
	数量	领料单位负责人	数量	发料人	领料人		数量	退料单号码
合计								

生产计划部门负责人（签章）　　　　仓库负责人（签章）

表6-6　汇总原始凭证

（企业名称）

耗用材料汇总表

×年×月　　　　单位：元

领料部门	用途	甲材料	乙材料	合计
一车间	生产A产品	6 200.00	4 000.00	10 200.00
二车间	生产A产品	3 800.00	6 700.00	10 500.00
三车间	生产A产品	5 400.00	2 500.00	7 900.00
总厂行政科	修理用		300.00	300.00
合计		15 400.00	13 500.00	28 900.00

会计主管（签章）　　　　复核（签章）　　　　制表（签章）

3. 按用途分类

原始凭证按其用途的不同，可分为通知凭证、执行凭证和计算凭证。

通知凭证是指要求、指示或命令企业进行某项经济业务的原始凭证，如物资订货单、罚款通知单等。对这类凭证的管理，不能完全等同于其他原始凭证，因为其不能证明经济业务已经完成。

执行凭证是指证明某项经济业务正在进行或已经完成的原始凭证，如收料单、领料单等。

计算凭证是指对已经完成的经济业务进行计算而编制的原始凭证，如工资结算单、产品成本计算单、制造费用分配表（参见表6-7）等。

表6-7　制造费用分配表

产品名称	分配率	分配标准（生产工人工资）	分配金额
A 产品	1.2	3 500	4 200
B 产品	1.2	1 500	1 800
合计		5 000	6 000

审核（签章）　　　　制表（签章）

（二）记账凭证

记账凭证又称记账凭单，是指会计人员根据审核后的原始凭证或汇总原始凭证编制的会计凭证，它是用来确定会计分录并作为登记账簿直接依据的会计凭证。

任何单位的经济业务都是不断地发生而又错综复杂的，由于原始凭证种类繁多、数量庞大、格式不一，不便直接作为记账的依据。为了便于记账，就必须将各种原始凭证所反映的经济业务加以归类和整理，另行填制记账凭证，确定会计分录，据以记账。这样，不仅可以大大简化记账的工作量，减少记账差错，而且也便于对账和查账，在一定程度上提高了会计核算的工作质量。

1. 按用途分类

记账凭证按其用途的不同，可分为专用记账凭证和通用记账凭证。

专用记账凭证是指采用不同格式，对不同性质的经济业务进行分类反映的记账凭证。专用记账凭证按照其反映经济业务内容的不同又可以分为收款凭证、付款凭证和转账凭证三种。

收款凭证（参见表6-8）是专门用来记录货币资金增加的经济业务而编制的记账凭证，也就是记录库存现金和银行存款等收款业务的凭证。付款凭证（参见表6-10）是专门用来记录货币资金减少的经济业务而编制的记账凭证，也就是记录库存现金和银行存款等付款业务的凭证。这两种凭证都是根据有关现金和银行存款收付业务的原始凭证（如收款收据存根及付款时的发票等）填制的，它是出纳人员办理收付款项的依据，也是登记有关账簿的直接依据。若发生货币资金之间的收付业务，如从银行提取现金，或将现金存入银行，在实际工作中，一般只填制付款凭证。转账凭证（参见表6-12）是用来记录不涉及货币资金增减变动的经济业务而编制的记账凭证，也就是记录与库存现金、银行存款等货币资金没有关系的转账业务的凭证。例如，生产产品领用材料、产品完工入库等经济业务，其记账凭证是根据有关转账业务的原始凭证填制的，是登记有关账簿的直接依据。

通用记账凭证是指对于不同性质的经济业务都采用同一种格式的记账凭证。这种凭证适用于规模小、经济业务较简单、收付款业务较少的经济单位。通用记账凭证的格式与转账凭证的格式相同，只是名称统一为记账凭证（参见表6-15）。

在实际工作中，编制会计分录就是通过填制记账凭证来完成的。在记账凭证中要确定应借、应贷账户的名称和金额。因此，记账凭证又称会计分录凭证。

2. 按填制方式分类

记账凭证按其填制方式的不同，可分为单式记账凭证和复式记账凭证。

单式记账凭证是指每一张记账凭证只填列经济业务事项所涉及的一个会计科目及其金额的记账凭证。填列借方科目的称为借项记账凭证（参见表6-16），简称借项凭证；填列贷方科目的称为贷项记账凭证（参见表6-17），简称贷项凭证。单式记账凭证的内容单一，便于按会计科目归类汇总，有利于分工记账，但制证工作量大，不利于在一张凭证上集中反映经济业务的全貌，出现差错也不便于查找。

复式记账凭证是指将每一笔经济业务所涉及的全部会计科目及其金额均在同一记账凭证上反映的凭证。复式记账凭证可以在一张记账凭证上集中反映账户的对应关系，便于了解经济业务的全貌，同时可以减少制证的工作量，但不便于分工记账和归类汇总。上述的收款凭证、付款凭证、转账凭证和通用记账凭证均属于复式记账凭证。

3. 按是否汇总分类

记账凭证按其是否经过汇总，可分为汇总记账凭证和非汇总记账凭证。

非汇总记账凭证是指没有经过汇总的记账凭证，前述的所有记账凭证均为非汇总记账凭证。

汇总记账凭证是将一定时期内的同类或全部记账凭证定期加以汇总而编制的记账凭证。当企业业务量较大时，定期编制汇总记账凭证并据以登记总分类账，可减少登记总账的工作量。汇总记账凭证按汇总方法的不同分为汇总收款凭证（参见表10-3）、汇总付款凭证（参见表10-4）和汇总转账凭证（参见表10-5）三类。将一定时期内编制的记账凭证全部汇总在一张记账凭证汇总表上，称为全部汇总记账凭证，也称科目汇总表（参见表10-1和表10-2）。科目汇总表和汇总记账凭证都是汇总凭证，它们均属于记账凭证的范围。汇总方法在第十章会计核算程序中阐述。

原始凭证和记账凭证是会计凭证中的两大类别，它们之间有着密切的联系。原始凭证是记账凭证的基础，而记账凭证是原始凭证内容的概括说明。两者互相结合，共同完成会计凭证的任务，在会计核算中发挥重要作用。

会计凭证的分类如图6-1所示。

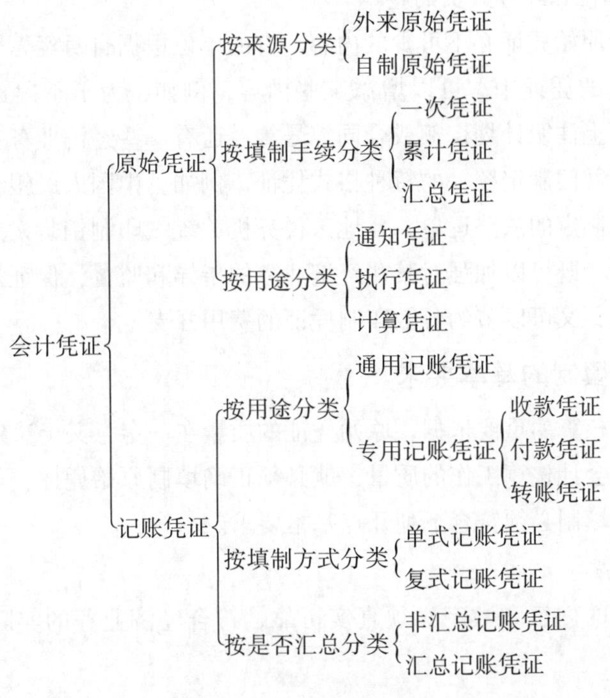

图6-1 会计凭证的分类

第二节 原始凭证的填制和审核

为了确保会计资料的真实性、可靠性和正确性，企业必须按有关规定填制和审核原始凭证。

一、原始凭证的基本内容

各单位经济业务的具体内容不同，决定了各单位所使用的原始凭证的名称、格式和内容也不相同。但是，所有的原始凭证都必须详细记载有关经济业务的发生或完成情况，明确经办单位或人员的经济责任。因此，各种原始凭证应具有一些共同的基本内容，这些内容称为原始凭证的基本要素。所有的原始凭证必须具有以下几项基本内容。

（1）原始凭证的名称，表明原始凭证所记录经济业务的种类，反映原始凭证的用途，如发货票、入库单等。

（2）填制原始凭证日期及编号。

（3）接受凭证单位或个人名称（抬头人），如领料单上的领料单位名称。

（4）经济业务的内容摘要。

（5）经济业务涉及的数量、单价和金额。

（6）填制凭证单位和经办人员的签章。

上述六项是每份原始凭证必不可少的内容。有的单位根据自身经营管理或会计核算的需要，在自行设计印制的凭证中，可以增添某些内容，例如，为了掌握预算或合同的执行情况，可以在有关凭证上注明计划定额或合同编号等。还有一些经济业务在不同单位中经常发生，可由各单位主管部门制定统一的特种格式凭证，例如，中国人民银行统一制定的各种结算凭证，铁道部统一制定的铁路运单，各地区税务机关统一印制销货发票和交税单等。印制统一格式的原始凭证，既可以加强对某些经济业务的指导和监督，保证提供主管部门统一管理所需要的有关资料，又可以节约分散印制凭证的费用开支。

二、原始凭证填制的基本要求

原始凭证是会计核算的重要依据，原始凭证的质量在一定意义上决定了分类核算和财务报表的质量。要保证会计核算工作的质量，就必须正确填制原始凭证，如实反映经济业务的真实情况。原始凭证填制必须符合下列几点基本要求。

（一）记录真实

原始凭证上填写的内容和数字必须真实可靠，符合经济业务的实际情况，不许弄虚作假，也不能伪造凭证。

（二）内容完整

原始凭证的各项内容必须逐项填写齐全，不能遗漏或省略。特别应注意，年、月、日要按照填制原始凭证的实际日期填写；名称要写全，不能简化；品名或用途要填写明确，不能含糊不清。应该填写一式几联的，联次不能短少，各联内容必须一致，有关人员签章必须齐全。

（三）计算准确

原始凭证中的数量、单价、金额必须计算准确，大小写金额必须相符。

（四）填制及时

各种原始凭证都应在办理经济业务时及时填制，并按时间的先后顺序整理，然后按规定的程序送交有关部门先行审查签章，再送交财会部门审核签章，完成规定的手续，防止事过境迁出现差错，难以查清。

（五）书写规范

原始凭证上的文字、数字书写要正确、工整清晰、容易辨认，这样既可防止涂改伪造，又有利于核算。

（六）填制凭证时，还要遵守如下技术上的要求

（1）阿拉伯数字要写得准确、规范。数字要逐个书写清楚，不能连成一串。7 与 1，9 与 4，5 与 3 等数字往往容易混淆，要注意分别写清楚，习惯上是把 7 同 9 的一竖拖到横线以下，与 1 同 4 区别开来。以元为单位的金额数字，一律要填写到角、分，没有角、分的，角

位和分位也要用“0”来表示，不得用“-”代替。大写金额有角、分的，分以下不写“整”字。阿拉伯金额数字之前要加写人民币符号“¥”，以防止在原有数字之前添写数字。

若阿拉伯金额数字中间有“0”时，汉字大写金额要写“零”字，如¥3 609.80，汉字大写金额应写成“人民币叁仟陆佰零玖元捌角整”。若阿拉伯金额数字中间连续有几个“0”时，汉字大写金额中可以只写一个“零”字，如¥3 005.14，汉字大写金额应写成“人民币叁仟零伍元壹角肆分”。若阿拉伯金额数字万位或元位是“0”，或者数字中间连续有几个“0”，元位也是“0”，但千位、角位不是“0”时，汉字大写金额中可以只写一个“零”字，也可不写“零”字，如¥1 580.32，汉字大写金额应写成“人民币壹仟伍佰捌拾元零叁角贰分”，或者写成“人民币壹仟伍佰捌拾元叁角贰分”；又如¥107 000.32，汉字大写金额应写成“人民币壹拾万柒仟元零叁角贰分”，或者写成“人民币壹拾万零柒仟元叁角贰分”。若阿拉伯金额数字角位是“0”，而分位不是“0”时，汉字大写金额“元”后面应写“零”字，如¥26 409.02，汉字大写金额应写成“人民币贰万陆仟肆佰零玖元零贰分”。

（2）大写金额数字，要注意规范，按照规定的汉字书写，不能任意简化，以防止别人涂改。例如，壹、贰、叁、肆、伍、陆、柒、捌、玖、拾、佰、仟、万、亿、元、角、分、零、整（正）等字样，不得用一、二、三、四、五、六、七、八、九、十、毛、0等字样填写。

（3）大写金额数字前未印有货币名称的，应当加填货币名称，货币名称与金额数字之间不得留有空白。

（4）各种凭证不能随意涂改，若原始凭证有错误，应当由出具单位重开或更正。更正时，可在写错的文字或数字中划一道红线，再将改正的文字或数字写在差错部分的上面，并加盖经手人章，以明责任。原始凭证金额有错误的，应当由出具单位重开，不得在原始凭证上更正。严禁用刀刮、橡皮擦和褪色药水来掩盖错误。

（5）现金收付凭证，如现金支票、收款收据等，填写错误时，不能在凭证上更正，只能按规定手续注销报废，并重新填制凭证。注销作废的凭证应予以保存，以备检查。

在实务中，有时会发生原始凭证丢失的情况。从外单位取得的原始凭证遗失时，应取得原签发单位盖有公章的证明，并注明原始凭证的号码、金额、内容等，由经办单位会计机构负责人（会计主管人员）和单位负责人批准后，才能代作原始凭证。若确实无法取得证明的，如车票丢失，则应由当事人写明详细情况，由经办单位会计机构负责人（会计主管人员）和单位负责人批准后，代作原始凭证。

三、原始凭证的审核

为了如实反映经济业务的发生和完成情况，充分发挥会计的监督职能，保证会计信息的真实、合法、完整和准确，会计人员必须对原始凭证进行严格审核。原始凭证只有经过会计人员审核无误后，才是合格的原始凭证，才能据此办理核算手续。原始凭证的审核主要包括以下两个方面。

（一）实质性审核

实质性审核主要是对原始凭证内容的合法性、真实性和合理性等进行审核。

1. 合法性审核

此即审核原始凭证上记载的经济业务是否符合国家的政策法令、制度办法等规定要求，是否有冒领、贪污、预算超支、挥霍浪费、化公为私等违法乱纪行为，若有应予以揭露和制止。

2. 真实性审核

此即审核原始凭证上记载的经济业务是否真实，有无伪造现象。经济业务的发生时间与地点、经办单位与个人、填制的日期和内容、业务引起的实物与价值量等各方面都必须是真实的。

3. 合理性审核

此即审核原始凭证上经济业务的发生是否符合事先制订的计划、预算等的要求，是否符合费用开支标准，有无不讲经济效益、铺张浪费的行为。

（二）技术性审核

技术性审核主要是对原始凭证内容的正确性和完整性进行的审核。

1. 正确性审核

此即逐项审核原始凭证的摘要是否填写清楚，数字计算是否正确，大小写金额是否一致，有无刮、擦、挖、补或涂改伪造等现象。

2. 完整性审核

此即审核原始凭证是否具备作为合法凭证所必需的基本内容，这些内容是否填写齐全，原始凭证的手续是否完备，有关人员签章是否完备等。

原始凭证经过审核后，对于合理合法、手续完备的凭证，应及时办理有关手续，并迅速完成有关经济业务。如发现问题，应按不同情况进行处理。凡出现手续不完备、数字计算不正确、文字写错、项目填写不齐全等一般差错的原始凭证，应退还给经办人员，并限期补办手续，进行更正。凡不合理、不合法的凭证，会计人员有权拒绝支付或报销。对于违法乱纪、伪造冒领等非法行为，应扣留凭证，根据《会计法》的规定，向本单位领导或上级主管部门提出书面报告，请求严肃处理。

原始凭证审核无误后，可以作为编制记账凭证的依据。

通过对原始凭证填制的审核，可以及时准确地反映经济业务的执行与完成情况，同时在严格进行审核的过程中，可以及时地发现问题，揭露矛盾，堵塞漏洞，纠正不正之风。

第三节　记账凭证的填制和审核

记账凭证是会计人员根据审核后的原始凭证填制的，是登记账簿的直接依据。为了保证账簿记录的真实性与正确性，企业必须做好记账凭证的填制和审核工作。

一、记账凭证的基本内容

记账凭证的基本内容有以下七项。

（1）记账凭证的名称。

（2）填制凭证的日期。

（3）记账凭证的编号。

（4）经济业务的内容摘要。

（5）会计分录，即经济业务应借应贷会计科目的名称和金额。

（6）会计主管人员、审核人员及填制和记账人员的签章。收款凭证和付款凭证，还要有出纳人员的签章。

（7）所附原始凭证的张数。

以上七项是记账凭证的基本内容，各单位使用的记账凭证应根据本系统、本单位业务的特点自行制定。

二、记账凭证填制的基本要求和方法

（一）记账凭证填制的基本要求

填制记账凭证是会计核算的重要环节，是对原始凭证的整理和分类，会计人员应按照复式记账要求，运用会计科目，确定会计分录，为登记账簿做准备。因此，正确填制记账凭证具有十分重要的意义。

由于通用记账凭证的格式与转账凭证的格式相同，因此本书以专用记账凭证为例对记账凭证填制的基本要求和方法进行说明。填制记账凭证的基本要求与填制原始凭证的基本要求相同，必须做到记录真实，内容完整，计算准确，填制及时，书写规范。此外，还应注意以下六点要求。

（1）填制记账凭证时，可以根据一张原始凭证或根据若干张原始凭证汇总填制；也可以根据汇总原始凭证（如耗用材料汇总表）填制。但不得将不同内容和类别的原始凭证汇总填制在一张记账凭证上。

（2）按照会计制度统一规定的会计科目名称，根据经济业务的性质确定会计分录，不能改变会计科目的名称和核算内容，不能简写，也不能用省略号代替会计科目；无统一名称的明细科目要确切，无遗漏；应借应贷科目的对应关系必须清楚。

（3）各种记账凭证必须连续按顺序编号。记账凭证的编号方法受所使用记账凭证种类的影响。采用通用记账凭证时，可按经济业务发生的顺序统一编号；采用收、付、转专用记账凭证时，可采用“字号编号法”进行分类编号，即按凭证类别的顺序编号，如按收字第×号、付字第×号、转字第×号三类编号，或者按现收字第×号、银收字第×号、现付字第×号、银付字第×号、转字第×号五类编号。无论使用哪种记账凭证，都应按月进行连续编号。一笔经济业务需填制两张以上的记账凭证时，也可采用“分数编号法”。例如，一笔经济业务需填制三张转账凭证时，假定转账凭证的顺序号为11，则可编为转字第11 $\frac{1}{3}$ 号、转字第11 $\frac{2}{3}$ 号、转字第11 $\frac{3}{3}$ 号三张凭证，每月末最后一张记账凭证的编号旁边加注“全”字。

（4）记账凭证的日期。从记账凭证的内容来看，记账凭证的日期应当是填制当天的日期，但在实际工作中，也可根据管理的需要，填写业务事项发生的日期或月末日期。如报销差旅费的记账凭证，一般填写报销当天的日期；现金收付款记账凭证填写记账凭证实际办理收付现金的日期；银行存款付款业务的记账凭证，一般按财会部门开出银行付款单据的日期或承付的日期填写；银行收款业务的记账凭证，一般按财会部门收到银行进账单的日期与银行回执的戳记日期填写；当实际收到进账单的日期与银行戳记日期相隔较远时，或次日收到的上月银行付款凭证，按财会部门实际办理转账业务的日期填写；计提或分配费用等事项的记账凭证，应当按当月最后的日期填写。

（5）除结账和更正错误的记账凭证可以不附原始凭证，其他记账凭证必须附有原始凭证。记账凭证上应注明所附原始凭证的张数，以便核查。如果根据同一原始凭证填制数张记账凭证时，则应在未附原始凭证的记账凭证上注明“附件×张，见第××号记账凭证”。对于原始凭证需要另行保管的，则应在附件栏内加以说明。

（6）采用专用记账凭证时，涉及现金、银行存款之间的相互转化业务，按规定只填制付款凭证。例如，将现金送存银行，应填“库存现金”科目的付款凭证；开具现金支票向银行提取现金时，应填“银行存款”科目的付款凭证，以免重复记账。不涉及现金、银行存款的业务应填制转账凭证。在一笔经济业务中涉及既有现金（或银行存款）收付，又有转账业务时，应分别填制一份收款（或付款）凭证及一份转账凭证。例如，材料采购款项为20 000元，材料已验收入库，款项以银行存款支付15 000元，其余5 000元暂欠。针对这笔经济业务，企业应填制一份贷记银行存款、借记原材料、金额为15 000元的付款凭证；再填制一份借记原材料、贷记应付账款、金额为5 000元的转账凭证。

根据上述要求填制记账凭证，能够及时、正确地反映经济业务的完成情况，又能提供口径一致的会计核算资料，为登记账簿、进行会计分析和检查提供重要依据。

（二）记账凭证填制的一般方法

记账凭证填制的一般方法举例说明如下。

1. 收款凭证

［**例题6-1**］A商店送来现金100元，归还前欠零星购货款。

这笔经济业务是收到现金100元，除填写收款凭证（参见表6-8）外，还应填写收款收据（一式三联），一联交A商店，一联作为收款凭证附件，一联留底。

表 6-8 收款凭证

借方科目：库存现金 ×年×月×日 现收字第 1 号

摘要	贷方科目		记账（√）	金额	
	总账科目	明细科目		一级科目	二级或明细科目
归还欠款	应收账款	A 商店	√	100.00	100.00
合计				￥100.00	￥100.00

会计主管 记账 出纳 复核 制证 附件

[例题 6-2] 企业销售甲产品 10 件，单价为每件 500 元，价款为 5 000 元，增值税税额为 650 元，收到转账支票一张，送存银行。

这笔经济业务是收到银行转账支票 5 650 元，即收入货币资金，除填写收款凭证（参见表 6-9）外，还应开出发票，以存根作为附件。

表 6-9 收款凭证

借方科目：银行存款 ×年×月×日 银收字第 1 号

摘要	贷方科目		记账（√）	金额	
	总账科目	明细科目		一级科目	二级或明细科目
销售甲产品	主营业务收入	甲产品	√	5 000.00	5 000.00
10 件，单价 500 元	应交税费	应交增值税	√	650.00	650.00
合计				￥5 650.00	￥5 650.00

会计主管 记账 出纳 复核 制证 附件

填制方法如下。

上面两张收款凭证反映的经济内容摘要应简要地登记在“摘要栏”内。收款凭证的左上方登记借方科目，一般是库存现金或银行存款。在“贷方科目”栏填写与收入库存现金或银行存款相对应的会计科目，如贷“应收账款”和“主营业务收入”两个科目，同时还要注明其明细科目，即“A 商店”和“甲产品”。“金额”栏内的合计数表示借贷双方的记账金额。例题 6-1 和例题 6-2 两张收款凭证中所填列的科目和金额，可用会计分录表示如下。

借：库存现金 100

  贷：应收账款——A 商店 100

借：银行存款　　5 650

　　贷：主营业务收入——甲产品　　5 000

　　　　应交税费——应交增值税　　650

记账栏内注明已记入库存现金账及有关分类账的符号，这样可以避免漏记账或重记账。在记账凭证上还要填列凭证编号，要分类连续编号，以免错记。要注明所附原始凭证（即附件）的张数，防止凭证散失，便于以后查阅。

2. 付款凭证

［**例题6-3**］员工李辉因公出差，出具一张借条，经批准借支差旅费1 000元，用现金支付。

这笔经济业务是付出现金，应填写付款凭证（参见表6-10），以借条作为附件。

表6-10　付款凭证

贷方科目：库存现金　　×年×月×日　　现付字第1号

摘要	借方科目		记账（√）	金额	
	总账科目	明细科目		一级科目	二级或明细科目
借支差旅费	其他应收款	李辉	√	1 000.00	1 000.00
合计				¥1 000.00	¥1 000.00

会计主管　　记账　　出纳　　复核　　制证　　附件

［**例题6-4**］企业采购圆钢Φ 30mm 4 000千克，单价为每千克1.9元，价款为7 600元，增值税税额为988元，共计8 588元，开出转账支票一张。

这笔经济业务是买进材料，开出转账支票，应填写付款凭证（参见表6-11），以销货单位发票作为附件。

表6-11　付款凭证

贷方科目：银行存款　　×年×月×日　　银付字第1号

摘要	借方科目		记账（√）	金额	
	总账科目	明细科目		一级科目	二级或明细科目
采购圆钢	在途物资	圆钢	√	7 600.00	7 600.00
4 000千克	应交税费	应交增值税	√	988.00	988.00
单价1.90元					
合计				¥8 588.00	¥8 588.00

会计主管　　记账　　出纳　　复核　　制证　　附件

付款凭证的填制方法与收款凭证基本相同，不同的是，付款凭证的左上方登记贷方科目，一般是库存现金或银行存款。在“借方科目”栏内填写与付出款项相对应的会计科目。例题6-3和例题6-4两张付款凭证中所填列的科目和金额，可用会计分录表示如下。

借：其他应收款——李辉　　1 000

　　贷：库存现金　　1 000

借：在途物资——圆钢　　7 600

　　应交税费——应交增值税　　988

　　贷：银行存款　　8 588

收款凭证和付款凭证既是登记现金日记账、银行存款日记账、明细账和总账等有关账簿的依据，也是出纳人员收付款项的依据。出纳人员不能仅凭收款原始凭证和付款原始凭证收付款项，而是必须根据由会计主管人员或其指定人员审核盖章后的收款凭证和付款凭证办理收付款业务。出纳人员根据收款凭证和付款凭证收付款时，应在凭证上加盖“收讫”或“付讫”的戳记，以免重收或重付，防止差错。

3. 转账凭证

转账凭证是根据转账业务（不涉及货币资金收付的业务）的原始凭证填制的，作为登记有关账簿的直接依据。

[例题6-5] 企业生产丙产品领用A材料1 000千克，单价为每千克1元；领用B材料1 000千克，单价为每千克2元，共计3 000元，计入产品成本。

这笔经济业务是由“原材料”账户结转到“生产成本”账户，由于未涉及货币资金收付，因此应填写转账凭证（参见表6-12），并以领料单作为凭证附件。

表6-12　转账凭证

×年×月×日　　　　转字第1号

摘要	会计科目	记账(√)	借方金额		贷方金额	
			一级科目	二级或明细科目	一级科目	二级或明细科目
生产领用材	生产成本	√	3 000.00			
料，其中，	丙产品	√		3 000.00		
A材料1 000	原材料				3 000.00	
千克，B材料	A材料	√				1 000.00
1 000千克	B材料	√				2 000.00
合计			¥3 000.00	¥3 000.00	¥3 000.00	¥3 000.00

会计主管　　记账　　复核　　制证　　附件

填制方法如下。

转账凭证的第一栏是“摘要”栏，应简要地写出经济业务内容；第二栏是“会计科目”栏，反映借贷双方的会计科目，同时要注明其明细科目；第四栏和第五栏分别是“借方金额”栏和“贷方金额”栏，按借贷双方金额分别反映。这张转账凭证中所填列的科目和金额，可用会计分录表示如下。

借：生产成本　　3 000

　　贷：原材料——A 材料　　1 000

　　　　　　　——B 材料　　2 000

[**例题 6-6**] 员工李辉返回，经审核批准，报销差旅费 800 元，交回多余现金 200 元。

这笔经济业务涉及转账和现金业务，应分别填制收款凭证（参见表 6-13）和转账凭证（参见表 6-14），同时应向李辉开具收回借支差旅费 200 元的收款收据，表示债务清偿。转账凭证以差旅费报销单作为附件，收款凭证以收款收据作为附件。

表 6-13　收款凭证

借方科目：库存现金　　　　×年×月×日　　　　现收字第 2 号

摘要	贷方科目		记账（√）	金额	
	总账科目	明细科目		一级科目	二级或明细科目
交回借支	其他应收款	李辉	√	200.00	200.00
差旅费余额					
合计				￥200.00	￥200.00

会计主管　　记账　　出纳　　复核　　制证　　附件

表 6-14　转账凭证

×年×月×日　　　　转字第 2 号

摘要	会计科目	记账（√）	借方金额		贷方金额	
			一级科目	二级或明细科目	一级科目	二级或明细科目
李辉报销	管理费用		800.00			
差旅费	差旅费			800.00		
	其他应收款				800.00	
	李辉					800.00
合计			￥800.00	￥800.00	￥800.00	￥800.00

会计主管　　记账　　复核　　制证　　附件

上述凭证用会计分录表示如下。

借：库存现金　　200

　　贷：其他应收款——李辉　　200

借：管理费用　　800

　　贷：其他应收款——李辉　　800

上述收款凭证、付款凭证和转账凭证均为复式记账凭证。它的特点是将一笔经济业务应记借方、贷方的账户和金额全部列记在一份记账凭证中，从而反映经济业务的全貌。

必须指出，在经济业务很少或经济业务特别多的单位，为了适应各自的特点，有利于会计核算工作的进行，可以采用以下两类记账凭证。

(1) 在经济业务很少的单位，通常配备会计、出纳各一人，凭证数量很少，不必采用收付转的专用记账凭证，可以采用一种简单的“记账凭证”，不论是现金、银行存款的收付业务，还是各种转账业务，均填制一种记账凭证，并凭此登记账簿。其通用格式如表6-15所示。

表6-15 记账凭证

(企业名称)

×年×月×日　　　　第1号

摘要	一级科目	明细科目	借方金额	贷方金额	记账(√)
销售甲产品10件	银行存款		5 650.00		
单价500元	主营业务收入	甲产品		5 000.00	
	应交税费	应交增值税		650.00	
合计			¥5 650.00	¥5 650.00	

会计主管　　记账　　出纳　　制证　　附件

(2) 在经济业务特别多的单位，凭证数量繁多，会计配备多人，分工较细。为了快速组织凭证传递，及时登记账簿，缩短汇总凭证发生额的时间，按时试算平衡，通常采用单式记账凭证取代复式记账凭证，满足会计核算工作的需要。

单式记账凭证就是把每笔经济业务所涉及的每个会计科目，分别填制记账凭证，每份凭证只填写一个会计科目。也就是根据每笔经济业务的会计分录，按其涉及的会计科目，分别填制两份或两份以上的记账凭证，涉及几个会计科目就填制几张记账凭证。

单式记账凭证在金融系统中被广泛采用，分为借项记账凭证和贷项记账凭证两种。其格式如表6-16和表6-17所示。

表6-16 借项记账凭证

(企业名称)

借方科目：生产成本　　×年×月×日　　转字第$1\frac{1}{2}$号

二级或明细科目	摘要	记账(√)	金额
丙产品	领用材料		3 000.00
			/
对方科目	原材料	合计	¥3 000.00

会计主管　　记账　　复核　　制证

表6-17　贷项记账凭证

（企业名称）

贷方科目：原材料　　　　×年×月×日　　　　转字第1 $\frac{2}{2}$ 号

二级或明细科目	摘要	记账（√）	金额
A材料	生产领用1 000千克 单价1.00元		1 000.00
B材料	生产领用1 000千克 单价2.00元		2 000.00
对方科目	生产成本	合计	¥3 000.00

会计主管　　　　记账　　　　复核　　　　制证

（三）记账凭证的审核

为了使记账凭证能够真实、准确地反映企业的经济业务状况、保证账簿记录和会计信息的质量，必须由有关人员对已填制完毕的记账凭证进行认真的审核。记账凭证审核的主要内容有以下四个方面。

1. 对所附的原始凭证进行复核

记账凭证的审核实际上是对原始凭证的复核，即复核原始凭证的合法性、真实性、完整性与正确性。

2. 记账凭证的项目是否齐全

审核记账凭证各项目填写是否齐全，例如，日期、凭证编号、明细科目、合计金额前的人民币符号以及有关人员的签章等是否齐全；是否附有原始凭证，所附原始凭证是否齐全，是否已经审核无误，附件张数与原始凭证是否一致。

3. 应借应贷的会计科目和金额是否正确，对应关系是否清晰

审核凭证中的金额计算是否准确，是否与原始凭证中所列金额相符，合计金额是否准确。

4. 书写是否规范

审核记账凭证中的文字是否工整，数字是否清晰，摘要是否填写清楚，是否按规定进行更正等。

在审核过程中，如果发现记账凭证填制有严重错误，如所附原始凭证经济内容混乱、所列会计科目用错、金额计算错误、无法更正时，则应退回制证人重新另编记账凭证；如果发现手续不完备，则应退回补办手续。个别文字或数字有误，可按规定办法更正。总之，只有经过审核无误的记账凭证，才能据以登记账簿，以保证账簿记录的真实性和正确性。

第四节 会计凭证的传递和保管

一、会计凭证的传递

会计凭证的传递是指从会计凭证取得或填制起至归档保管过程中，在本单位内部各有关部门和人员之间的传递处理程序。科学地组织会计凭证的传递，明确规定有关的凭证需要经过哪些部门、由哪些人员经办、应在多少时间内办理完毕，不仅可以及时地反映和监督经济业务的发生或完成情况，督促经办业务的部门和人员及时正确地完成经济业务，办理凭证手续，还可以考核办理经济业务的有关部门和人员是否按照规定的会计手续办事，从而有助于加强岗位责任制。例如，办理借支差旅费业务的凭证传递，应明确规定借款人填具借款单说明事由和借款金额；由何部门负责人批准；会计部门何人审核；何人填制付款凭证；出纳员付款后应办理什么手续；何时将付款凭证递交记账员记账；何时办理汇总和试算平衡工作等程序。按照上述程序工作，既可保证凭证传递迅速及时，又可明确各部门人员的岗位责任，促使其相互联系、密切配合，有效地完成经济业务，提高会计管理水平。

企业制定每一种会计凭证的传递处理程序时，应当考虑以下三个问题。

(1) 要根据经济业务的特点、企业内部机构的设置和人员分工的情况以及管理上的要求，恰当地规定各种会计凭证的联数和所传递的必要环节，做到既要使各有关部门和人员能利用凭证了解经济业务的情况，并按规定手续进行处理和审核，又要避免凭证传递通过不必要的环节，影响传递速度。

(2) 要根据有关部门和人员对经济业务办理必要手续（如计量、检验、审核等）的需要，确定凭证在各个环节停留的时间，保证业务手续的完成；要防止不必要的耽搁，从而使会计凭证以最快的速度传递，以充分发挥凭证及时传递经济信息的作用。

(3) 要建立凭证交接的签收制度。为了确保会计凭证的安全和完整，在各个环节中都应指定专人办理交接手续，做到责任明确，手续完备、严密并简便易行。

二、会计凭证的保管

会计凭证的保管是指会计凭证登账后的整理、装订、归档和存查工作。会计凭证是记账的依据，也是企业重要的会计档案和历史资料。它是事后了解经济业务、检查账务、明确经济责任的重要证明。因此，任何单位在完成经济业务手续和记账后，必须将会计凭证按规定的立卷归档制度形成会计档案资料，妥善保管，防止丢失，不得任意销毁，以便日后随时查阅。做好凭证的保管工作可从以下几个方面进行。

(1) 会计部门在每个结账期终了（结账期可定为每日或每五日、每旬、每月，但最长不得超过一个月），应将全部凭证装订成册。首先，按收款凭证、付款凭证、转账凭证分类整理，按原顺序号排列；其次，检查各份记账凭证所附原始凭证张数是否相符，然后加编总顺序号，控制全部凭证总张数；最后，加具凭证封面、封底装订成册。在封面上要注明单位名称，所属年份、月份和起讫日期，记账凭证张数和起讫号码，原始凭证张数，装订日期以及会计主管、装订人签章处。凭证装订成册后，应在左上角粘贴封签，骑缝处加盖会计主管与装订人签章字样，并送保管员签收，保管员在凭证封面上应加签章，表示负责保管。会计凭证封面格式如表6-18所示。

表6-18　会计凭证封面格式

单　位　名　称
自　年　月　日起至　年　月　日
共　册第　册
记账凭证自第　号至第　号共　张
附原始凭证共　张
年　月　日　装订
会计主管：　保管：

（2）如果在一个结账期内凭证数量太多，则可分装若干册，在封面上加注共几册及第几册字样。如果所附原始凭证（如收料单、领料单等）数量太多，无法与记账凭证一并装订，则可另行分别装订成册，装订方法与记账凭证相同，并在封面上注明“×月×日第几号记账凭证附件”字样。同时在记账凭证封面上也应加注“第×号凭证附件××张另册保管”字样。至于另外归档的文件如契约、合同等，也应在有关的记账凭证上注明。

（3）每年装订成册的会计凭证，在年度终了时可暂由单位会计机构保管一年，期满后应当移交本单位档案机构统一保管；未设立档案机构的，应当在会计机构内部指定专人保管。出纳人员不得兼管会计档案。

（4）会计凭证应按会计制度规定的保管期限归档保存。保管期满，必须按照规定手续，报经批准后才能销毁。

练习题

一、单项选择题

1. 会计日常核算工作的起点是（　）。

　A. 设置会计科目和账户　　B. 填制和审核会计凭证

　C. 登记会计账簿　　D. 财产清查

2. 下列原始凭证中属于外来原始凭证的是（　）。

　A. 提货单　　B. 发出材料汇总表　　C. 购货发票　　D. 领料单

3. 对于将现金送存银行的业务，会计人员应编制的记账凭证是（　）。

　A. 现金付款凭证　　B. 银行收款凭证

　C. 现金付款凭证和银行收款凭证　　D. 转账凭证

4. 记账凭证的填制是由（　）进行的。

A. 出纳人员　B. 会计人员　C. 经办人员　D. 主管人员

5. 下列内容中，不属于记账凭证审核内容的是（　）。

A. 凭证是否符合有关的计划和预算

B. 会计科目使用是否正确

C. 凭证的金额与所附原始凭证的金额是否一致

D. 凭证的内容与所附原始凭证的内容是否一致

6. 在审核原始凭证时，对于内容不完整、填制有错误或手续不完备的原始凭证，应该（　）。

A. 拒绝办理，并向本单位负责人报告　B. 予以抵制，对经办人员进行批评

C. 由会计人员重新填制或予以更正　D. 予以退回，要求更正、补充

7. 职工出差回来报销差旅费800元，出差前已借1 000元，多余款项交回现金。企业采用专用的记账凭证，对这笔报销业务应填（　）。

A. 收款凭证　B. 付款凭证

C. 收款凭证和转账凭证　D. 付款凭证和转账凭证

8. 在下列记账凭证中，不能据以登记库存现金日记账的是（　）。

A. 现金付款凭证　B. 银行付款凭证　C. 现金收款凭证　D. 银行收款凭证

9. 如发现原始凭证金额有错误，应当（　）。

A. 由会计人员直接更正并签章　B. 直接由业务经办人员更正并签章

C. 由出具单位更正并加盖公章　D. 由出具单位重开，不得在原始凭证上更正

10. 限额领料单属于（　）。

A. 通用凭证　B. 一次凭证　C. 累计凭证　D. 汇总凭证

二、多项选择题

1. 以下属于原始凭证内容的有（　　）。

A. 原始凭证名称　B. 经济业务的内容

C. 经济业务所涉及的会计科目及其记账方向　D. 有关人员签章

2. 下列凭证中属于自制原始凭证的有（　　）。

A. 购货发票　B. 工资汇总表　C. 限额领料单　D. 发出材料汇总表

3. 以下关于原始凭证与记账凭证的区别正确的有（　　）。

A. 原始凭证大多是由经办人员填制，记账凭证一律由本单位的会计人员填制

B. 原始凭证是根据已经发生或完成的经济业务填制，记账凭证是根据审核无误后的原始凭证填制

C. 原始凭证只是经济业务发生时的原始证明，记账凭证要依据会计科目对已经发生的经济业务进行归类

D. 原始凭证是填制记账凭证的依据，记账凭证是登记会计账簿的依据

4. 记账凭证按照填制的方式不同，可分为（　　）。

A. 通用记账凭证　B. 专用记账凭证　C. 复式记账凭证　D. 单式记账凭证

5. 下列项目中，属于非汇总记账凭证的有（　　）。

A. 收款凭证　B. 科目汇总表　C. 汇总收款凭证　D. 转账凭证

6. 除（　　）可以不附原始凭证外，其他记账凭证必须附有原始凭证。

A. 转账业务的记账凭证　B. 更正错误的记账凭证

C. 结账的记账凭证　　　　　　　　　　D. 交易业务的记账凭证

三、判断题

1. 原始凭证金额错误，应由出具单位重开，不得在原始凭证上更改。(　)
2. 更正错账和结账的记账凭证，可以不附原始凭证。(　)
3. 外来原始凭证都是一次性使用的会计凭证。(　)
4. 收款凭证只有在现金增加时才填写。(　)
5. 原始凭证是登记明细分类账的依据，记账凭证是登记总分类账的依据。(　)
6. 各种记账凭证只能根据一张原始凭证逐一填制。(　)
7. 转账凭证只登记与货币资金收付无关的经济业务。(　)
8. 发票、购货合同、收料单等都是原始凭证。(　)
9. 发料凭证汇总表是一种汇总记账凭证。(　)
10. 审核无误的原始凭证是登记账簿的直接依据。(　)

四、简答题

1. 什么是会计凭证？它在会计核算中有什么意义？
2. 会计凭证按其填制程序和用途怎样分类？
3. 什么是原始凭证、记账凭证？举例说明它们的特点。
4. 原始凭证必须具备哪些基本内容？
5. 记账凭证必须具备哪些基本内容？
6. 审核原始凭证主要应从哪些方面着手进行？

五、实务题

目的：练习记账凭证的填制。

资料：广发公司的材料按实际成本核算，2019 年 6 月发生的经济业务如下。

(1) 2 日，向光明股份有限公司购入材料，货款为 5 000 元，增值税税额（进项税额）为 650 元，材料已验收入库，款项尚未支付。

(2) 2 日，以银行存款解交应交增值税 4 000 元。

(3) 3 日，以现金预付车间职工张明探亲差旅费 2 000 元。

(4) 3 日，从银行存款中提取现金 500 元。

(5) 4 日，以现金 150 元支付购买的办公用品费。

(6) 4 日，以现金 60 元支付车间职工市内交通费。

(7) 5 日，向工商银行借入短期借款 50 000 元，并存入银行。

(8) 5 日，生产车间制造产品领用材料 45 000 元，车间领用一般性消耗材料 1 000 元。

(9) 8 日，以银行存款支付前欠益民股份有限公司款项 20 000 元。

(10) 9 日，售给嘉丰股份有限公司产品 100 件，每件售价为 350 元，增值税税率为 13%，款项尚未收到。

(11) 10 日，以银行存款购入不需要安装的设备一台，买价为 30 000 元，增值税税额为 3 900 元，当即交付生产车间使用。

(12) 12 日，以银行存款支付公司电话费 800 元。

(13) 13 日，售给上海电器股份有限公司产品 300 件，每件售价为 350 元，增值税税率为 13%，款项收讫，存入银行。

(14) 14日，从银行提取现金40 000元，准备发放工资。

(15) 14日，以现金发放职工工资40 000元。

(16) 18日，采购员赵鑫出差回来，报销差旅费450元，原预支500元，现交来多余现金50元。

(17) 20日，向益民股份有限公司购入材料，货款为15 000元，增值税税额（进项税额）为1 950元，材料已验收入库，当即以银行存款支付。

(18) 20日，以银行存款5 650元支付所欠光明股份有限公司款项。

(19) 26日，售给海达股份有限公司产品100件，单价每件350元，增值税税率为13%，款项均未收到。

(20) 28日，收到嘉丰股份有限公司所欠款项39 550元，存入银行。

(21) 31日，分配本月工资费用，其中生产工人工资30 000元，车间管理人员工资3 000元，公司管理人员工资7 000元。

(22) 31日，按工资总额的14%提取职工福利费。

(23) 31日，按规定计提本月固定资产折旧15 000元，其中车间用固定资产折旧为12 000元，公司用固定资产折旧为3 000元。

(24) 31日，分配结转本月应付的电费，其中车间生产用电费4 500元、照明用电费400元、公司管理部门照明用电费800元。

(25) 31日，预提本月应负担银行短期借款利息1 000元。

(26) 31日，摊销本月应负担的保险费400元。

(27) 31日，结转本月制造费用，本月完工产品480件，实际制造成本100 800元，予以转账。

(28) 31日，结转本月500件的产品销售成本107 500元。

(29) 31日，结转收入类、费用类账户余额至“本年利润”账户。

(30) 31日，按利润总额的25%计算应交所得税。

(31) 按照税后利润的10%提取法定盈余公积金。

(32) 经决定应付给投资者利润15 000元。

要求：根据以上经济业务分别填制收款凭证、付款凭证和转账凭证。

第七章　会计账簿

第一节　会计账簿的意义和种类

一、会计账簿的意义

（一）会计账簿的概念

会计账簿简称账簿，账簿又称账本或账册，是以会计凭证为依据，由具有一定格式、相互联系的账页所组成，用来全面、连续、系统地记录各项经济业务的簿籍。账页一旦标明会计科目，这个账页就成为用来记录该科目所核算内容的账户。也就是说，账页是账户的存在形式和载体，账簿是由若干账页组成的一个整体。没有账簿，账户就无法存在。根据会计凭证在有关账户中进行登记，就是将会计凭证所反映的经济内容记入设立在账簿中的账户，即通常所说的登记账簿，也称记账。设置和登记账簿，是编制财务报表的基础，是连接会计凭证和财务报表的中间环节。

经济单位发生的每一项经济业务，都必须通过取得或填制会计凭证来加以记录和计量。但是，由于经济单位在生产经营过程中所发生的经济业务十分复杂，所取得的会计凭证的数量多而且分散，每张凭证只能反映各自经济业务的情况，说明个别经济业务的内容，不能系统地反映一个单位一定时期内的全部经济活动，所以为了全面记载和反映各会计要素在经营活动中的变化轨迹，以取得经济管理所需要的总括或详细的财务数据与核算指标，企业必须设置各种账簿，将会计凭证所提供的大量而分散的核算资料加以归类整理，并登记到有关的账簿中去。

（二）会计账簿的意义

科学地设置和登记账簿对合理组织会计工作、充分发挥会计工作的作用具有重要的意义，其主要表现为以下三个方面。

1. 通过设置和登记账簿可以全面、系统地反映各单位的经济活动情况

在会计核算中，通过会计凭证的填制和审核，可以反映和监督每一项经济业务的完成情况。但会计凭证的数量多，对经济业务的反映是片面的，比较零星、分散，且每一张凭证只能就个别的经济业务进行详细的记录和反映，不能把某一时期的全部经济活动情况完整地反映出来。通过设置和登记账簿，可以把会计凭证提供的大量分散的核算资料加以归类整理，从而全面、连续、系统地反映各单位的经济活动情况，这对于加强经济核算、提高经营管理水平具有重要作用。

2. 账簿记录可为考核经营管理业绩提供依据

利用账簿记录，既可提供总括的核算资料，又可提供明细的核算资料，这样就可以全面

而系统地反映各项资产、负债、所有者权益的增减变动情况，收入、费用的发生，利润的实现和分配情况。根据这些记录还可借以考核成本、费用、利润的实现和分配情况，评价企业经营成果，进而发现生产经营过程中存在的问题，并分析原因，促使企业加强经营管理。

3. 账簿记录可以为编制财务报表提供完整的数据资料

企业定期编制的资产负债表、利润表、现金流量表等财务报表的主要依据来自账簿记录。企业在编制报表附注时，对生产经营状况、利润实现和分配情况、资金增减和周转情况、税费缴纳情况、各种财产物资变动情况的说明也要借助于账簿的记录才能完成。因此，会计账簿是财务报表的编制基础，为编制财务报表提供总括和明细的数据资料。

二、会计账簿的种类

各单位应根据本单位经济业务的特点和经营管理的要求，设置一定种类和数量的账簿。不同的账簿，其用途、形式、内容和登记方法各不一样，为了更好地了解和使用账簿，有必要对账簿进行分类。账簿的分类方法主要有以下三种。

（一）按用途分类

账簿按其用途的不同，可分为序时账簿、分类账簿和备查账簿。

1. 序时账簿

序时账簿简称序时账，又称日记账，是指按经济业务发生或完成时间的先后顺序、逐日逐笔登记的账簿。日记账按其记录内容的不同，又可分为普通日记账和特种日记账。

普通日记账是将企业每天发生的所有经济业务，不论其性质如何，全部按照业务发生的时间顺序逐项登记的账簿。由于普通日记账登记工作量大，且不利于分工记账，我国经济单位一般不设置普通日记账。特种日记账是专门用来记录某一特定种类经济业务发生情况的日记账。例如，为了加强现金和银行存款的管理，设置的库存现金日记账和银行存款日记账就属于特种日记账，分别序时登记与现金、银行存款收付有关的各项经济业务。

2. 分类账簿

分类账簿是指按照会计要素的具体类别而设置的分类账户进行登记的账簿。账簿按其反映经济业务的详略程度，可分为总分类账簿和明细分类账簿。总分类账簿又称总账，是根据总分类科目设置的，用来总括反映企业经济业务活动内容的账簿；明细分类账簿又称明细账，是根据明细分类科目设置的，用来提供明细核算资料的账簿。

在经济业务比较简单、总分类账户为数不多的单位，为简化记账工作，可以把日记账和分类账结合起来，在一本账簿中进行登记，这种同时具备日记账和分类账两种用途的账簿称为联合账簿。例如，将日记账和总分类账结合而成的日记总账就是典型的联合账簿。

3. 备查账簿

备查账簿又称辅助账簿或补充登记簿，是指对某些在序时账簿和分类账簿中未能记载或记载不全的经济事项进行补充登记，以便日后备查的账簿，如租入固定资产备查登记簿、代销商品备查登记簿等。备查账簿只是对其他账簿记录的一种补充，与其他账簿之间不存在严密的依存和勾稽关系，与企业编制的财务报表也没有直接关系，是一种表外账簿。它与序时账簿和分类账簿相比，存在两点不同：一是不需要根据会计凭证登记入账；二是没有固定的账页格式和登记方法，主要用文字对有关经济业务进行补充登记，提供必要的参考资料。备查账簿并非必设的账簿，各个单位可以根据具体情况和实际需要设置。

（二）按外表特征分类

账簿按其外表特征的不同，可分为订本式账簿、活页式账簿、卡片式账簿。

1. 订本式账簿

订本式账簿又称订本账，是指在启用前将编有顺序页码的一定数量的账页装订成册的账簿。这种账簿的账页固定，既可防止账页散失，又可防止账页被随意抽换，但账页固定后，不能根据需要增减，不便于分工，因而必须预先估计每一个账户需要的页数，以保留空白账页。如果保留空白账页不够，则会影响账户的连续登记；如果保留空白账页过多，则又会造成浪费。"库存现金日记账""银行存款日记账"以及具有统驭和控制作用的总分类账，必须采用订本式账簿。

2. 活页式账簿

活页式账簿又称活页账，是指将零散的账页装在账夹内可根据记账内容的变化随时增减空白账页的账簿。采用这种账簿，可以根据实际需要增减账页，不会造成浪费，使用起来比较灵活，也便于记账分工。但是，这种账簿的账页易散失和被抽换。因此，在采用这种账簿时，空白账页在使用时也必须连续编号，并定期装订成册，以防止弊端发生。活页式账簿一般适用于各种明细分类账。

3. 卡片式账簿

卡片式账簿又称卡片账，是指将一定数量的卡片式账页存放于专设的卡片箱中，可以根据需要随时增添账页的账簿。卡片式账簿实际上也是一种活页账，但它不装在活页账夹中，而是装在卡片箱内。有些账页需要经常抽取，为了防止破损会采用硬卡片的形式。卡片式账簿一般适用于账页需要随着物资使用或存放地点的转移而重新排列的明细账，例如，固定资产明细分类账就常常采用卡片式账簿这种形式。

（三）按账页格式分类

账簿按其账页格式的不同，可分为两栏式账簿、三栏式账簿、数量金额式账簿、多栏式账簿和横线登记式账簿。

1. 两栏式账簿

两栏式账簿是指只有借方和贷方两个基本金额栏目的账簿，例如，普通日记账一般采用两栏式账簿。两栏式账簿的具体格式如表 7-3 所示。

2. 三栏式账簿

三栏式账簿是指设有借方（收入）、贷方（支出）和余额（结存）三个基本金额栏目的账簿。在三栏式账簿中，每一账页登记金额的部分均分为借方（收入）、贷方（支出）和余额（结存）三个栏目，分别用于反映某项经济业务的增加、减少和结余情况。这种账页格式的账簿适用于只需要进行金额核算而不需要进行数量核算的经济业务。库存现金日记账、银行存款日记账、总分类账以及资本、债权、债务等明细分类账都可采用三栏式账簿。三栏式账簿的具体格式如表 7-4、表 7-6、表 7-7、表 7-8 所示。

3. 数量金额式账簿

数量金额式账簿是指在账页的借方（收入）、贷方（支出）和余额（结存）三个金额栏目内，再分别设置数量、单价和金额三个小栏目，借以反映财产物资的实物数量和价值量的账簿。这种账页格式的账簿适用于既需要进行金额核算，又需要进行数量核算的经济业务。原材料、库存商品等明细账一般采用数量金额式账簿。数量金额式账簿的具体格式如表 7-9所示。

4. 多栏式账簿

多栏式账簿是指在账页的借方（收入）和贷方（支出）的某一方或两方下面分设若干专栏，详细反映借方（收入）、贷方（支出）金额组成情况的账簿。在多栏式账簿中，每一账页登记金额的部分均分为若干个栏目，用以详细具体地记载某一类经济业务情况。这种账页格式的账簿适用于核算项目多，且管理上要求提供各核算项目详细信息的经济业务。收入、费用等明细账一般可采用这种账页格式。多栏式账簿的具体格式如表 7-10、表 7-11 所示。

5. 横线登记式账簿

横线登记式账簿又称平行式账簿，是指账页分为借方和贷方两个基本金额栏目，在账页两方的同一行记录某一项经济业务自始至终所有事项的账簿。它主要适用于需要逐笔结算的经济业务的明细账。材料采购、一次性备用金等明细账一般采用横线登记式账簿。横线登记式账簿的具体格式如表 7-13 所示。

会计账簿的分类如图 7-1 所示。

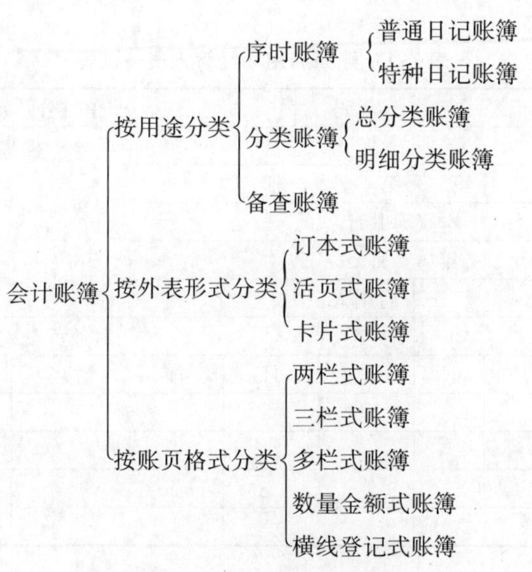

图 7-1 会计账簿的分类

第二节　账簿的启用和登记规则

一、账簿的基本内容

会计账簿所记录的经济业务不同，其种类和格式也多种多样。但账簿的基本内容一般都包括以下几个方面：

（1）封面，标明账簿名称和记账单位名称；

（2）扉页，标明账簿的启用日期和截止日期、页数、册次、经管账簿人员一览表和签章、账户目录等；

（3）账页，标明账户名称、日期、凭证字号、摘要、金额、页次等。

二、账簿的启用规则

新的会计年度开始，各个单位应启用新的会计账簿。为保证账簿记录的合法性，明确相关记账人员的责任，在启用账簿时，会计人员应遵守以下几项规则。

（1）设置账簿封面。除订本账不另设封面以外，各种活页账都应设置账簿封面，并登记单位名称、账簿名称和所属会计年度。

（2）填写账簿启用和经管人员一览表。账簿启用和经管人员一览表的内容主要包括单位名称、账簿名称、账簿编号、账簿页数、启用日期、记账人员和会计机构负责人或会计主管人员姓名等项目，并加盖名章和单位公章。当记账人员发生变动时，应办理交接手续，并在账簿启用和经管人员一览表的交接记录中填明交接日期、移交人与接交人的姓名及双方签章，以明确有关人员的责任。账簿启用和经管人员一览表如表7-1所示。

表7-1　账簿启用和经管人员一览表

<table>
<tr><td colspan="2">单位名称</td><td colspan="3"></td><td>代码</td><td colspan="2"></td><td colspan="2">单位公章及财务章</td><td>贴印花处</td></tr>
<tr><td colspan="2">账簿名称</td><td colspan="6"></td><td colspan="2" rowspan="5"></td><td rowspan="11"></td></tr>
<tr><td colspan="2">账簿编号</td><td colspan="6">字第　号第　册共　册</td></tr>
<tr><td colspan="2">账簿页码</td><td colspan="6">本账簿共计　页</td></tr>
<tr><td colspan="2">启用日期</td><td colspan="6">年　月　日</td></tr>
<tr><td colspan="2">财务负责人</td><td colspan="3"></td><td>启用人</td><td colspan="2"></td></tr>
<tr><td colspan="2">经管人员</td><td colspan="3">接交人</td><td colspan="3">移交人</td><td colspan="2">财务负责人</td></tr>
<tr><td>姓名</td><td>盖章</td><td>年</td><td>月</td><td>日</td><td>年</td><td>月</td><td>日</td><td>姓名</td><td>盖章</td></tr>
<tr><td></td><td></td><td></td><td></td><td></td><td></td><td></td><td></td><td></td><td></td></tr>
<tr><td></td><td></td><td></td><td></td><td></td><td></td><td></td><td></td><td></td><td></td></tr>
<tr><td></td><td></td><td></td><td></td><td></td><td></td><td></td><td></td><td></td><td></td></tr>
<tr><td></td><td></td><td></td><td></td><td></td><td></td><td></td><td></td><td></td><td></td></tr>
</table>

（3）填写账户目录。总账应按会计科目的编号顺序填写科目名称及启用页码。在启用活页式明细分类账时，应按照所属会计科目填写科目名称和页码，在年终结账后，撤去空白账

页，填写使用页码。账户目录表如表7-2所示。

（4）粘贴印花税票。印花税票应粘贴在账簿的右上角，并且划线注销。

表7-2 账户目录表

编号	账户名称	页数	编号	账户名称	页数

三、账簿的登记规则

为了确保账簿记录的正确性和规范性，会计人员登记账簿必须遵守以下几项规则。

（1）必须根据审核无误的会计凭证记账。为了保证账簿记录的真实准确，发挥会计监督的作用，记账必须根据审核无误的会计凭证及时登记。登记时，应将记账凭证的字号记入账簿。为避免漏记、重记和错记，登账时还要在记账凭证上做记账符号“√”，并注明账簿页数，表示已经登记入账。

（2）文字要清晰，数字要规范，字迹要工整。文字和数字上面要留有适当的空距，不要写满格。记账时必须用蓝黑或碳素墨水书写，不得用圆珠笔或铅笔书写。红色墨水只能在冲销错误记录和在特定格式下登记减少数以及改错和结账时划线使用。

（3）启用订本式账簿，应当从第一页到最后一页顺序编定页数；使用活页式账簿，应当按账户顺序编号，定期装订成册并按顺序编定页码。记账时应当按账页、行次顺序连续登记，不得隔页、跳行，如果不慎发生隔页、跳行，则应在空页或空行处划线注销，或者注明“此页空白”“此行空白”字样，并由会计人员和会计机构负责人（会计主管人员）盖章，以明确责任。

（4）“摘要”栏文字应简明扼要，并采用国务院颁布的简化汉字，“金额”栏的数字应用阿拉伯字书写，并与账页上注明的位数对准，数字和文字的大小一般占格距的1/2，以保证账簿记录清晰、整洁，并为更正错误留有余地。

（5）凡需结出余额的账户，结出余额后，应根据余额方向在“借或贷”栏内写明“借或贷”的字样，没有余额的账户，应在“借”或“贷”栏内写“平”字，并在“金额”栏内元位处以“0”表示。库存现金日记账和银行存款日记账必须每天结出余额。

（6）每登记满一页账页结转下页时，应在最后一行结算出本页的发生额合计数和余额，在“摘要”栏内注明“过次页”或“转次页”，同时将本页的发生额合计数和余额计入下一页第一行有关栏内，并在“摘要”栏注明“承前页”，然后再根据记账凭证继续登账。需要注意的是，对于需要结计本月发生额的账户，结计“过次页”的本页合计数应当为本月初起至本页末止的发生额合计数；对于需要结计本年累计发生额的账户，结计“过次页”的本页合计数应当为自年初起至本页止的累计数；对于既不需要结计本月发生额也不需要结计本年发生额的账户，可以只将每页末的余额结转次页。

（7）账簿记录发生错误时，应根据错账的具体情况，按照规定的方法进行更正。不得刮擦、涂改、挖补或用褪色药水更改字迹。

第三节　账簿的格式和登记方法

一、日记账的格式和登记方法

（一）普通日记账的格式和登记方法

普通日记账又称分录簿，它的特点是设有借方和贷方两个“金额”栏，以便分别记入各项经济业务所确定的账户名称及其借方和贷方的金额，其格式如表 7-3 所示。

表 7-3　普通日记账

（××企业）

2019 年		账户名称	摘要	借方金额	贷方金额	过账
月	日					
8	1	生产成本 原材料	生产领 用材料	1 000	1 000	√
			……			

采用这种日记账，每天应按照经济业务的发生或完成的先后顺序逐笔进行登记。登记时，首先记入经济业务发生或完成的日期，然后在“账户名称”栏内记入应借应贷的账户；其次在“摘要”栏内，将经济业务作简要说明；最后将借方金额和贷方金额分别记入两个“金额”栏内。每天还应根据日记账中应借和应贷账户名称和金额登记总分类账，并将总分类账的页数记入“过账”栏内，或者写明“√”符号，表示已经过账。

普通日记账应用一本日记账，这样可以集中地、序时地记录全部经济业务。如果单位的规模较小、经济业务不多且比较简单时，那么用一本日记账就可以满足需要了。如果单位的规模较大、经济业务较多且较复杂，那么用一本日记账就不便于记账分工，难以清晰地反映各类经济业务情况，而且将经济业务从日记账逐笔地过入分类账各账户，工作量较大。因此，这种日记账目前已很少使用。

（二）特种日记账的格式和登记方法

1. 库存现金日记账的格式和登记方法

库存现金日记账是由出纳人员根据现金的收款凭证、现金付款凭证和银行存款的付款凭证，按照经济业务发生先后顺序逐日逐笔进行登记的账簿。库存现金日记账一般采用“三栏式”，基本结构为“收入”“支出”“余额”三栏，其格式如表 7-4 所示。

表 7-4　库存现金日记账

（××企业）

<table>
<tr><th colspan="2">2019 年</th><th colspan="2">凭证字号</th><th rowspan="2">摘要</th><th rowspan="2">对方科目</th><th rowspan="2">收入</th><th rowspan="2">支出</th><th rowspan="2">余额</th></tr>
<tr><th>月</th><th>日</th><th>收款</th><th>付款</th></tr>
<tr><td>9</td><td>1</td><td></td><td></td><td>月初余额</td><td></td><td></td><td></td><td>600</td></tr>
<tr><td></td><td>1</td><td></td><td>现付 1</td><td>购办公用品</td><td>管理费用</td><td></td><td>30</td><td>570</td></tr>
<tr><td></td><td>1</td><td></td><td>现付 2</td><td>采购员借差旅费</td><td>其他应收款</td><td></td><td>500</td><td>70</td></tr>
<tr><td></td><td>1</td><td>银付 1</td><td></td><td>提取现金</td><td>银行存款</td><td>600</td><td></td><td>670</td></tr>
<tr><td></td><td></td><td></td><td></td><td>……</td><td></td><td></td><td></td><td></td></tr>
<tr><td>9</td><td>30</td><td></td><td></td><td colspan="2">本月合计</td><td>4 500</td><td>4 480</td><td>620</td></tr>
</table>

库存现金日记账的登记方法如下。

（1）“日期”栏：指现金实际收付的日期。

（2）“凭证字号”栏：指记账的收付款凭证的种类和编号。

（3）“摘要”栏：简要说明登记入账的经济业务内容。

（4）“对方科目”栏：指该项业务除库存现金外的对应科目名称，可以反映库存现金收入的来源或支出的用途。

（5）“收入”“支出”“余额”栏：指现金实际收付和结余的金额。库存现金日记账应每天结出余额，并与库存现金实际数相核对，做到账实相符。

库存现金日记账也可采用多栏式格式，其基本结构如表 7-5 所示。多栏式库存现金日记账是将三栏式库存现金日记账的借方（收入）和贷方（支出）金额栏按其对方科目设专栏，也就是按收入的来源和支出的用途设专栏。采用这种格式在月末结账时，可以结出各收入来源专栏和支出用途专栏的合计数，便于对现金收支的合理性和合法性进行审核分析，便于检查财务收支计划的执行情况。

表 7-5　多栏式库存现金（银行存款）日记账

<table>
<tr><th colspan="2" rowspan="2">××年</th><th rowspan="3">凭证字号</th><th rowspan="3">摘要</th><th colspan="7">收入</th><th colspan="7">支出</th><th rowspan="3">余额</th></tr>
<tr><th colspan="6">贷方科目</th><th rowspan="2">合计</th><th colspan="6">借方科目</th><th rowspan="2">合计</th></tr>
<tr><th>月</th><th>日</th><th>其他应收款</th><th>银行存款</th><th>……</th><th></th><th></th><th></th><th>其他应收款</th><th>管理费用</th><th>……</th><th></th><th></th><th></th></tr>
<tr><td></td><td></td><td></td><td></td><td></td><td></td><td></td><td></td><td></td><td></td><td></td><td></td><td></td><td></td><td></td><td></td><td></td><td></td><td></td></tr>
<tr><td></td><td></td><td></td><td></td><td></td><td></td><td></td><td></td><td></td><td></td><td></td><td></td><td></td><td></td><td></td><td></td><td></td><td></td><td></td></tr>
<tr><td></td><td></td><td></td><td></td><td></td><td></td><td></td><td></td><td></td><td></td><td></td><td></td><td></td><td></td><td></td><td></td><td></td><td></td><td></td></tr>
<tr><td></td><td></td><td></td><td></td><td></td><td></td><td></td><td></td><td></td><td></td><td></td><td></td><td></td><td></td><td></td><td></td><td></td><td></td><td></td></tr>
<tr><td></td><td></td><td></td><td></td><td></td><td></td><td></td><td></td><td></td><td></td><td></td><td></td><td></td><td></td><td></td><td></td><td></td><td></td><td></td></tr>
</table>

2. 银行存款日记账的格式和登记方法

银行存款日记账是由出纳人员根据银行存款的收款凭证、银行存款的付款凭证和现金的付款凭证，按照经济业务发生的先后顺序逐日逐笔登记的账簿。其三栏式格式如表 7-6 所示，而多栏式格式与多栏式库存现金日记账格式基本相同，两种格式的登记方法和现金日记账基本相同，在此不再赘述。

表 7-6　银行存款日记账

（××企业）

2019 年		凭证字号		摘要	结算凭证		对方科目	收入	付出	余额
月	日	收款	付款		种类	号数				
9	1			月初余额						45 000
9	1		银付 1	付材料款	略	略	原材料		2 000	43 000
9	1	银收 1		销售产品			主营业务收入	10 000		53 000
				……						
9	30			本月合计				160 000	175 000	30 000

银行存款日记账应定期与银行对账单核对。月份终了，单位银行存款账面余额与开户银行存款余额之间如有差额，应逐笔查明原因并按月编制银行存款余额调节表。

二、分类账的格式和登记方法

（一）总分类账的格式和登记方法

总分类账是按总账科目开设的账户，它能全面总括地反映经济活动情况，对明细分类账起统驭控制作用，并为编制财务报表提供总括的核算资料。总分类账只要求采用货币计量单位进行登记，一般采用“三栏式”格式，如表 7-7 所示。

表 7-7　总账

账户名称：原材料

2019 年		凭　证		摘要	借方	贷方	借或贷	余额
月	日	种类	号数					
8	1			月初余额			借	35 000
	3	银付	2	购入材料	10 000		借	45 000
	4	转	4	领用材料		15 000	借	30 000
				……				
8	31			本月合计	75 000	80 000	借	30 000

总分类账的登记方法因登记的依据不同而有所不同。它可以直接根据记账凭证逐笔登记，也可以通过一定的汇总方式，定期或分次汇总登记，具体登记方法取决于所采用的会计核算形式（详见第十章的相关内容）。

（二）明细分类账的格式和登记方法

明细分类账是按照明细科目开设的账户，它能够具体、详细地反映某类经济业务的情况，对总分类账起辅助补充作用，也为编制财务报表提供必要的明细资料。明细分类账的格式主要有以下四种。

1. 三栏式明细分类账

三栏式明细分类账设有借方、贷方、余额三个栏目，没有数量栏。它适用于只需反映金额、不需反映数量的明细账，如应收账款、应付账款、实收资本、利润分配等明细账。示例如表 7-8 所示。

表 7-8　应付账款明细账

单位名称：光明厂

2019 年		凭　证		摘要	借方	贷方	借或贷	余额
月	日	种类	号数					
7	1			月初余额			贷	3 000
	10	转	15	购料欠款		1 500	贷	4 500
	18	银付	14	还款	3 500		贷	1 000
7	31			本月合计	3 500	1 500	贷	1 000

2. 数量金额式明细账

数量金额式明细账设有收入、发出和结存三个栏目，每个栏目又分设数量、单价和金额三个小栏目。它适用于既要进行金额核算，又要进行实物数量核算的明细账，如原材料、库存商品等材料物资明细账。示例如表 7-9 所示。

表 7-9　原材料明细账

类别：甲材料　　　　存放地点：

名称与规格：　　　　计量单位：千克

2019 年		凭证	摘要	收入			发出			结存		
月	日	字号		数量	单价	金额	数量	单价	金额	数量	单价	金额
7	1		结存							250	2	500
	15	略	收入	300	2	600				550	2	1 100
	17		发出				400	2	800	150	2	300

3. 多栏式明细账

多栏式明细账是根据经济业务的内容和经营管理上的需要，在账户的“借方”或“贷方”栏内再设置若干栏。它适用于明细项目较多，而且要求分项列出的明细账。例如，生产成本、制造费用、管理费用、财务费用、销售费用等明细账，通常采用借方多栏式格式（示例见表 7-10）；主营业务收入、营业外收入等明细账，通常采用贷方多栏式格式（示例见

表 7-11）；本年利润明细账可采用借贷方多栏式格式（示例见表 7-12）。

表 7-10　生产成本明细账

产品名称：　　　　　　　　　　　　（××企业）

20××年		凭证字号	摘要	借方					借方余额
月	日			直接材料	直接工资	其他直接支出	制造费用	合计	

表 7-11　主营业务收入明细账

20××年		凭证字号	摘要	贷方						借或贷	余额
月	日			产品销售	加工收入	……			合计		

表 7-12　本年利润明细账

20××年		凭证字号	摘要	借方								贷方					借或贷	余额
月	日			主营业务成本	管理费用	财务费用	销售费用	其他业务成本	税金及附加	……	合计	主营业务收入	其他业务收入	营业外收入	……	合计		

4. 横线登记式明细账

横线登记式明细账是采用横线登记，即将每一相关的业务登记在一行，从而可依据每一行各个栏目的登记是否齐全来判断该项业务的进展情况。这种格式适用于登记材料采购、在途物资、应收票据和一次性备用金业务。横线登记式明细账的示例如表 7-13 所示。

表7-13 其他应收款——备用金明细账

20××年		借方				20××年		贷方		
月	日	凭证字号	户名	摘要	金额	月	日	凭证字号	报销金额	金额

三、备查账的格式及登记方法

备查账是对主要账簿起补充说明作用的账簿，它没有固定的格式，一般根据各单位会计核算和经营管理的实际需要而设置，主要包括租借设备、物资的辅助登记、有关应收应付款项的备查簿、担保抵押品的备查簿等。

第四节　错账查找与更正

一、错账查找

在登记账簿的过程中，可能会发生各种各样的差错，产生错账，从而影响会计信息的准确性。出现错账的原因主要有两个：一是会计凭证填制错误，如记录内容有误、计算错误、会计科目错误、借贷方向错误、借贷金额有误；二是记账错误，如账簿记录出现重记、漏记、混记、错记等。错账查找的方法有以下四种。

（一）差数法

差数法是指按照错账的差数查找错账的方法。在记账过程中只登记了会计分录中的借方金额或贷方金额，漏记了另一方金额，使得试算平衡表中的借方合计与贷方合计不等。例如，借方金额遗漏，会使金额在贷方超出；贷方金额遗漏，会使金额在借方超出。对于这样的差错，可由会计人员通过回忆和与相关金额的记账核对来查找。

（二）尾数法

尾数法是指对于发生的差错只查找末位数，以提高查错效率的方法。这种方法适用于借贷方金额其他位数都一致，而只有末位数出现差错的情况。

（三）除2法

除2法是记账人员先计算出借方与贷方的差数，然后以差数除以2来查找错账的方法。当某个借方金额错记入贷方（或相反）时，出现错账的差数表现为错误的2倍，将此差数用2去除，得出的商即是反向（借方）漏记的金额。例如，应记入库存商品——甲商品明细账借方的3 000元误记入贷方，造成该明细账的期末余额将小于其总账期末余额6 000元，将差数除以2，得到的商3 000元就是借贷方向登记相反的金额，据此记账人员应查找有无将3 000元借方金额记入贷方的情况。除2法适用于记账方向记错的情况。

（四）除 9 法

除 9 法是记账人员先计算出借方与贷方的差数，然后以差数除以 9 来查找错账的方法。这种方法适用于查找将数字写小或写大、邻数颠倒造成的错误。

1. 将数字写小

例如，将 600 写成 60，错误数字小于正确数字 9 倍。查找的方法为：以差数 540 除以 9 得出的商 60 即为写错的数字，商乘以 10 即为正确的数字。

2. 将数字写大

例如，将 40 写成 400，错误数字大于正确数字的 9 倍。查找的方法为：以差数 360 除以 9 得出的商 40 即为正确的数字，商乘以 10 即为错误的数字。

3. 邻数颠倒

例如，将 740 写成 470，7 和 4 两个邻数颠倒。查找的方法为：以差数 270 除以 9 得出的商连续加 11，直到找出颠倒的数字为止。

二、错账更正

账簿记录发生错误应采用正确、规范的方法予以更正，不得任意刮擦、挖补、涂改或用褪色药水消除字迹，不得重新抄写。常用更正错账的方法有以下三种。

（一）划线更正法

划线更正法适用于结账前发现账簿记录有错，而记账凭证无错，即纯属文字或数字过账时的笔误及账簿数字计算错误等情况。更正方法是先在错误的文字或数字上划一红线加以注销，然后在红线上空白处用蓝黑笔做出正确记录，并由更正人员和会计机构负责人（会计主管人员）在更正处盖章，以明确责任。更正时，对划线注销的文字或数字，应保持原有字迹仍可辨认，以备查核；划线注销错误数字时，应划去整个错误数字，而不能只划其中几个错误的数码，如记账时误将数字 1865 记成 1856，则应将整个四位数字全部划去，再用蓝黑笔写上 1865，而不能只划去其中错误的部分数字“56”。

（二）红字更正法

红字更正法又称赤字冲账法或红笔订正法，这种方法适用于记账凭证填错，并据以登账而形成的错账。这种差错，无论在结账前还是在结账后发现，无论是分录所用科目错误还是金额错误，都可采用此种方法更正。红字更正法可分以下两种情况。

（1）如果记账后发现记账凭证上的应借、应贷科目发生错误，那么在更正时要先用红字（金额用红字，以下用带方框的数字表示红字）填制一张与原错误凭证完全相同的记账凭证，在“摘要”栏内注明“注销某月某日某号凭证错误”，并据以用红字登记入账，以冲销原记录；然后再用蓝黑字填制一张正确的凭证，在“摘要”栏内注明“更正某月某日某号凭证错误”，并据以登记入账。

[例题 7-1] 某企业生产车间为生产产品领用材料 3 000 元，填制凭证时，误作下列分录，并已登记入账。

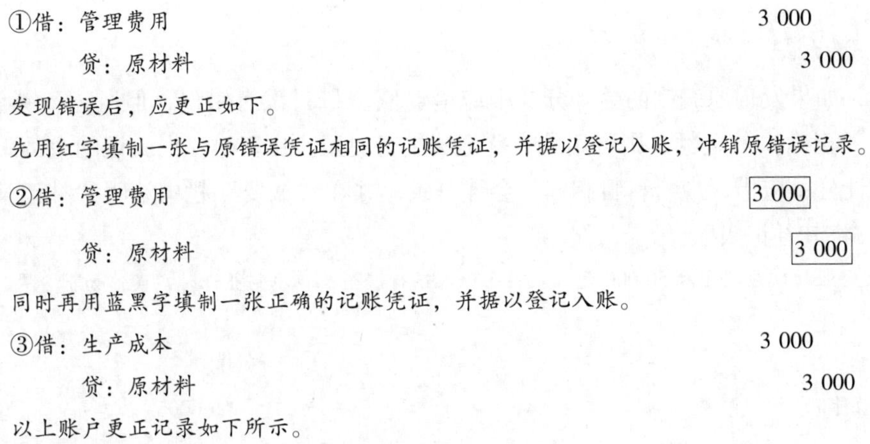

①借：管理费用　　3 000

　贷：原材料　　3 000

发现错误后，应更正如下。

先用红字填制一张与原错误凭证相同的记账凭证，并据以登记入账，冲销原错误记录。

②借：管理费用　　[3 000]

　贷：原材料　　[3 000]

同时再用蓝黑字填制一张正确的记账凭证，并据以登记入账。

③借：生产成本　　3 000

　贷：原材料　　3 000

以上账户更正记录如下所示。

账户更正（一）

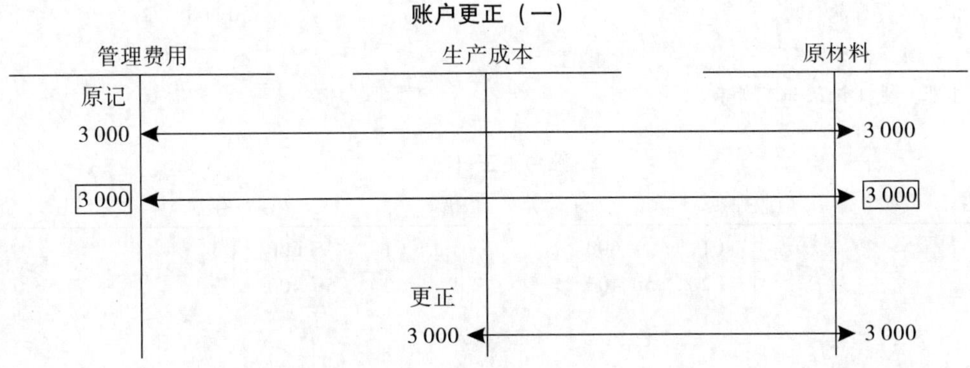

（2）如果记账后发现记账凭证上的应借应贷科目并没有错误，只是错误金额大于应记（正确）的金额，则更正时，可填制一张红字凭证，冲销多记的金额，在“摘要”栏中注明“冲销某月某日某号凭证多记金额”，并据以登记入账。

[例题7-2] 某企业收回应收账款48 000元，款项已存入银行，填制凭证时，误作如下分录，并已登记入账。

①借：银行存款　　84 000

　贷：应收账款　　84 000

发现错误后，应按多记金额，填制一张红字凭证进行更正，具体处理如下。

②借：银行存款　　[36 000]

　贷：应收账款　　[36 000]

以上账户更正记录如下所示。

账户更正（二）

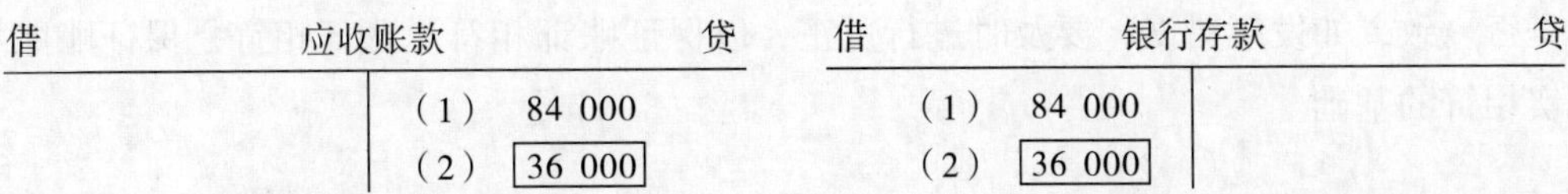

（三）补充登记法

在记账以后，如果发现原编制的会计分录中应借、应贷科目没有错误，但所记（错误）的金额小于应记（正确）的金额，则可用补充登记法进行更正。更正时，把少记的金额编制一笔与原编制会计分录应借、应贷科目相同的会计分录，并在“摘要”栏中注明“补记某月某日少记金额”，将其补记入账。

［例题7-3］某企业收回应收账款56 000元，款项已存入银行。企业在填制凭证时，误作如下分录，并已登记入账。

①借：银行存款　　5 600

　　贷：应收账款　　5 600

发现错误后，应按少记金额，填制一张记账凭证补充更正，具体处理如下。

②借：银行存款　　50 400

　　贷：应收账款　　50 400

以上账户更正记录如下所示。

账户更正（三）

借	应收账款	贷
	（1） 5 600	
	（2） 50 400	

借	银行存款	贷
（1） 5 600		
（2） 50 400		

第五节　对账和结账

为了总结一定时期的经济活动情况，单位必须定期进行对账和结账工作，以考核单位的经营成果。在会计工作中，“记账”“对账”“结账”是三个相互联系、不可分割的工作环节，忽略了任何一个环节都不可能充分发挥账簿的作用。因此，如果把“登记账簿”作为会计的一种专门核算方法来看，则应当完整地把它理解为记账、对账和结账的统一。

一、对账

对账就是核对账目，是对账簿记录所进行的核对工作。为了保证账簿记录的真实性、完整性和准确性，在记账后及结账之前，需要将账簿记录与有关数据进行核对，以保证账证相符、账账相符和账实相符。对账一般包括以下三个方面的内容。

（一）账证核对

账证核对就是将各种账簿记录与记账凭证及所附的原始凭证进行核对。这种核对主要是在日常编制记账凭证和记账过程中进行，核对账簿记录与凭证所记载的业务内容、金额和分录等是否一致，如发现错误，要及时进行更正，以保证账证相符。账证相符是保证账账相符和账实相符的基础。

（二）账账核对

账账核对就是将各种账簿之间的相关数字进行核对，做到账账相符。账账核对的主要内容包括以下几个方面。

1. 总分类账簿之间的核对

全部总分类账户的本期借方发生额合计数与本期贷方发生额合计数，期末借方余额合计数与贷方余额合计数相互核对相符。

2. 总分类账簿与所属明细分类账簿之间的核对

总分类账户各账户的期末余额应与其所属的各明细分类账户的期末余额之和核对相符。

3. 总分类账簿与序时账簿之间的核对

库存现金日记账、银行存款日记账的期末余额与库存现金、银行存款总分类账的期末余额核对相符。

4. 明细分类账簿之间的核对

会计部门有关财产物资明细账户的期末余额应与财产物资的保管或使用部门的明细分类账的期末结存余额核对相符。

（三）账实核对

账实核对是指各项财产物资、债权债务等账面余额与实有数额之间的核对。具体内容包括以下几个方面。

（1）库存现金日记账账面余额与现金实际库存额逐日核对是否相符。

（2）银行存款日记账账面余额与开户银行对账单余额定期核对是否相符。

（3）各种财产物资明细分类账账面余额与财产物资的实有数额定期核对是否相符。

（4）各种债权债务明细账面余额与有关债务、债权单位的账目余额核对是否相符。

在实际会计核算工作中，账实核对一般是通过财产清查进行的。财产清查是会计核算的一种专门方法，在第八章有专门说明。

二、结账

结账是一项将账簿记录定期结算清楚的会计工作。在一定时期结束时（如月末、季末或年末），为了编制财务报表，单位需要结账，具体包括月结、季结、半年结和年结。结账的内容通常包括两个方面：一是结清各种损益类账户，并据以计算确定本期利润；二是结出各资产、负债和所有者权益账户的本期发生额合计和期末余额。

（一）结账的程序

结账工作主要包括以下程序和内容。

1. 将本期所发生的经济业务全部计入有关账簿

计入时既不能提前结账，也不能将本期发生的业务延至下期登账。

2. 按权责发生制要求调整和结转有关账项

对于归属于本期的应计费用和预付费用，无论其款项是已付、未付还是预付，期末都按规定的标准调整计入本期费用；对于归属于本期的应计收入和预收收入，无论其款项已收、未收还是预收，期末也应按规定的标准确认，调整计入本期收入。

3. 结平所有损益类账户

计算本期发生的收入类、费用类账户余额，将这些损益类账户余额转入“本年利润”账户，以正确计算和确定企业的最终财务成果。

4. 计算并记录各账户的本期发生额和期末余额

结算出资产、负债和所有者权益账户的本期发生额和期末余额，并结转下期。

（二）结账的方法

根据会计分期的不同，结账工作相应可在月末、季末、半年末和年末进行。根据不同的账户记录，分别采用不同的结账方法。

（1）不需要按月结计本期发生额的账户，如各种应收应付款明细账和各种财产物资明细账等，每次记账后，都要随时结出余额，每月最后一笔余额即为月末余额。也就是说，月末余额就是本月最后一笔经济业务的同一行内的余额。月末结账时，只需要在最后一笔经济业务记录之下划通栏单红线，不需要再结计一次余额。划线的目的，是为了突出有关数字，表示本期的会计记录已经截止或者结束，并将本期与下期记录明显分开。

（2）库存现金、银行存款日记账和需要按月结计发生额的收入、费用等明细账，每月结账时，要在最后一笔经济业务记录下面划通栏单红线，结出本月发生额和余额，在“摘要”栏内注明“本月合计”字样，在下面再划通栏单红线。

（3）需要结计本年累计发生额的某些明细账户，每月结账时，应在“本月合计”行下结出自年初起至本月末止的累计发生额，登记在月份发生额下面，在“摘要”栏内注明“本年累计”字样，并在下面再划通栏单红线。12 月末的“本年累计”就是全年累计发生额，全年累计发生额下面应划通栏双红线。

（4）总账账户平时只需结出月末余额，不需要结计本月发生额。年终结账时，为了反映全年各项资金运动情况的全貌，核对账目，要将所有总账账户结出全年发生额和年末余额，在“摘要”栏内注明“本年合计”字样，并在合计数下划通栏双红线。

（5）年度终了时，有余额的账户，要将其余额结转下年。结转的方法是将账户余额直接记入新账户的“余额”栏内，并在“摘要”栏注明“结转下年”的字样，在次年新建有关账户第一行“余额”栏填上上年结转的余额，并在“摘要”栏内注明“上年结转”的字样，不需要编制记账凭证，也不需要将余额再记入本年账户的借方或贷方，使本年有余额的账户的余额变为零。

三、账簿的更换与保管

账簿的更换通常在新会计年度建账时进行。总账、日记账和多数明细账应每年更换一次，有些明细账，如固定资产明细账（卡片）等可以连续使用，不必每年更换。备查账簿可以连续使用。

各种账簿同会计凭证及财务报表一样，都是重要的经济档案，必须按照《会计档案管理办法》的规定保存，不得丢失和任意销毁，以保证账簿的安全和会计资料的完整。年度终了，将各种活页账簿连同账簿启用和经管人员一览表装订成册，加上封面，统一编号，与各种订本式账簿一起归档保管。会计账簿暂由本单位财务会计部门保管一年，期满后，由本单位财务会计部门编造清册移交本单位档案部门保管。档案部门保管期满后，由财务会计部门和档案部门共同鉴定，按照规定的审批程序报经批准后，再行销毁。

练习题

一、单项选择题

1. 下列账户的明细账采用三栏式账页的是（　）。

A. 管理费用　B. 销售费用　C. 库存商品　D. 应收账款

2. 从银行提取现金，登记库存现金日记账的依据是（　）。

A. 库存现金收款凭证　B. 银行存款付款凭证

C. 银行存款收款凭证　D. 备查账

3. 某会计人员登账时，误将600元填写为6 000元，而记账凭证没有错误，则采用（　）更正。

A. 红字更正法　B. 补充登记法　C. 划线更正法　D. 除9法

4. 库存现金和银行存款日记账，根据有关凭证应（　）。

A. 逐日逐笔登记　B. 逐日汇总登记　C. 定期汇总登记　D. 一次汇总登记

5. 多栏式明细账一般适用于（　）。

A. 收入费用类账户　B. 所有者权益类账户　C. 资产类账户　D. 负债类账户

6. 银行存款日记账和银行对账单核对属于（　）。

A. 账证核对　B. 账账核对　C. 账实核对　D. 账表核对

7. 从账簿的用途来看，租入固定资产登记账簿属于（　）。

A. 序时账簿　B. 分类账簿　C. 备查账簿　D. 订本式账簿

8. 下列做法错误的是（　）。

A. 库存现金日记账采用三栏式账簿　B. 库存商品明细账采用数量金额式账簿

C. 生产成本明细账采用三栏式账簿　D. 制造费用明细账采用多栏式账簿

9. 账簿中书写的文字和数字一般应占格距的（　）。

A. 1/2　B. 1/3　C. 2/3　D. 3/4

10. 下列账户中不具有对应关系的是（　）。

A. “银行存款”账户和“应交税费”账户

B. “固定资产”账户和“销售费用”账户

C. “本年利润”账户和“利润分配”账户

D. “预收账款”账户和“主营业务收入”账户

二、多项选择题

1. 登记明细分类账的依据可以是（　）。

A. 原始凭证　B. 汇总原始凭证　C. 记账凭证　D. 经济合同

2. 数量金额式明细分类账的账页格式一般适用于（　　）。

A. 库存商品明细账　　B. 应交税费明细账

C. 应付账款明细账　　D. 原材料明细账

3. 银行存款日记账是由出纳人员根据（　　）逐日逐笔登记的。

A. 现金收款凭证　　B. 现金付款凭证

C. 银行存款收款凭证　　D. 银行存款付款凭证

4. 账簿按其外表特征分类，可以分为（　　）账簿。

A. 三栏式　　B. 订本式　　C. 卡片式　　D. 活页式

5. 必须采用订本式账簿的是（　　）。

A. 库存现金日记账　　B. 固定资产明细账

C. 银行存款日记账　　D. 管理费用总账

6. 可用于更正因记账凭证错误而导致账簿登记错误的错账更正方法有（　　）。

A. 划线更正法　　B. 红字更正法　　C. 补充登记法　　D. 顺查法

7. 通常情况下，结账工作一般包括（　　）。

A. 季结　　B. 半年结　　C. 月结　　D. 年结

8. 下列对账工作中，属于账账核对的有（　　）。

A. 银行存款日记账与银行对账单核对

B. 应收应付款明细账与债务债权人账项核对

C. 财产物资明细账与财产物资保管部门的明细账核对

D. 现金日记账余额与现金总账余额核对

9. 下列各账户中，只需要提供金额核算指标的是（　　）。

A. “实收资本”账户　　B. “原材料”账户

C. “库存商品”账户　　D. “短期借款”账户

三、判断题

1. 任何单位都必须设置总分类账。(　)

2. 由于记账凭证错误而造成的账簿记录错误，可采用划线更正法进行更正。(　)

3. 会计账簿作为重要的经济档案，因保存期长，必须使用蓝色或黑色的墨水书写。(　)

4. 账证核对，是将账簿记录与原始凭证进行核对。(　)

5. 企业的序时账簿和分类账簿必须采用订本式账簿。(　)

6. 红色墨水仅限于结账、划线更正时使用。(　)

7. 生产成本明细账一般采用借方多栏式明细账页格式。(　)

8. 现金日记账的账页格式均为三栏式，而且必须使用订本账。(　)

9. 企业年终结账时，有余额的账户，应将其余额直接记入次年新账“余额”栏内，不需要编制记账凭证。(　)

10. 账簿记录正确并不一定保证账实相符。(　)

四、简答题

1. 什么是账簿？它在会计核算中有哪些意义？

2. 账簿按用途分类，可分为哪几类？

3. 订本式账簿、活页式账簿和卡片式账簿各有什么利弊?

4. 总分类账、库存现金日记账和材料明细分类账一般应采用什么账页格式账簿?

5. 明细分类账的主要格式可归纳为哪几种?

6. 简述各种错账更正方法的适用性。

7. 什么是对账?对账工作包括哪些内容?

8. 什么是结账?结账工作包括哪些内容?

五、核算题

1. 练习日记账与总分类账的登记。

资料:广发公司 2019 年 6 月 1 日各总分类账户余额如表 7-14 所示。

表 7-14 总分类账户余额表

账户	借方余额	账户	贷方余额
银行存款	15 000	短期借款	15 000
库存现金	200	应付账款	20 000
预付账款	800	应付职工薪酬	4 500
原材料	50 000	应交税费	51 200
生产成本	25 000	其他应付款	3 000
其他应收款	500	实收资本	250 000
库存商品	58 000	资本公积	20 000
固定资产	300 000	盈余公积	46 000
无形资产	73 200	本年利润	43 000
利润分配	20 000	累计折旧	90 000
合计	542 700	合计	542 700

要求:

(1) 开设总分类账户,登记期初余额;

(2) 根据第六章实务题所编制的记账凭证,登记有关的总分类账,并结出各账户本期发生额及月末余额;

(3) 设置银行存款日记账(三栏式),登记期初余额;根据第六章实务题所编制的收付款凭证登记库存现金和银行存款日记账。

2. 练习错账的更正方法。

(1) 以银行存款 1 650 元购买材料,增值税税额(进项税额)为 214.50 元,材料已验收入库,原编记账凭证的会计分录如下,并已登记入账。

借:原材料 1 560.00

应交税费——应交增值税(进项税额) 214.50

贷:银行存款 1 774.50

(2) 本月应计提车间用固定资产折旧 10 000 元,原编记账凭证的会计分录如下,并已登记入账。

借：生产成本　　12 000

　　贷：累计折旧　　12 000

(3) 本月生产产品领用材料25 600元，原编记账凭证的会计分录如下，并已登记入账。

借：生产成本　　26 500

　　贷：原材料　　26 500

(4) 以现金120元购买办公用品，原编记账凭证的会计分录如下。

借：管理费用　　120

　　贷：库存现金　　120

登账时误记为102元。

(5) 结转本期主营业务收入480 000元，原编记账凭证的会计分录如下。

借：本年利润　　480 000

　　贷：主营业务收入　　480 000

(6) 以现金200元支付车间零星修理费，编制记账凭证的会计分录如下。

借：制造费用　　200

　　贷：库存现金　　200

登账时借方误记入“生产成本”账户。

要求：根据上述资料，按错账更正方法进行更正。

第八章　财产清查

第一节　财产清查概述

一、财产清查的意义

（一）财产清查的概念

财产清查是指对各项财产进行实地盘点和核对，查明财产物资、货币资金和结算款项的实存数额，确定其账面结存数额和实际结存数额是否相符的一种专门方法。

保证会计信息的真实性是会计核算工作最基本的原则，也是单位经济管理对会计核算的客观要求。在日常会计核算中，虽然运用凭证、账簿对财产的增减变动进行了连续、系统、完整的反映和登记，并对账簿上所登记的内容，从账证是否相符和账账是否相符两个方面进行了审核，可以在一定程度上保证账簿记录本身的正确性，但这并不能完全说明账簿所记录的所有资料就是客观、真实、正确、完整的。由于种种原因，各单位在账簿中所记录的资料与其财产的实际状况往往会存在一定差异，使得财产物资的账面数额同实际数额产生不符的情况。例如，在财产物资的保管过程中发生了自然损耗；由于计量、检验不准确，或由于管理不善及工作人员失职造成财产物资的短缺、变质和毁损等。为保证会计账簿记录的真实与正确，必须在账簿记录的基础上，运用财产清查这一会计核算方法，对单位的各项财产进行定期或不定期的清查，使账簿记录与实存数额一致，保证核算资料的完整性与真实性。

（二）财产清查的意义

财产清查作为会计核算的专门方法，对于保证会计信息的真实可靠，改善经营管理、提高管理水平，具有十分重要的意义。财产清查的意义主要体现在以下几个方面。

1. 保证账实相符，保证会计信息的真实可靠

通过财产清查，使得会计账簿上所记录的财产种类和数量同它反映的实物对象保持一致，这对于会计职能的发挥起到重要的作用。通过清查，可以确定各项财产物资的实存数额，并查明各项财产物资账存数额与实存数额是否相符。若不符，则可以查找原因，并追究有关人员的责任，同时调整账面记录，保证账实相符，从而保证会计信息真实可靠。

2. 保护财产的安全和完整

通过财产清查，可以确定账簿记录的财产情况和实际财产情况是否一致，从中发现各种问题。若发现存在账实不符的情况，除及时调整账簿记录外，还要进一步查明原因，进行适当的处理。若属于管理制度不健全、不完善造成的财产短缺或损失，则应当进一步完善财产的管理制度，杜绝弊端；若属于管理人员责任心不强，收发计量不严格造成的差错，则应当加强对管

理人员的教育，制定相关的责任制度，严格管理；若属于贪污和盗窃行为造成的财产损失，则应当采取必要的法律手段，移交司法机关进行处理，从而保证单位财产的安全和完整。

3. 加速资金周转，提高资金使用效益

通过财产清查可以查明各项财产的分布及使用情况，及时发现财产有无超储积压、冷背呆滞等现象，并采取相应的措施。对于分布不合理的财产应当进行必要的调整；对于使用无效益或效益较差的财产应当挖掘潜力，提高其使用效益；对于超储积压和冷背呆滞的产品应当及时处理，使得各项财产充分发挥其作用，避免损失浪费，做到物尽其用，加速单位资金的周转，提高资金使用效益。

二、财产清查的种类

财产清查按照不同的标准和要求可以分为不同种类。

（一）按财产清查的范围分类

财产清查按清查对象范围的不同，可以分为全面清查和局部清查两种。

1. 全面清查

全面清查是对单位所有的财产物资进行全面的盘点和核对。全面清查范围较广，清查的财产不仅包括本单位所有的财产，还包括受其他单位委托代管的各项财产。以制造企业为例，企业全面清查的具体内容包括以下几个方面：

（1）全部固定资产、原材料、在产品、库存商品等物资；

（2）全部货币资金，如库存现金、银行存款等；

（3）各种结算资金，如各种应收、应付、预收、预付款项；

（4）各种在途材料、在途商品和在途物资等；

（5）各种受托代管财产和委托其他单位加工、保管的财产等。

由于全面清查范围广、内容多、工作量大、牵扯部门多、花费时间长，因此这种清查一般在年终决算以前，单位合并、撤销或改变隶属关系，单位主要负责人调离工作以及开展清产核资等情况下才进行。

2. 局部清查

局部清查是根据需要对单位一部分财产物资进行盘点和核对。鉴于全面清查的内容多、工作量较大，进行一次清查所需时间比较长等特点，对于一些必要的财产，企业还要进行局部清查。局部清查一般在以下几种情况下进行：

（1）对于流动性较大的财产，如原材料、在产品、库存商品等除在年度决算前进行全面盘点外，每月、每季都应当进行必要的抽查和轮流盘点；

（2）对于贵重的财产，每月至少要清点一次；

（3）对于应收、应付等债权、债务，每年至少核对 1 次；

（4）对于库存现金，应由出纳人员在每日业务终了，于当日清点一次；

（5）对于银行存款和银行借款，应当每月同银行核对一次；

(6) 对于固定资产和在建工程等财产，可根据需要进行清查。

以上所列举的清查内容是在单位正常的情况下为保证账实相符而进行的必要清查。除此之外，单位在发生意外事故（如被盗）、自然灾害和更换有关管理人员时，也应当对有关财产进行局部清查，以确保账实相符，保证单位财产的安全与完整。

(二) 按财产清查的时间分类

财产清查按照清查的时间不同，可以分为定期清查和不定期清查。

1. 定期清查

定期清查是指按照预先计划安排的时间对财产物资所进行的清查。这种清查通常在月末、季末、年终结账时进行，其清查财产的范围可根据实际需要而决定。清查的内容既可以是全面清查，也可以是局部清查。一般情况下，企业在会计年度终了进行年度决算以前，应当对财产物资进行全面的盘点和核对，实施全面清查；在月末和季末对贵重财产以及库存现金和银行存款等进行盘点和抽查，实施局部清查。

2. 不定期清查

不定期清查是指根据实际需要，事前不规定清查的时间而临时实施的财产清查。不定期清查同定期清查一样，其清查范围可以是全部财产，也可以是部分财产，这要根据实际情况来决定。不定期清查的时间可临时决定，不必事前做出计划。一般来说，不定期清查在以下几种情况下进行：

(1) 更换财产和库存现金的保管人员；

(2) 财产物资遭受自然灾害或意外损失；

(3) 单位合并、撤销或改变隶属关系；

(4) 上级主管、财政、审计、银行等部门对企业进行会计检查等。

(三) 按照清查的执行系统分类

财产清查按清查的执行系统分类，可分为内部清查和外部清查。

1. 内部清查

内部清查是指由本单位内部自行组织清查工作小组所进行的财产清查工作。大多数财产清查都是内部清查。

2. 外部清查

外部清查是指由上级主管部门、审计机关、司法部门、注册会计师根据国家有关规定或情况需要对本单位所进行的财产清查。一般来说，进行外部清查时应有本单位相关人员参加。

三、财产清查前的准备工作

财产清查是一项复杂而细致的工作，其涉及面广、需要人员多、操作时间长，因此，企业在财产清查前应做好各方面的准备工作，协调各方力量，有计划、有步骤地进行。

(一) 财产清查前的组织准备

根据财产清查的范围和任务建立相应的财产清查组织，配备必要的财产清查人员。一般来说，企业在进行财产清查时，因为涉及的清查范围广、牵扯部门多、业务量大，所以应当在总会计师及单位负责人的领导下，建立由领导干部、有关职能部门主管人员、会计人员、技术人员、实物保管人员等组成的财产清查组织。该组织的任务是根据财产清查的管理制度及有关部门的要求拟定财产清查的具体步骤，确定清查的对象和范围，制定财产清查的详细工作方案，包括时间安排、清查步骤、清查方法、人员组织等内容。在清查过程中，财产清查人员要及时掌握工作进度，检查和督促清查工作，研究和解决清查中出现的问题，并在清查结束后编写清查总结报告。

（二）财产清查前的业务准备

为了保证清查工作的顺利进行，企业要做好清查前的各项业务准备工作。

1. 准备账簿

会计人员应在财产清查之前将所有发生的经济业务全部登记入账，结出账户余额，并认真核对各有关账簿记录，保证账证相符、账账相符。

2. 核对往来款项

在财产清查进行之前，会计人员除将所有经济业务登记入账以外，还要对有关往来款项实施必要的核对，取得相应的资料，如银行存款应取得银行方面的对账单。

3. 整理实物

在清查前要将准备清查的各项财产物资整理清楚，排列整齐，贴上标签，并标明各种实物的名称、编号、类别、规格、数量等，以便于清查时进行核对。

4. 准备计量器具

清查前一定要准备各种度量衡器具，并核验准确，以备清查使用。

5. 其他方面的准备

除准备上述物品之外，还应当根据清查的内容和要求准备其他需用之物，如各种账表、记录用具等。

第二节　存货盘存制度和发出存货计价

一、存货盘存制度

存货盘存制度是指确定企业在某一时日存货数量的方法。科学而适用的存货盘存制度，有利于财产清查工作的顺利进行。存货物资的盘存制度有两种，即永续盘存制和实地盘存制。

（一）永续盘存制

永续盘存制又称账面盘存制，是指通过设置存货明细账户，对各项财产的增加数和减少数，平时都要根据会计凭证，在有关账簿记录中进行连续登记，并随时在账簿上结算出各种财产的账面结存数量和结存金额的一种方法。采用这种方法的具体做法是：收入和发出某项财产时，应根据有关会计凭证及时将收入数和发出数（包括收发的数量和金额）登记在相应的明细账簿的“收入”栏和“发出”栏内，并及时结出收入与发出所引起的该项财产的结存数额，将该数额登记在账簿的“结存”栏内。收入和发出财产后，该项财产结存数额的计算公式如下：

结存数额＝原结存数额＋收入数额－发出数额

各项财产的期末余额同样也可以在账面上依据下面的公式直接计算出来：

期末余额＝期初余额＋本期增加金额－本期减少金额

采用永续盘存制，存货收入、发出以及结存情况在账面上能得到全面、完整和连续的反映。在各种存货明细账中，可以随时反映出每一种存货的收发存情况，并能从数量和金额两方面对存货进行反映和控制，这有利于掌握财产物资的动态状况，对加强财产物资管理、挖掘财产潜力、保证财产的安全完整都起到了重要的作用。永续盘存制的不足之处是，存货明细分类核算的工作量较大，需要较多的人力和物力，而且不能避免账实不符情况的发生。为了保证会计信息的真实可靠，为了进一步完善各种管理制度，切实保证单位财产的安全完整，企业必须实施必要的实物盘点。

（二）实地盘存制

实地盘存制又称定期盘存制，是指定期或在期末通过对现场实物的清点，来确定各项财产物资的期末结存数量，从而计算出发出数量和金额以及结存金额的一种方法。这种盘存制度对于各项财产的增减变动，平时只根据会计凭证在有关账簿中登记增加数（包括增加数量和金额），不登记减少数；到月末，再根据实地盘点的财产物资实存数量倒挤出其减少数（盘存计耗或盘存计销），并据以在有关账簿中进行登记。采用实地盘存制的具体做法是：对于某项财产的增减变动，平时只依据会计凭证将增加数量和金额登记在相应账簿的“收入”栏内，至于该项财产物资的减少数，则不在账簿中逐笔登记，而是到结账时（一般为月末）根据实地盘点的数量作为账存数量，计算结余金额，作为账存金额。本期减少数可按下面的公式倒挤出来：

本月减少数＝期初结存＋本期增加数－期末实存数

会计人员将计算出来的发出数量和金额以及期末结存金额记入相关账簿的“支出”栏和“结存”栏。

采用实地盘存制，由于平时不在账簿中登记财产物资的减少数，所以大大减少了会计核算的工作量。但是，由于通过盘存计销或计耗来登记减少数，手续不够严密，反映出来的数字不一定很精确和真实。同时，由于账簿上一般不登记财产物资的发出数，因而无法及时、准确地了解财产物资的增减变动情况，再加上采用倒挤法确定减少数，也会把财产物资的短缺损失等记入消耗之中，从而不利于加强财产物资管理和保护财产的安全与完整。所以，实地盘存制有其局限性，应当同永续盘存制结合使用，切实做到账实相符。

二、发出存货计价

企业应根据各类存货的实物流转方式、企业管理的要求、存货的性质等实际情况，合理确定发出存货的计价方法，以确定发出存货的实际成本。对于性质和用途相同的存货，应当采用相同的成本计算方法确定发出存货的成本。企业在确定发出存货的成本时，可以采用的方法有先进先出法、月末一次加权平均法、移动加权平均法和个别计价法。

（一）先进先出法

先进先出法是指以先购入的存货先发出（销售或耗用）这一存货实物流动假设为前提，对发出存货进行计价的一种方法。采用这种方法，先购入的存货在后购入存货成本之前转出，据此确定发出存货和期末存货的成本。

[例题8-1] M公司A种材料2019年6月期初结存数额为2 000千克，材料单价为每千克2.50元。该月发生的收发材料业务登记在原材料明细账上，如表8-1所示。

表8-1　原材料明细账

材料名称：A材料

2019年		摘要	收入			发出			结存		
月	日		数量（千克）	单价（元）	金额（元）	数量（千克）	单价（元）	金额（元）	数量（千克）	单价（元）	金额（元）
6	1	期初结存							2 000	2.50	5 000
	9	购进	1 000	2.80	2 800				2 000 1 000	2.50 2.80	7 800
	15	领用				2 000 200	2.50 2.80	5 560	800	2.80	2 240
	20	购进	1 500	3.00	4 500				800 1 500	2.80 3.00	6 740
	25	领用				800 1 200	2.80 3.00	5 840	300	3.00	900
6	30	本月合计	2 500		7 300	4 200		11 400	300	3.00	900

存货采用先进先出法计价，可以随时结转存货发出成本，但是，当存货收发业务较多且存货单价不稳定时，核算工作量较大。在物价持续上升时，期末存货成本接近于市价，而发出存货成本偏低，会高估企业当期利润和库存存货价值；反之，则会低估存货价值和当期利润。

（二）月末一次加权平均法

月末一次加权平均法是指以本月全部进货数量加上月初存货数量作为权数，去除本月全部进货成本加上月初存货成本，计算出存货的加权平均单位成本，以此为基础计算本月发出存货的成本和期末存货成本的一种方法。计算公式如下：

$$加权平均单位成本=\frac{月初结存存货成本+本月收入存货成本}{月初结存存货数量+本月收入存货数量}$$

$$本月发出存货成本=本月发出存货数量\times加权平均单位成本$$

期末结存存货成本＝期末结存存货数量×加权平均单位成本

或者，

期末结存存货成本＝期初结存存货成本＋本月收入存货成本－本月发出存货成本

[例题8-2] 沿用例题8-1资料，采用月末一次加权平均法，计算M公司2019年6月发出A材料的成本。

$$加权平均单位成本 = \frac{5\ 000 + (2\ 800 + 4\ 500)}{2\ 000 + (1\ 000 + 1\ 500)} = 2.73(元)$$

本月发出A材料成本＝2.73×4 200＝11 466（元）

期末结存A材料成本＝5 000＋7 300－11 466＝834（元）

存货采用月末一次加权平均法计价，只有在月末才计算存货的加权平均单位成本，计算工作量较小，有利于简化成本计算工作，但由于平时无法从账上提供发出和结存存货的单价及金额，因此这种计价方法不利于存货成本的日常管理与控制。

（三）移动加权平均法

移动加权平均法是指以每次进货的成本加上原有库存存货的成本，除以每次进货的数量加上原有库存存货的数量，据以计算加权平均单位成本，作为在下次进货前计算各次发出存货成本依据的一种方法。计算公式如下：

$$移动加权平均单位成本 = \frac{原有库存存货成本 + 本次收入存货成本}{原有库存存货数量 + 本次收入存货数量}$$

本次发出存货成本＝本次发出存货数量×移动加权平均单位成本

期末结存存货成本＝期末结存存货数量×移动加权平均单位成本

或者，

期末结存存货成本＝原有库存存货成本＋本次收入存货成本－本次发出存货成本

[例题8-3] 沿用例题8-1资料，采用移动加权平均法，计算M公司2019年6月发出A材料的成本，如表8-2所示。

（1）6月9日：

$$A材料加权平均单位成本 = \frac{5\ 000 + 2\ 800}{2\ 000 + 1\ 000} = 2.60（元）$$

（2）6月15日：

发出A材料成本＝2.60×2 200＝5 720（元）

（3）6月20日：

$$A材料加权平均单位成本 = \frac{2\ 080 + 4\ 500}{800 + 1\ 500} = 2.86（元）$$

（4）6月25日：

发出A材料成本＝2.86×2 000＝5 720（元）

（5）6月30日：

期末库存A材料成本＝5 000＋7 300－11 440＝860（元）

表8-2　原材料明细账

材料名称：A材料

2019年		摘要	收入			发出			结存		
月	日		数量（千克）	单价（元）	金额（元）	数量（千克）	单价（元）	金额（元）	数量（千克）	单价（元）	金额（元）
6	1	期初结存							2 000	2. 50	5 000
	9	购进	1 000	2. 80	2 800				3 000	2. 60	7 800
	15	领用				2 200	2. 60	5 720	800	2. 60	2 080
	20	购进	1 500	3. 00	4 500				2 300	2. 86	6 580
	25	领用				2 000	2. 86	5 720	300	2. 86	860
6	30	本月合计	2 500		7 300	4 200		11 440	300	2. 86	860

存货采用移动加权平均法计价，可随时计算发出存货成本和期末结存存货成本，这样就能使企业管理当局及时了解存货的结存情况，有利于对存货进行日常控制。但是，由于采取这种方法是每取得一批存货就要计算一次新的加权平均单位成本，因此计算工作量较大，对存货收发频繁的企业不适用。

（四）个别计价法

个别计价法又称个别认定法、具体辨认法、分批实际法等，是指每次发出存货的成本按其购入或生产的实际成本分别计价的方法。采用个别计价法需要逐一辨认各批发出存货和期末存货所属的购进批次或生产批别，分别按其购入或生产时所确定的单位成本计算各批发出存货和期末存货成本。

[**例题8-4**] 沿用例题8-1资料，假定M公司在6月15日发出的2 200千克A材料中有1 200千克系期初结存存货，1 000千克系6月9日购进存货，则按个别计价法计算6月15日发出A材料的成本。

发出A材料的成本 =1 200×2. 50 +1 000×2. 80 =5 800（元）

存货采用个别计价法计价，确定的存货成本金额最为准确，符合存货实际情况。但是，在存货收发频繁的情况下，发出存货成本的分辨工作量较大。因此，个别计价法适用于容易辨认、品种数量不多且单位成本较高的存货计价。

第三节　财产清查的方法

各单位的财产物资由于其类别、用途、使用性能、存放地点、存放方式以及数量多少的不同，决定了其财产清查的方法也不尽相同。为了查明各项财产物资的实存数额，确保做到账实相符，完成财产清查任务，会计人员应当掌握各种财产清查的具体方法。

一、货币资金的清查

（一）库存现金的清查

1. 库存现金清查的要求

库存现金的清查是指对单位库存现金（包括各种有价证券）所实施的清查。库存现金和各种有价证券是单位重要的流动资产，清查时应着重注意以下几点要求。

（1）现金清查前，必须将所有的现金业务登记入账。

（2）现金清查的时间一般以一天业务开始前或一天业务结束后为宜。

（3）现金清查方式一般以突击检查为好。

（4）现金清查必须要有出纳人员在场。

2. 库存现金清查的技术方法

库存现金清查的技术方法应采用实地盘点法。库存现金是一个单位重要的货币资金，应当切实查明其账存数与实存数是否相符，保证库存现金的安全和完整。另外，通过库存现金的清查，还应当考察现金管理制度的执行情况，检查被清查单位是否制定有关现金的管理和核算制度，是否执行钱账分管的内部牵制制度，是否按规定控制现金的开支范围，是否按规定执行现金限额；检查被清查单位现金收支手续是否严密，是否及时反映库存现金等情况。

3. 库存现金清查的程序

（1）实地盘点，核对账簿。现金清查时，应当运用实地盘点法，对库存现金和各种有价证券进行盘点，盘点时注意必须要有出纳人员在场，不得以“白条”抵充库存现金。清查人员还要将清查的库存现金实存数额与单位库存现金日记账的账面余额进行核对，查明现金的盘盈、盘亏等情况。

（2）登记现金盘点报告表。清查人员在盘点结束后，应当根据盘点和核对的结果，登记现金盘点报告表。现金盘点报告表是反映现金实存数额的重要证据，同时也是分析账存数、实存数之间差额的原始依据。现金盘点报告表的一般格式如表 8-3 所示。

表 8-3　现金盘点报告表

单位名称：　　　　　　　　　　　　＿＿年＿月＿日

实存金额	账存金额	对比结果		备注
		盘盈	盘亏	

盘点人：（签章）　　　　　　　　　　　　　　　　出纳员：（签章）

（二）银行存款的清查

1. 银行存款清查的要求

（1）银行存款清查前要检查有关银行存款的经济业务是否已全部登记入账。

（2）清查时既要注意对金额的核对，又要注意核对银行结算凭证种类，避免因金额相同、结算凭证不同而发生对账过程中的错误。

（3）清查时注意对未达账项的调整。

（4）银行存款的清查应当编制银行存款余额调节表。

2. 银行存款清查的技术方法

银行存款同库存现金一样是单位货币资金的重要组成部分，它是每个单位进行正常经营活动的重要保证。对银行存款的清查应当采用核对账目的方法，也就是将单位银行存款日记账的账簿记录同银行转来的对账单逐笔进行核对，以确定银行存款的实有数额。

3. 银行存款清查的程序

（1）检查、核对账簿记录。在银行存款账目核对前，被清查单位应当先对银行存款日记账的正确性和完整性依据会计凭证进行细致的检查，在确认无误后，再根据开户银行转来的对账单，同单位的银行存款日记账进行逐笔核对，以确定双方账簿记录的正确性。开户银行转来的对账单，是银行方面登记本企业关于单位银行存款业务的增加额、减少额和结存额的详细记录，清查人员应当逐日逐笔认真核对。

（2）确认未达账项。清查人员经过核对单位银行存款日记账与开户银行方面转来的对账单，可能会发现双方的记录不一致，这不能说明双方的账簿记录一定就有错误，很可能是由于未达账项造成的。未达账项是指在单位和银行之间，由于结算凭证传递时间的不同，造成双方在记账时间上的不一致，形成一方已经记账、另一方尚未记账的款项。由于未达账项的存在，可能双方记账均无错误，而使得单位银行存款日记账上的余额同银行对账单上的银行存款余额产生不一致。这时，清查人员应先确认哪些事项属于未达账项，然后进行必要的账项调整。未达账项可分为以下四种情况。

①单位已收款入账，而银行尚未收款入账的款项。

②单位已付款入账，而银行尚未付款入账的款项。

③银行已收款入账，而单位尚未收款入账的款项。

④银行已付款入账，而单位尚未付款入账的款项。

在第①和第④两种情况下，单位银行存款日记账上的余额会大于银行对账单上的余额；而在第②和第③两种情况下，单位银行存款日记账上的余额会小于银行对账单上的余额。单位银行存款日记账余额与银行对账单余额之间的关系可按下列公式进行计算：

单位银行存款日记账余额＋银行已收单位未收的款项－银行已付单位未付的款项＝
银行对账单余额＋单位已收银行未收的款项－单位已付银行未付的款项

（3）编制银行存款余额调节表。由于未达账项的存在，一定日期单位的银行存款日记账余额可能大于或小于银行转来的对账单上的余额。在银行存款的清查过程中，清查人员应根据确认的未达账项，编制银行存款余额调节表，从而确定双方记账有无差错。若经过余额调节，双方余额相等，说明双方记账一致；若经过调节双方余额仍不相等，就说明账簿记录有差错，应进一步查明原因，更正错误。银行存款余额调节表的一般格式如表 8-4 所示。

[例题 8-5] 假定某企业 2019 年 6 月末的银行存款日记账上的余额为 81 300 元，银行方面转来的对账单上列示的企业银行存款余额为 83 700 元，经清查人员仔细核对，发现下列未达账项。

①开出转账支票一张，金额 400 元，企业已记银行存款减少，持票人尚未到银行办理转账。

②收到转账支票一张，金额 700 元，送存银行，企业已记银行存款增加，而银行尚未入账。

③企业委托银行托收的3 200元货款，银行已收并登记入账，而企业尚未入账。

④银行为企业支付电费500元，已记银行存款减少，而企业尚未入账。

根据上述未达账项，编制银行存款余额调节表如表8-4所示。

表8-4 银行存款余额调节表

2019年6月30日 单位：元

项目	金额	项目	金额
企业银行存款账面余额	81 300	银行对账单的存款余额	83 700
加：银行已代收的销货款	3 200	加：存入的转账支票	700
减：银行已代扣的电费	500	减：已开出尚未转账的支票	400
调节后余额	84 000	调节后余额	84 000

通过表8-4的计算调整，企业与银行方面的余额是相等的，说明双方关于银行存款的账簿记录是一致的。银行存款余额调节表的编制，一般是通过对银行和企业双方未登记事项进行补充登记的办法来进行。另外，也可以通过企业和银行双方未登记事项在已登记的一方余额中予以冲销的办法来进行。虽然调节的方法不同，但两种方法调节的效果是相同的。如仍利用前面的资料，用第二种方法调节余额：银行方面调节后的账面余额为81 000（83 700－3 200＋500）元；企业方面调节后的账面余额也为81 000（81 300－700＋400）元。需要注意的是，银行存款余额调节表是一种对账记录或对账工具，不能作为调整账面记录的依据，即不能根据银行存款余额调节表中的未达账项来调整银行存款账面记录，未达账项只有在收到有关结算凭证后才能进行有关的账务处理。调节后的余额通常为企业可以动用的银行存款实有数。

二、存货的清查

存货的清查是指对原材料、在产品、库存商品等进行的清查。由于存货的清查既要从数量上进行核实，又要在质量上给予鉴定，因此企业必须严格按照要求和程序来进行。

（一）存货清查的要求

（1）存货清查要有保管人员在现场。

（2）存货清查要全面彻底，不得遗漏或重复，切实保证账实相符。

（3）存货清查要注意其质量是否完好，有无霉烂、变质、短缺等现象。

（4）存货清查要选用适当的技术方法。

（5）存货清查要弄清其状况及日常管理情况。

（6）存货清查要严格按标准和程序进行。

（7）存货清查结束后应填写盘存单并实施必要的手续。

（二）存货清查的技术方法和程序

1. 存货清查的技术方法

存货清查的方法是否得当和正确，关系到财产清查的质量。由于存货种类繁多，并且其实物形态各异，体积、重量、存放地点、存放方式也各不相同，因此清查的方法应当根据具体情况而定。对存货实物数量的清查，通常采用实地盘点法。而对存货质量的清查，可根据被清查存货的特点，采用相应的物理、化学和生物上的方法来进行检查，以确定其是否达到质量标准、有无发生质量变化以及变化程度的大小。

2. 存货清查的程序

存货清查是一项非常细致的工作，应当按照以下程序进行。

（1）先数量后质量。对于存货的清查，应当先由清查人员会同有关存货保管人员，在现场对存货运用上述相应的清查方法，验明其名称、类别、规格，进行实地盘点，确定其实有数量；然后再采用适当的方法检查存货的内在质量。

（2）填写盘存单。对存货经过数量盘点和质量鉴定后，应将清查结果如实登记在盘存单上，并由清查员和实物保管员分别签章，以明确经济责任。盘存单既是记录实物盘点结果的书面证明，同时也是反映存货实有数额的原始凭证，其一般格式如表 8-5 所示。

表 8-5　盘存单

单位名称：　　　　盘点时间：

财产类别：　　　　存放地点：　　　　编号：

编号	名称	规格或型号	计量单位	账面结存数量	实际盘点			备注
					数量	单价	金额	

盘点人：（签章）　　　　实物保管人：（签章）

（3）确认账实是否相符。确认账实是否相符是财产清查的主要目的之一，经过清查而填写的盘存单，要同单位的存货账簿记录相核对，并就其核对结果填制实存账存对比表。实存账存对比表是一种重要的原始凭证，是单位调整账簿的依据，同时也是分析账存数额和实存数额发生差异的原因及确定经济责任的重要史料。实存账存对比表的一般格式如表 8-6 所示。

表 8-6　实存账存对比表

单位名称：　　　　____年__月__日

编号	类别及名称	规格或型号	计量单位	单价	实存		账存		差异				备注
									盘盈		盘亏		
					数量	金额	数量	金额	数量	金额	数量	金额	

另外，在存货清查中，对于委托外单位加工、保管的各种存货以及在途材料、在途商品等，应当同有关单位进行核对，必要时可派人进行实地清查，以确定其实有数额和质量。

三、固定资产的清查

（一）固定资产清查的要求和技术方法

固定资产清查是指对单位房屋及建筑物、机器设备、运输设备等固定资产所实施的清查。固定资产清查的要求可参照前面关于存货清查的要求。但是，由于固定资产的特点，在清查时其技术方法一般采用实地盘点法，将固定资产明细账（或固定资产卡片）上记录的情况与固定资产实物进行逐项核对，以确定其账实是否相符。

（二）固定资产清查的程序

1. 核对有关账簿记录

在进行固定资产清点前，应当将固定资产总账的期末余额同固定资产明细账（或固定资产卡片）相核对，以保证固定资产总账的余额与其所属固定资产明细账的余额相一致。

2. 进行实地盘点

对固定资产的有关账簿记录经过核对之后，应对固定资产进行实地盘点。盘点时，可按固定资产明细账（或固定资产卡片）上所列固定资产的名称、类别、编号等内容与实物逐一进行核对，以确认其账实是否相符。

3. 登记清查结果

盘点结束，清查人员应对盘点结果进行登记。根据清查中所发现的盘盈、盘亏等情况，在查明原因的基础上，编制固定资产盘盈盘亏报告表。该表是明确固定资产盘盈、盘亏状况及其原因的书面证明材料，同时也是明确各方经济责任的重要证据。在报经上级部门批准处理前，它还是会计上进行会计核算的依据。固定资产盘盈盘亏报告表的一般格式如表 8-7 所示。

表 8-7　固定资产盘盈盘亏报告表

部门：　　　　　　　　　　　　____年__月__日

<table>
<tr><td rowspan="2">固定资产编号</td><td rowspan="2">固定资产名称</td><td rowspan="2">固定资产规格及型号</td><td colspan="2">盘盈</td><td colspan="3">盘亏</td><td colspan="3">毁损</td><td rowspan="2">原因</td></tr>
<tr><td>数量</td><td>重置价值</td><td>数量</td><td>原价</td><td>已提折旧</td><td>数量</td><td>原价</td><td>已提折旧</td></tr>
<tr><td></td><td></td><td></td><td></td><td></td><td></td><td></td><td></td><td></td><td></td><td></td><td></td></tr>
<tr><td rowspan="2">处理意见</td><td colspan="2">审批部门</td><td colspan="5">清查小组</td><td colspan="4">使用保管部门</td></tr>
<tr><td></td><td></td><td></td><td></td><td></td><td></td><td></td><td></td><td></td><td></td><td></td></tr>
</table>

另外，在对固定资产实施清查的过程中，不仅要查明固定资产账实是否相符，还应当进一步查明固定资产在保管、使用、维护以及核算中所存在的问题，以便总结经验，找出差距，健全和完善有关固定资产的各项管理制度，从而充分挖掘固定资产的潜力，发挥其应有的作用。在保证账实相符的前提下，也要保障其质量（如新旧程度、加工能力等）名副其实。

四、债权债务的清查

债权债务的清查是指对单位应收账款、应付账款、其他应收款、其他应付款等结算和往来款项所实施的清查。

（一）债权债务清查的要求

（1）债权债务必须逐笔登记清楚，以便取得可靠的账簿清查资料。

（2）对单位账簿中登记的债权、债务应依据会计凭证逐笔进行核对。

（3）针对债权债务的不同特点，应采用适当的方法进行清查。

（4）债权债务清查时，不仅要查明其余额，还应当查明它们形成的原因，以便加强管理。

（5）在债权债务清查过程中发现的坏账损失等问题，应当按有关规定进行处理，不得擅自冲销账簿记录。

（二）债权债务清查的技术方法

对债权债务的清查是单位财产清查的重要组成部分，其内容也比较复杂，既包括对国家、上级主管部门和其他单位的结算款项的清查，同时也包括对单位内部职工和其他个人的结算款项的清查；既有对外款项的清查，也有对内款项的清查。为了将债权债务的清查工作做好，就必须采用适当的清查技术方法。债权债务的清查一般采用发函询证的方法。

（三）债权债务清查的程序

1. 检查、核对账簿记录

在正式清查之前，有关人员应对本单位债权债务业务全部登记入账，不得遗漏，保证账簿记录的完整性。然后，清查人员应对单位账簿记录依据的会计凭证进行逐笔核对，保证账簿记录的准确无误。

2. 编制债权债务款项对账单

相关债权债务款项对账单的格式如表 8-8 所示（以往来款项对账单为例）。单位将编制的对账单送交债务单位和债权单位进行核对，确认单位的债权债务。债权债务款项对账单可采用一式两联的形式，其中一联作为回单。若对方单位经核对一致，则应在回单上盖章，说明款项相符，寄回本单位；若经核对不一致，则应当将不一致的有关事项及其金额在回单上予以注明，并寄回本单位。本单位应就不一致的事项进行进一步调查。如果在清查过程中发现核对双方存在未达账项，双方均应采取账面调节的方法对其余额进行调整，然后再确认其债权债务款项数额。在清查过程中单位除采取发函询证的方法外，还可以利用其他的手段来完成核对工作，如利用电话、互联网等方式进行核对，或直接派人员去对方单位进行面询，确认债权债务款项的实有数额。

表 8-8 往来款项对账单

<table>
<tr><td>
往来款项对账单（对账联）
× ×单位：
贵单位于 2019 年 8 月 18 日购入我单位 A 产品 2 000 件，单价为 30 元，已付货款 40 000 元，尚有 20 000元未付，请核对后将回执单寄回。
清查单位（盖章）
2019 年 12 月 25 日
</td></tr>
<tr><td>
往来款项对账单（回执联）
× ×清查单位：
贵单位寄来的往来款项对账单已收到，经核对无误。
清查单位（盖章）
2019 年 12 月 25 日
</td></tr>
</table>

3. 编制债权债务清查结果报告表

清查人员应当根据清查中发现的问题，及时编制债权债务清查结果报告表。特别是对本单位同对方单位或个人有争议的款项、收回希望较小和无法支付的款项，应当在报告表中尽可能详细说明，以利于有关部门及时采取措施，避免相互之间的长期拖欠。另外，对于单位与内部个人之间的债权、债务，也应当认真核对，确保账簿记录正确，同时按照有关规定，尽快进行结算，保证账款及时收回和付出。债权债务清查结果报告表的一般格式如表 8-9 所示。

表 8-9 债权债务清查结果报告表

单位名称： ____年__月__日 单位：元

总分类账户		明细分类账户		发生日期	清查结果		差异原因及金额			备注
名称	金额	名称	金额		相符金额	不符金额	未达账项	有争议款项	无法收回款项	

清查人员：（签章） 经管人员：（签章）

第四节 财产清查结果的处理

一、财产清查结果处理的步骤

财产清查的结果大致有三种情况：第一种情况是实存数等于账存数，即账实相符；第二种情况是实存数大于账存数，即盘盈；第三种情况是实存数小于账存数，即盘亏。对于第一种情况，在会计上不需要进行处理，但是对于第二种和第三种情况，也就是说无论是盘盈还是盘亏都要进行必要的会计处理，因为盘盈和盘亏都是账实不符。在会计上对于账实不符的处理一般按以下步骤进行。

（一）核准金额，查明原因

在财产清查过程中所发现的账实不符情况，应对有关的原始凭证记录进行全面的核实，查明原因，明确责任，并针对不同的原因提出不同的处理方法，报送有关领导和部门批准。

（二）调整账簿记录，做到账实相符

在核准金额、查明原因的基础上，根据“实存账存对比表”等原始凭证编制有关记账凭证，调整账簿记录，保证账实相符。

（三）进行审批后的处理

对于清查过程中出现的盘盈、盘亏和毁损等情况，经过有关部门和领导审批以后，会计人员应当根据发生差异的原因和审批处理意见编制记账凭证，记入有关账簿，保证账簿记录的完整性和准确性，执行审批处理意见。

二、财产清查结果的账务处理

（一）会计科目的设置

为了核算和监督单位在财产清查中查明的各种财产盘盈、盘亏和毁损情况，在会计上应当设置“待处理财产损溢”科目，并在该科目下设置“待处理流动资产损溢”和“待处理非流动资产损溢”两个明细科目进行明细核算。固定资产盘盈通过“以前年度损益调整”账户核算。

“待处理财产损溢”账户是具有双重性质的账户，贷方登记财产清查所确定的各项待处理财产的盘盈数和登记批准结转的各项财产的盘亏和毁损数，借方登记财产清查所确定的各项待处理财产的盘亏与毁损数和批准结转的各项待处理财产的盘盈数。企业清查的各种财产的盘盈、盘亏和毁损应在期末结账前处理完毕，因此，“待处理财产损溢”账户在期末结账后没有余额。

“待处理财产损溢”账户是过渡性账户，使用时需要注意三点：第一，只有各种实物财产和现金清查的结果是盘盈或盘亏时才用到该账户，债权债务的盈亏余缺不在此账户中核算；第二，该账户的具体运用要分批准前和批准后两个步骤；第三，盘盈或盘亏的实物资产如果在会计期末仍未批准处理的，应在对外提供财务报告时先按有关规定进行处理，并在财务报表附注中予以说明。

财产清查的账务处理是对清查中确定的账存与实存之间的差异，报经有关部门批准后及时调整账簿记录，做到账实相符。账务处理应分两步进行。

（1）在审批前，根据查明的财产盘盈、盘亏及毁损的数字编制记账凭证，并据以登记有关账簿，使各项财产物资账实相符。

（2）在审批后，依据差异的性质、发生的原因及批复意见编制记账凭证，并据以登记入账。

（二）盘盈、盘亏及毁损的账务处理举例

下面以某企业为例，说明财产清查结果的账务处理。

1. 库存现金清查结果的账务处理

库存现金盘盈时，按盘盈的金额借记“库存现金”账户，贷记“待处理财产损溢”账户。批准后转销借记“待处理财产损溢”账户，需要支付或退还他人的金额贷记“其他应付款”账户，无法查明原因的贷记“营业外收入”账户。

库存现金盘亏时，按盘亏的金额借记“待处理财产损溢”账户，贷记“库存现金”账户。批准后转销按可回收的赔偿金额借记“其他应收款”账户，自然灾害造成的净损失借记“营业外支出”账户，管理不善造成的净损失借记“管理费用”账户，按原记入“待处理财产损溢”账户的金额贷记本账户。

［**例题 8-6**］某企业在财产清查中，发现现金长款 240 元。

（1）在报经审批之前，根据现金盘点报告表记录，调整账簿记录。会计分录如下。

借：库存现金　　240

　　贷：待处理财产损溢——待处理流动资产损溢　　240

（2）经反复核查，未查明原因，报经批准，转作营业外收入。会计分录如下。

借：待处理财产损溢——待处理流动资产损溢　　240

　　贷：营业外收入　　240

［**例题 8-7**］某企业在清查现金时，发现短缺 500 元。

（1）在报经批准前，根据清查记录登记有关账簿。会计分录如下。

借：待处理财产损溢——待处理流动资产损溢　　500

　　贷：库存现金　　500

（2）经查，该短缺款属于出纳员李燕的责任，应由出纳员赔偿。会计分录如下。

借：其他应收款——李燕　　500

　　贷：待处理财产损溢——待处理流动资产损溢　　500

2. 存货清查结果的账务处理

存货盘盈时，按其重置成本借记“原材料”“库存商品”等账户，贷记“待处理财产损溢”账户。批准后转销借记“待处理财产损溢”账户，贷记“管理费用”账户，即冲减管理费用。

存货盘亏时，按盘亏的金额借记“待处理财产损溢”账户，贷记“原材料”“库存商品”等账户。材料按计划成本核算的，还应同时结转材料成本差异。批准后转销按可回收的赔偿金额借记“其他应收款”账户，自然灾害造成的净损失借记“营业外支出”账户，管理不善造成的净损失借记“管理费用”账户，按原记入“待处理财产损溢”账户的金额贷记本账户。

［**例题 8-8**］某企业在财产清查中，发现原材料盘盈 4 000 元、库存商品盘盈 5 000 元。

（1）在报经有关部门和领导审批前，根据实物清查结果报告表中所确认的盘盈情况，编制记账凭证，并据以登记有关账簿。会计分录如下。

借：原材料　　4 000
　　库存商品　　5 000
　　贷：待处理财产损溢——待处理流动资产损溢　　9 000

（2）在报经审批之后，根据审批的处理意见，转销盘盈。会计分录如下。

借：待处理财产损溢——待处理流动资产损溢　　9 000
　　贷：管理费用　　9 000

［**例题 8-9**］某企业在财产清查中，发现 A 种材料盘亏 3 000 元，属于一般经营损失。

（1）在报经审批之前，根据清查记录登记有关账簿。会计分录如下。

借：待处理财产损溢——待处理流动资产损溢　　3 000
　　贷：原材料　　3 000

（2）在报经审批之后，根据审批意见，转销 A 种材料盘亏。会计分录如下。

借：管理费用　　3 000
　　贷：待处理财产损溢——待处理流动资产损溢　　3 000

3. 固定资产清查结果的账务处理

需要说明的是，按照《企业会计准则第 28 号——会计政策、会计估计变更和差错更正》的规定，盘盈固定资产应作为前期差错进行处理，在报经批准前应先通过“以前年度损益调整”账户核算，即借记“固定资产”账户，贷记“以前年度损益调整”账户。

固定资产盘亏时，按盘亏固定资产的账面价值借记“待处理财产损溢”账户，按已提折旧额，借记“累计折旧”账户，按其原价贷记“固定资产”账户。盘盈盘亏固定资产涉及增值税、所得税和盈余公积的按相关规定处理。

［**例题 8-10**］某企业在财产清查中，发现短缺设备一台，原价 7 000 元，已提折旧3 500元。

（1）报经审批之前，根据实物清查结果报告表中所确认的固定资产盘亏数，登记有关账簿记录。会计分录如下。

借：待处理财产损溢——待处理非流动资产损溢　　3 500
　　累计折旧　　3 500
　　贷：固定资产　　7 000

（2）在报经审批之后，根据批准的处理意见，转销固定资产盘亏。会计分录如下。

借：营业外支出　　3 500
　　贷：待处理财产损溢——待处理非流动资产损溢　　3 500

4. 结算往来款项清查结果的账务处理

在财产清查过程中发现的长期未结算的往来款项，应及时清查。经查明确实无法支付的应付款项，在批准前，不做账务处理，报经批准后，转作营业外收入。其账务处理示例见例题 4-54。

在财产清查过程中，发现确实无法收回的应收款项，作为坏账损失冲减坏账准备。坏账是指企业无法收回或收回的可能性极小的应收款项。由于发生坏账而产生的损失，称为坏账损失。

企业通常应将符合下列条件之一的应收款项确认为坏账：（1）债务人死亡，以其遗产清偿后仍然无法收回；（2）债务人破产，以其破产财产清偿后仍然无法收回；（3）债务人较长时间内未履行其偿债义务，并有足够的证据表明无法收回或者收回的可能性极小。

企业对有确凿证据表明确实无法收回的应收款项，报经批准后，作为坏账损失。对于已确认为坏账的应收款项，并不意味着企业放弃了追索权，一旦重新收回，应及时入账。

练习题

一、单项选择题

1. 企业在遭受自然灾害后，对其受损的财产物资进行的清查，属于（ ）。

A. 局部清查和定期清查　　B. 全面清查和定期清查

C. 局部清查和不定期清查　　D. 全面清查和不定期清查

2. 库存现金清查的方法是（ ）。

A. 技术测算法　B. 实地盘点法　C. 外调核对法　D. 与银行对账单相核对

3. 银行存款的清查是将（ ）进行核对。

A. 日记账和总分类账　　B. 日记账和收、付款凭证

C. 日记账和对账单　　D. 总分类账和收、付款凭证

4. 月末存在未达账项时，企业实际可动用的银行存款数额是（ ）。

A. 企业银行存款日记账上的余额　　B. 银行对账单上的存款余额

C. 银行存款余额调节表中调整后的存款余额　　D. 以上三项都不是

5. 下列内容清查应采用发函询证法的是（ ）。

A. 原材料　B. 应付账款　C. 实收资本　D. 交易性金融资产

6. 实存账存对比表是调整账面记录的（ ）。

A. 记账凭证　B. 转账凭证　C. 原始凭证　D. 累计凭证

7. “待处理财产损溢”账户属于（ ）类账户。

A. 资产类　B. 所有者权益类　C. 备抵账户　D. 调整账户

8. 企业清查库存现金时，（ ）必须在场。

A. 记账人员　B. 出纳人员　C. 单位领导　D. 会计主管

9. 采用永续盘存制，平时对财产物资的登记方法是（ ）。

A. 只登记增加，不登记减少　　B. 只登记增加，随时倒挤出减少

C. 既登记增加，又登记减少　　D. 只登记减少，不登记增加

二、多项选择题

1. 采用实地盘点进行清查的是（ ）。

A. 固定资产　B. 库存商品　C. 银行存款　D. 往来款项

2. 财产清查的对象包括（ ）。

A. 货币资金　B. 各种实物资产　C. 往来款项　D. 委托加工、保管的物资

3. 盘亏的财产物资，经批准后进行账务处理，可能涉及的借方账户有（ ）。

A. 管理费用　　B. 营业外支出　　C. 营业外收入　　D. 其他应收款

4. 以下财产清查结果的账务处理必须通过“待处理财产损溢”账户反映的有（　）。

A. 原材料　　B. 库存商品　　C. 库存现金　　D. 应收账款

5. 财产清查的盘存制度有（　）。

A. 实地盘存制　　B. 权责发生制　　C. 永续盘存制　　D. 收付实现制

6. 我国会计制度规定发出存货的计价方法有（　）。

A. 先进先出法　　B. 后进先出法　　C. 加权平均法　　D. 个别计价法

7. 下列（　）情况下，企业应对其财产进行全面清查。

A. 年终决算前　　B. 企业进行股份制改制前

C. 更换仓库保管员　　D. 企业破产

8. 使企业银行存款日记账的余额小于银行对账单余额的未达账项有（　）。

A. 企业已收款记账而银行尚未收款记账

B. 企业已付款记账而银行尚未付款记账

C. 银行已收款记账而企业尚未收款记账

D. 银行已付款记账而企业尚未付款记账

三、判断题

1. 企业在更换财产和现金保管人员时，应定期进行全面的财产清查。(　)

2. 财产清查的范围仅限于所有权属于企业的各种财产物资和债权。(　)

3. 无论哪个单位，凡是属于财产清查的会计事项，其账务处理都要通过“待处理财产损溢”账户。(　)

4. 财产清查的盘存制度只有永续盘存制一种。(　)

5. 盘盈的存货经批准可冲减管理费用。(　)

6. 未达账项只在企业与开户银行之间发生，企业与其他单位之间不会发生未达账项。(　)

7. 只有在永续盘存制下才可能出现财产的盘盈、盘亏现象。(　)

8. 银行存款余额调节表是调整账簿记录，使账实相符的原始凭证。(　)

四、简答题

1. 财产清查有何意义？

2. 财产清查的盘存制度有哪两种？它们各有什么优缺点？

3. 什么是未达账项？它有哪几种不同的情况？

4. 财产清查结果有哪几种情况？

五、业务题

1. 练习财产清查结果的会计处理。

曙光工厂在2019年12月进行财产清查时发现如下情况。

(1) 清查中发现盘亏机器一台，原价为9 000元，已提折旧2 000元。

(2) 材料清查结果如表8-10所示。

表8-10 材料盘点盈亏报告表

2019 年 12 月 25 日

材料名称	计量单位	单价（元）	实际盘存		账面结存		盘盈		盘亏		备注
			数量	金额	数量	金额	数量	金额	数量	金额	
甲	千克	0.60	1 000	600	1 100	660			100	60	定额内自然损耗
乙	吨	40.00	3	120	2	80	1	40			计量不准确溢余
丙	只	6.00	245	1 470	250	1 500			5	30	管理不善丢失
合计								40		90	

此外，发现丁材料实存比账存多30千克，每千克10元，经查明系代群力厂加工后剩余材料，群力厂未及时提回。

(3) 2019 年 12 月 28 日，上述各项盘盈、盘亏，报请有关领导审核批准后作如下处理。

①对盘亏机器，相应作为营业外支出处理。

②材料收发计量上的差错（不论盘盈、盘亏）和定额内自然损耗，均在“管理费用”账户内列支或冲减。

③管理人员失职造成材料短缺的损失，责成过失人王海赔偿。

要求：

(1) 根据上述清查结果，编制审批前的会计分录；

(2) 根据批准处理的意见，编制审批后的会计分录。

2. 练习银行存款余额调节表的编制。

利民公司 2019 年 7 月 31 日银行存款日记账余额为 361 200 元，银行对账单的存款余额为 341 200 元，经逐笔核对，发现存在以下未达账项。

(1) 7 月 28 日，企业开出转账支票 4 000 元，持票人尚未到银行办理转账，银行尚未登账。

(2) 7 月 29 日，企业委托银行代收款项 6 000 元，银行已收款入账，但企业尚未接到收款通知。

(3) 7 月 30 日，企业送存购货单位签发的转账支票一张，金额 25 000 元，企业已登记入账，银行尚未登账。

(4) 7 月 31 日，银行代企业支付水电费 5 000 元，企业尚未接到银行的付款通知，故未入账。

要求：根据资料编制银行存款余额调节表。

3. 练习错账更正和银行存款余额调节表的编制。

求精公司 2019 年 5 月最后三天银行存款日记账与银行对账单的记录如下（假定以前的记录是相符的）。

(1) 求精公司银行存款日记账的记录如下。

日期	摘要	金额（元）
5 月 29 日	开出转账支票#2416 预付下半年报刊订阅费	102.00
5 月 29 日	收到委托银行代收山东泰利公司货款	10 000.00
5 月 30 日	开出转账支票#2417 支付车间机器修理费	98.00
5 月 31 日	存入因销售产品收到的转账支票一张	6 300.00
5 月 31 日	开出转账支票#2418 支付钢材货款	84 700.00

（2）银行对账单的记录如下。

日 期	摘要	金额（元）
5 月 29 日	代收山东泰利公司货款	10 000. 00
5 月 30 日	代付电费	2 700. 00
5 月 31 日	代收安徽东皖公司货款	3 500. 00
5 月 31 日	支付#2416 转账支票	120. 00
5 月 31 日	支付#2417 转账支票	89. 00
	月末余额	80 591. 00

（3）经核对查明，求精公司账面记录有两笔错误。

① 5 月 29 日，开出转账支票#2416 支付报刊订阅费确系 120 元，错记 102 元。

② 5 月 30 日，开出转账支票#2417 支付车间机器修理费应为 89 元，错记 98 元。

上述两笔错误均系记账凭证编制错误。

要求：

（1）编制更正会计分录，更正以上两笔错账后，计算银行存款日记账更正后的余额；

（2）查明未达账项后，编制银行存款余额调节表。

第九章　财务报告

第一节　财务报告概述

一、编制财务报告的意义

财务报告是财务会计报告的简称，它是指企业对外提供的反映企业某一特定日期财务状况和某一会计期间经营成果、现金流量等会计信息的文件。它是企业会计核算工作的结果，是财务会计部门提供财务会计信息资料的一种重要手段，因此，编制财务报告是财务会计工作的一项重要内容。

企业的日常会计核算，能够提供反映会计主体经营活动和财务收支情况的会计信息，但这些信息在会计凭证和会计账簿上的反映是比较分散的，不便于理解和利用，也很难符合国家宏观经济管理的要求，更难以满足各单位内部加强经营管理的需要。所以，根据会计信息使用者的要求，在日常会计核算的基础上，应定期对日常会计核算资料进行加工处理和分类，通过编制财务报告，综合、清晰地反映会计主体的财务状况和经营成果以及财务收支情况。

财务报告所提供的会计信息，不仅是企业外部信息使用者的决策依据，也是企业内部管理人员掌握企业经营状况的重要渠道。企业外部的投资者、债权人、银行、供应商等会计信息使用者通过财务报告，可以了解企业的财务状况、经营成果和经济效益，从而判断投资报酬和投资风险，货款或借款是否能够按期收回。会计信息既是投资者进行投资决策、贷款者决定贷款去向、供应商决定销售策略的重要依据；也是国家经济管理部门制定宏观经济管理政策、经济决策的重要信息来源。同时，企业内部的决策人员也可以根据财务报告所反映的情况总结经验，制定改善经营管理的措施，加强经济管理，不断提高企业的经济效益。

二、财务报告的组成

企业的财务报告是反映企业财务状况和经营成果的书面文件。企业应当按照《企业财务会计报告条例》的规定，编制并对外提供真实、完整的财务报告。

企业财务报告包括财务报表和其他应当在财务报告中披露的相关信息和资料。

财务报表是对企业财务状况、经营成果和现金流量的结构性表述。一套完整的财务报表至少应当包括资产负债表、利润表、现金流量表、所有者权益（或股东权益）变动表以及附注。

资产负债表、利润表和现金流量表分别从不同角度反映企业的财务状况、经营成果和现金流量。资产负债表反映企业在某一特定日期所拥有的资产、需要偿还的负债以及股东（投资者）拥有的净资产情况；利润表反映企业一定期间的经营成果，即利润或亏损情况，表明企业运用所拥有的资产的获利能力；现金流量表反映企业在一定会计期间现金和现金等价物流入和流出的情况；所有者权益变动表反映构成所有者权益的各组成部分当期的增减变动情况。企业的净利润及其分配情况是所有者权益变动的组成部分，相关信息已经在所有者权益变动表及附注中反映，企业不需要再单独编制利润分配表。

附注是财务报表不可或缺的组成部分，是对在资产负债表、利润表、现金流量表和所有者权益变动表等报表中列示项目的文字描述或明细资料，以及对未能在这些报表中列示的项目的说明等。企业编制附注的目的是通过对报表本身作补充说明，以更加全面、系统地反映企业财务状况、经营成果和现金流量的全貌，从而有助于向信息使用者提供更为有用的决策信息，帮助信息使用者做出更加科学合理的决策。

三、财务报表的分类

财务报表可按照不同的标准进行分类。

（一）财务报表按照编报期间的不同，可分为中期财务报表和年度财务报表

中期是指短于一个完整的会计年度的报告期间。中期财务报表是指以中期为基础编制的财务报表，包括半年度报表、季度报表和月度报表。中期财务报表至少应当包括资产负债表、利润表、现金流量表和附注。其中，中期资产负债表、利润表和现金流量表应当是完整报表，其格式和内容应当与年度财务报表相一致。与年度财务报表相比，中期财务报表中的附注披露可适当简略。

年度财务报表简称年报，反映企业全年的经营成果、现金流量以及年末的财务状况。在现行财务报表体系中，所有报表均需年报，于年度终了后编制，在规定的时间内报送。

（二）财务报表按照反映经济内容的状态不同，可分为静态报表和动态报表

静态报表是反映企业特定日期财务状况的报表，如资产负债表。这种报表是对期末的资产及权益的结余额进行反映，提供的是时点数据信息。

动态报表是反映企业一定时期资金运动情况的报表，如利润表、现金流量表和所有者权益变动表。其中，利润表是反映企业某一时期资金耗费与收回的情况；现金流量表是反映企业某一时期现金的流入和流出情况；所有者权益变动表是反映某一时期所有者投入资金变动的情况。动态报表是对某项资金的发生额的现状进行反映，提供的是时期数据信息。

（三）财务报表按照编报会计主体的不同，可分为个别财务报表和合并财务报表

个别财务报表是由企业在自身会计核算基础上对账簿记录进行加工而编制的财务报表，它主要用于反映企业自身的财务状况、经营成果和现金流量情况。合并财务报表是以母公司和子公司组成的企业集团为会计主体，根据母公司和所属子公司的财务报表、由母公司编制的综合反映企业集团财务状况、经营成果及现金流量的财务报表。

（四）财务报表按照其服务对象的不同，可分为外部报表和内部报表

外部报表是指单位要向外报送的财务报表，包括资产负债表、利润表、现金流量表和所有者权益变动表。它主要为投资者、债权人、政府部门和社会公众等有关方面提供信息。为便于财务报表的汇总、比较，对外报送的财务报表的种类、格式、内容以及编表说明，都由

国家统一规定。

内部报表是为了适应企业内部经营管理的需要而编制的报表，如成本费用报表就属于内部报表。内部报表由企业根据需要自行设计规定。

四、财务报表编制的基本要求

为了保证财务报告的质量，实现会计的目标，充分发挥其作用，使财务报表阅读者能清楚地了解企业的财务状况、经营成果、现金流量情况，在编制财务报表时，应符合以下基本要求。

（一）以持续经营为基础编制

企业应当以持续经营为基础，根据实际发生的交易和事项，按照《企业会计准则——基本准则》和其他各项会计准则的规定进行确认和计量，在此基础上编制财务报表。以持续经营为基础编制财务报表不再合理的，企业应当采用其他基础编制财务报表，并在附注中披露这一事实。

（二）按正确的会计基础编制

除现金流量表按照收付实现制原则编制外，企业应当按照权责发生制原则编制财务报表。

（三）至少按年编制财务报表

企业至少应当按年编制财务报表。年度财务报表涵盖的期间短于一年的，应当披露年度财务报表的涵盖期间、短于一年的原因以及报表数据不具可比性的事实。

（四）项目列报遵守重要性原则

重要性是指在合理预期下，财务报表某项目的省略或错报会影响使用者据此做出经济决策的，该项目具有重要性。

重要性应当根据企业所处的具体环境，从项目的性质和金额两方面予以判断，且对各项目重要性的判断标准一经确定，不得随意变更。判断项目性质的重要性，应当考虑该项目在性质上是否属于企业日常活动，是否显著影响企业的财务状况、经营成果和现金流量等因素；判断项目金额大小的重要性，应当考虑该项目金额占资产总额、负债总额、所有者权益总额、营业收入总额、营业成本总额、净利润、综合收益总额等直接相关项目金额的比重或所属报表单列项目金额的比重。

性质或功能不同的项目，应当在财务报表中单独列报，但不具有重要性的项目除外。性质或功能类似的项目，其所属类别具有重要性的，应当按其类别在财务报表中单独列报。

某些项目的重要性程度不足以在资产负债表、利润表、现金流量表或所有者权益变动表中单独列示，但对附注具有重要性的，则应当在附注中单独披露。

《企业会计准则第 30 号——财务报表列报》规定在财务报表中单独列报的项目，应当单独列报。其他会计准则规定单独列报的项目，应当增加单独列报项目。

（五）保持各个会计期间财务报表项目列报的一致性

财务报表项目的列报应当在各个会计期间保持一致，除会计准则要求改变财务报表项目的列报或企业经营业务的性质发生重大变化后，变更财务报表项目的列报能够提供更可靠、更相关的会计信息外，不得随意变更。

（六）各项目之间的金额不得相互抵销

财务报表中的资产项目和负债项目的金额、收入项目和费用项目的金额、直接计入当期利润的利得项目和损失项目的金额不得相互抵销，但其他会计准则另有规定的除外。一组类似交易形成的利得和损失应当以净额列示，但具有重要性的除外。资产或负债项目按扣除备抵项目后的净额列示，不属于抵销。非日常活动产生的利得和损失，以同一交易形成的收益扣减相关费用后的净额列示更能反映交易实质的，不属于抵销。

（七）至少应当提供所有列报项目上一个可比会计期间的比较数据

当期财务报表的列报，至少应当提供所有列报项目上一个可比会计期间的比较数据，以及与理解当期财务报表相关的说明，但其他会计准则另有规定的除外。

财务报表的列报项目发生变更的，应当至少对可比期间的数据按照当期的列报要求进行调整，并在附注中披露调整的原因和性质，以及调整的各项目金额。对可比数据进行调整不切实可行的，应当在附注中披露不能调整的原因。

（八）应当在财务报表的显著位置披露编报企业的名称等重要信息

企业应当在财务报表的显著位置（如表首）至少披露下列各项：（1）编报企业的名称；（2）资产负债表日或财务报表涵盖的会计期间；（3）人民币金额单位；（4）财务报表是合并财务报表的，应当予以标明。

企业单位的财务报表除应符合上述八项基本要求外，还应该做到真实可靠、全面完整、编报及时和便于理解。

企业对外提供的财务报告应当依次编定页数，加具封面，装订成册，加盖公章。封面上应当注明企业名称、企业统一代码、组织形式、地址、报表所属年度或者月份、报出日期，并由企业负责人和主管会计工作的负责人、会计机构负责人、会计主管人员签名并盖章。设置总会计师的企业还应当由总会计师签名并盖章。

五、财务报表编制前的准备工作

在编制财务报表前，需要完成下列工作：（1）严格审核会计账簿的记录和有关资料；（2）进行全面财产清查、核实债务，并按规定程序报批，进行相应的会计处理；（3）按规定的结账日进行结账，结出有关会计账簿的余额和发生额，并核对各会计账簿之间的余额；（4）检查相关的会计核算是否按照国家统一的会计制度的规定进行；（5）检查是否存在因会计差错、会计政策变更等原因需要调整前期或本期相关项目的情况等。

第二节　资产负债表

一、资产负债表的概念和作用

资产负债表是反映企业某一特定日期（期末）财务状况的财务报表，它是企业经营活动的静态体现。该表是根据“资产 = 负债 + 所有者权益”这一基本会计等式，依照一定的分类标准和一定的次序，把企业在某一特定日期的资产、负债和所有者权益项目予以适当排列，按照一定的编制要求编制而成的。

资产负债表是主要财务报表之一，其所提供的会计信息是国家宏观管理和企业内部管理决策所必需的资料，每一个会计主体都必须编制资产负债表。

资产负债表的作用主要有：(1) 可以提供某一日期资产的总额及其结构，表明企业拥有或控制的资源及其分布情况；(2) 可以提供某一日期的负债总额及其结构，表明企业未来需要用多少资产或劳务清偿债务以及清偿时间；(3) 可以反映所有者所拥有的权益，据以判断资本保值、增值的情况以及对负债的保障程度；(4) 通过前后期资产负债表的分析，可以预测企业未来的财务状况和变化趋势。

二、资产负债表的结构和内容

资产负债表的结构通常有报告式和账户式两种。

(一) 报告式资产负债表

报告式资产负债表又称垂直式资产负债表，是将资产、负债、所有者权益项目采用垂直分列的形式排列于表格的上下两段，即“资产总额 = 负债总额 + 所有者权益总额”，其简化格式如表 9-1 所示。

表 9-1　资产负债表

编制单位：　　　　2019 年 12 月 31 日　　　　单位：元

资产	金额
流动资产	56 000
非流动资产	77 500
资产合计	133 500
负债	
流动负债	19 500
非流动负债	38 500
负债合计	58 000
所有者权益	
实收资本	40 000
盈余公积	10 500
未分配利润	25 000
所有者权益合计	75 500

（二）账户式资产负债表

账户式资产负债表按照T字型账户的形式设计，将资产类项目排列在表的左方（借方），负债及所有者权益类项目排列在表的右方（贷方）。左（借）右（贷）两方总计金额相等，其简化格式如表9-2所示。

表9-2　资产负债表

编制单位：　　　　　　　　　2019年12月31日　　　　　　　　　单位：元

资产		负债及所有者权益	
流动资产	金额	负债	金额
货币资金	2 000	流动负债	19 500
交易性金融资产	6 000	非流动负债	38 500
	……	负债合计	58 000
流动资产合计	56 000	所有者权益	
非流动资产		实收资本	40 000
债权投资	0		……
长期股权投资	10 000	盈余公积	10 500
	……	未分配利润	25 000
非流动资产合计	77 500	所有者权益合计	75 500
资产总计	133 500	负债及所有者权益总计	133 500

左方的资产类各项目按其流动性的大小或按资产变现能力的强弱，分为流动资产和非流动资产两类。流动资产包括货币资金、交易性金融资产、应收票据、应收账款、预付款项、其他应收款、存货、合同资产、持有待售资产、一年内到期的非流动资产等项目；非流动资产包括债权投资、长期股权投资、固定资产、在建工程、无形资产、开发支出、长期待摊费用、其他非流动资产等项目。

右方的负债类各项目按其承担经济义务期限的长短，分为流动负债和非流动负债两类。流动负债包括短期借款、应付票据、应付账款、预收款项、应付职工薪酬、应交税费、其他应付款及一年内到期的非流动负债等项目；长期负债包括长期借款、应付债券、长期应付款及其他非流动负债等项目。

右方的所有者权益类各项目是由所有者对企业的投资和经营中形成的利润及留存利润组成。按其来源划分，一般分为实收资本、其他权益工具、资本公积、其他综合收益、盈余公积、未分配利润等。

报告式资产负债表和账户式资产负债表在国外都被广泛采用。我国主要采用账户式资产负债表。因为账户式资产负债表反映资产、负债和所有者权益的关系比较直观，提供的会计信息清晰明了；我国广大会计人员对账户式财务报表已经习惯。

三、资产负债表的编制

（一）资产负债表项目的填列方法

资产负债表各项目均应分别填列“年初余额”和“期末余额”两栏。其中，“年初余额”栏应根据上年年末该表有关项目的“期末余额”栏内所列数字填列。如果上年度资产负债表规定的各个项目名称和内容与本年度不一致，那么应对上年年末资产负债表相关项目的名称和数字按照本年度的规定进行调整，再填入资产负债表的“年初余额”栏内。“期末余额”栏主要有以下几种填列方法。

（1）根据一个或几个总账账户的余额填列，如“交易性金融资产”“应收票据”“合同资产”“短期借款”“应付票据”“应付职工薪酬”“应交税费”“其他应付款”“实收资本”“资本公积”“盈余公积”等项目应根据有关总账账户余额填列。“货币资金”项目应根据“库存现金”“银行存款”“其他货币资金”三个总账账户的期末余额合计数填列。

（2）根据明细账账户的余额计算填列，如“应付账款”项目需要根据“应付账款”和“预付账款”所属明细账户的期末贷方余额合计数填列。

（3）根据总账账户和明细账账户的余额分析计算填列，“长期借款”项目需要根据“长期借款”账户期末余额扣除“长期借款”账户所属的明细账户中将在一年内到期且企业不能自主地将清偿义务展期的长期借款后的金额计算填列。

（4）根据有关账户余额减去其备抵账户余额后的净额填列，如“固定资产”项目需要根据“固定资产”账户的余额，减去“累计折旧”账户余额和“固定资产减值准备”账户期末余额以及“固定资产清理”账户的期末余额计算填列。

（5）综合运用上述填列方法分析填列，如“存货”项目需要根据“材料采购”或“在途物资”“原材料”“生产成本”“库存商品”“周转材料”“委托加工物资”等账户期末余额的合计数，减去“存货跌价准备”账户期末余额后的金额填列。

（二）资产负债表项目的填列说明

资产负债表中资产、负债和所有者权益主要项目的填列说明如下。

（1）“货币资金”项目，反映企业库存现金、银行结算户存款等的合计数。本项目应根据“库存现金”“银行存款”“其他货币资金”账户的期末余额合计数填列。

（2）“交易性金融资产”项目，反映企业持有的以公允价值计量且其变动计入当期损益、为交易目的所持有的债券投资、股票投资等金融资产。本项目应根据“交易性金融资产”账户的期末余额填列。

（3）“应收票据”项目，反映企业因销售商品、提供劳务等而收到的商业汇票，包括商业承兑汇票和银行承兑汇票。本项目应根据“应收票据”账户的期末余额填列。

（4）“应收账款”项目，反映企业因销售商品和提供劳务等经营活动应收取的款项。本项目应根据“应收账款”“预收账款”账户所属各明细账户的期末借方余额的合计数，减去“坏账准备”账户中有关应收账款计提的坏账准备期末余额后的金额填列。若“应收账款”账户所属明细账户期末有贷方余额的，则应在资产负债表“预收款项”项目中填列。

（5）“预付款项”项目，反映企业按合同规定预付给供应单位的款项。本项目应根据“应付账款”“预付账款”账户所属各明细账户的期末借方余额的合计数，减去“坏账准备”账户中有关预付款项计提的坏账准备期末余额后的金额填列。若“预付账款”账户所属明细账户期末有贷方余额的，则应在资产负债表“应付账款”项目中填列。

（6）“其他应收款”项目，反映企业除应收票据及应收账款、预付账款等经营活动以外的其他各项应收和暂付的款项。本项目应根据“应收利息”“应收股利”“其他应收款”账户的期末借方余额，减去“坏账准备”账户中有关坏账准备期末余额后的金额填列。

（7）“存货”项目，反映企业期末结存的在库、在途和正在加工中的各项存货的价值，包括各种原材料、在产品、库存商品等。本项目应根据“材料采购”或“在途物资”“原材料”“生产成本”“库存商品”“周转材料”“委托加工物资”等账户期末余额的合计数，减去“存货跌价准备”账户期末余额后的金额填列。

（8）“一年内到期的非流动资产”项目，反映企业将于一年内到期的非流动资产项目金额。本项目应根据有关账户的期末余额分析计算填列。

（9）“其他流动资产”项目，反映企业除以上流动资产项目外的其他流动资产，应根据有关账户的期末余额填列。若其他流动资产价值较大，则应在财务报表附注中披露其内容和金额。

（10）“债权投资”项目，反映企业以摊余成本计量的长期债权投资的期末账面价值。本项目应根据“债权投资”账户的期末余额，减去“债权投资减值准备”账户期末余额后的金额分析填列。自资产负债表日起一年内到期的长期债权投资的期末账面价值，在“一年内到期的非流动资产”项目中反映。企业购入的以摊余成本计量的一年内到期的债权投资的期末账面价值，在“其他流动资产”项目中反映。

（11）“长期股权投资”项目，反映企业对被投资单位实施控制、重大影响的权益性投资，以及对其合营企业的权益性投资。本项目应根据“长期股权投资”账户的期末余额，减去“长期股权投资减值准备”账户期末余额后的金额填列。

（12）“固定资产”项目，反映企业各种固定资产的期末账面价值和企业尚未清理完毕的固定资产清理净损益。本项目应根据“固定资产”账户的期末余额，减去“累计折旧”账户和“固定资产减值准备”账户的期末余额后的金额，以及“固定资产清理”账户的期末余额填列。

（13）“在建工程”项目，反映企业期末各种尚未达到预定可使用状态的在建工程的期末账面价值和企业为在建工程准备的各种物资的期末账面价值。本项目应根据“在建工程”账户的期末余额，减去“在建工程减值准备”账户期末余额后的金额，以及“工程物资”

账户的期末余额，减去“工程物资减值准备”账户的期末余额后的金额填列。

(14)“无形资产”项目，反映企业持有的各项无形资产的价值。本项目应根据“无形资产”账户的余额，减去“累计摊销”账户和“无形资产减值准备”账户的期末余额后的金额填列。

(15)“开发支出”项目，反映企业开发无形资产过程中能够资本化形成无形资产成本的支出部分。本项目应根据“研发支出”账户中所属的“资本化支出”明细账户的期末余额填列。

(16)“长期待摊费用”项目，反映企业已经发生应由本期和以后各期负担的摊销期在一年以上的各项费用。长期待摊费用中在一年内（含一年）摊销的部分，在资产负债表的“一年内到期的非流动资产”项目填列。本项目应根据“长期待摊费用”账户的期末余额减去一年内（含一年）摊销数额后的金额分析填列。

(17)“其他非流动资产”项目，反映企业除债权投资、其他债权投资、长期股权投资、固定资产、在建工程、无形资产等以外的其他非流动资产。本项目应根据有关账户的期末余额填列。其他长期资产价值较大的，应在报表附注中披露其内容和金额。

(18)“短期借款”项目，反映企业向银行或其他金融机构等借入的期限在一年以下（含一年）的各种借款。本项目应根据“短期借款”账户的期末余额填列。

(19)“应付票据”项目，反映企业购买材料、商品和接受劳务供应等而开出的商业汇票，包括商业承兑汇票和银行承兑汇票。本项目应根据“应付票据”账户的期末余额填列。

(20)“应付账款”项目，反映企业购买原材料和接受劳务供应等经营活动应支付的款项。本项目应根据“应付账款”和“预付账款”所属明细账户的期末贷方余额合计数填列。若“应付账款”账户所属明细账户期末有借方余额，则应在资产负债表“预付款项”项目内填列。

(21)“预收款项”项目，反映企业按合同规定预收购买单位的账款。本项目应根据“应收账款”和“预收账款”所属明细账户的贷方余额合计数填列。若“预收账款”账户所属明细账户期末有借方余额，则应在资产负债表“应收账款”项目内填列。

(22)“应付职工薪酬”项目，反映企业根据有关规定应付未付的职工工资、奖金、津贴与补贴、职工福利、社会保险费、住房公积金、工会经费等。本项目应根据“应付职工薪酬”账户期末贷方余额填列。若“应付职工薪酬”账户期末为借方余额，则以“-”号填列。

(23)“应交税费”项目，反映企业按税法规定计算应缴纳的各种税费。本项目应根据“应交税费”账户的期末贷方余额填列。若“应交税费”账户期末为借方余额，则表示多交的税费，以“-”号填列。

(24)“其他应付款”项目，反映企业除应付票据、应付账款、预收账款、应付职工薪酬、应交税费等经营活动以外的其他各项应付和暂收款项。本项目应根据“应付利息”“应付股利”“其他应付款”账户的期末余额合计数填列。

（25）“一年内到期的非流动负债”项目，反映企业承担的一年内到期的非流动负债。本项目应根据有关非流动负债账户的期末余额分析计算填列。

（26）“长期借款”项目，反映企业向银行或其他金融机构借入的偿还期在一年以上（不含一年）的各种借款。本项目应根据“长斯借款”账户期末余额，扣除一年内到期且企业不能自主地将清偿义务展期的长期借款后的金额计算填列。

（27）“应付债券”项目，反映企业为筹集长期资金而发行的债券的本金和利息。本项目应根据“应付债券”账户期末余额减去将于一年内到期偿还数额后的金额分析填列。

（28）“长期应付款”项目，反映企业除长期借款和应付债券以外的其他各种长期应付款。本项目应根据“长期应付款”账户期末余额减去将于一年内到期偿还数额后的金额分析填列。

（29）“其他非流动负债”项目，反映企业除非流动负债以外的其他非流动负债。本项目应根据有关账户的期末余额减去将于一年内到期偿还数额后的金额分析填列。一年内到期的非流动负债在资产负债表中的“一年内到期的非流动负债”项目反映。

（30）“实收资本（或股本）”项目，反映企业投资者实际投入的资本（或股本）总额。本项目应根据“实收资本（或股本）”账户的期末余额填列。

（31）“其他权益工具”项目，反映发行的除普通股以外分类为权益工具的金融工具的账面价值。

（32）“资本公积”项目，反映企业资本公积的期末余额。本项目应根据“资本公积”账户的期末余额填列。

（33）“其他综合收益”项目，反映企业其他综合收益的期末余额。本项目根据“其他综合收益”账户的期末余额填列。

（34）“盈余公积”项目，反映企业盈余公积的期末余额。本项目应根据“盈余公积”账户的期末余额填列。

（35）“未分配利润”项目，反映企业尚未分配的利润。本项目应根据“本年利润”账户和“利润分配”账户的余额计算填列。未弥补的亏损，在本项目内以“－”号填列。

四、资产负债表编制举例

［例题 9-1］明光公司 2019 年年初有关资产负债表数据已列入表 9-4 中。2019 年12 月31 日全部总分类账户和有关明细分类账户的余额如表 9-3 所示。

表 9-3 账户余额表

总分类账户	明细分类账户	借方余额	贷方余额	总分类账户	明细分类账户	借方余额	贷方余额
库存现金		10 000		长期待摊费用		30 000	
银行存款		170 000		短期借款			800 000
交易性金融资产		90 000		应付账款			200 000
应收账款		300 000			——A 公司	60 000	
	——甲公司	180 000			——B 公司		120 000
	——乙公司	140 000			——C 公司		140 000
	——丙公司		20 000	预收账款			20 000
预付账款		56 000			——G 公司	20 000	
	——E 公司	60 000			——H 公司		40 000
	——F 公司		4 000	其他应付款			86 000
坏账准备			20 000	应付职工薪酬			232 000
其他应收款		86 000		应交税费			568 000
原材料		210 000		应付股利			200 000
生产成本		70 000		应付利息			30 000
库存商品		200 000		长期借款			400 000
长期股权投资		3 000 000		其中，一年内到期借款			100 000
固定资产		4 000 000		实收资本			3 000 000
累计折旧			600 000	盈余公积			600 000
无形资产		450 000		利润分配	——未分配利润		1 866 000
累计摊销			50 000	借贷方合计		8 672 000	8 672 000

根据表 9-3 所给资料编制明光公司 2019 年 12 月月末的资产负债表如表 9-4 所示。

表 9-4 资产负债表

会企 01 表

编制单位：明光公司　　2019 年 12 月 31 日　　单位：元

资产	期末余额	年初余额	负债和所有者权益（或股东权益）	期末余额	年初余额
流动资产：			流动负债：		
货币资金	180 000	1 000 000	短期借款	800 000	800 000
交易性金融资产	90 000	130 000	交易性金融负债 *		
应收票据			应付票据		
应收账款	320 000	200 000	应付账款	264 000	400 000
预付款项	120 000	50 000	预收款项	60 000	100 000
其他应收款	86 000	40 000	合同负债 *		
存货	480 000	580 000	应付职工薪酬	232 000	330 000

（续表）

资产	期末余额	年初余额	负债和所有者权益（或股东权益）	期末余额	年初余额
合同资产＊			应交税费	568 000	370 000
持有待售资产＊			其他应付款	316 000	600 000
一年内到期的非流动资产			持有待售负债＊		
其他流动资产			一年内到期的非流动负债	100 000	
流动资产合计	1 276 000	2 000 000	其他流动负债		
非流动资产：			流动负债合计	2 340 000	2 600 000
债权投资＊			非流动负债：		
其他债权投资＊			长期借款	300 000	400 000
长期应收款＊			应付债券＊		
长期股权投资＊	3 000 000	1 400 000	长期应付款＊		
其他权益工具投资＊			预计负债＊		
其他非流动金融资产＊			递延所得税负债＊		
投资性房地产＊			其他非流动负债		
固定资产	3 400 000	3 000 000	非流动负债合计	300 000	400 000
在建工程			负债合计	2 640 000	3 000 000
生产性生物资产＊			所有者权益（或股东权益）		
油气资产＊			实收资本或股本	3 000 000	3 000 000
无形资产	400 000	500 000	其他权益工具＊		
开发支出			资本公积		
商誉＊			其中，库存股＊		
长期待摊费用＊	30 000	100 000	其他综合收益＊		
递延所得税资产＊			盈余公积	600 000	380 000
其他非流动资产			未分配利润	1 866 000	620 000
非流动资产合计	6 830 000	5 000 000	所有者权益（或股东权益）合计	5 466 000	4 000 000
资产总计	8 106 000	7 000 000	负债及所有者权益（或股东权益）总计	8 106 000	7 000 000

注：标有“＊”号的项目不属于会计学基础课程的教学要求。

第三节　利润表

一、利润表的概念和作用

利润表又称损益表或收益表等，是反映企业在一定会计期间的经营活动成果的财务报表，它是一张动态报表。一定会计期间可以是一个月、一个季度、半年，也可以是一年。利润表是根据“收入－费用＝利润”这一平衡公式，依照一定的标准和次序，把企业一定时期内的收入、费用和利润项目予以适当排列编制而成的。

利润表也是主要财务报表之一，它提供的信息对于企业内部加强和改善经营管理、外部信息使用者进行经济决策、国家经济管理部门进行宏观调控和管理都有重要意义。利润表的作用主要有：(1) 反映企业一定会计期间收入的实现情况和费用耗费情况，帮助信息使用者了解企业经营业绩的来源和构成，帮助管理层分析、考核支出计划的执行结果；(2) 反映企业一定会计期间经济活动成果的实现情况，据以判断资本保值增值情况，帮助管理层发现经营中存在的问题，采取改进措施，提高企业盈利水平；(3) 通过前后期利润表的数据分析，可以预测企业未来的经营成果和变化趋势。

二、利润表的结构和内容

利润表的结构有单步式和多步式两种。

(一) 单步式利润表

单步式利润表是将当期所有收入和所有费用分别加以汇总，用收入合计减去费用合计，从而得出当期利润。因为只有一个相减的步骤，所以称为单步式利润表，其简化格式如表 9-5所示。

表 9-5　利润表

编制单位：　　2019 年度　　单位：元

项目	本期金额	本年累计金额
一、营业收入和收益		
其中，营业收入		
营业外收入		
其他收益		
营业收入和收益合计		
二、营业费用和损失		
其中，营业成本		
税金及附加		
销售费用		

（续表）

项目	本期金额	本年累计金额
管理费用		
研发费用		
财务费用		
资产减值损失		
信用减值损失		
营业外支出		
营业费用和损失合计		
三、利润总额		
减：所得税费用		
四、净利润		

单步式利润表的优点是编制方式简单，收入、支出归类清楚；缺点是反映不出企业利润的构成内容，而是把企业所有的收入和费用等内容掺和在一起，不分层次和步骤，因而不利于财务报表分析。因此，单步式利润表主要适用于业务比较简单的服务咨询行业。

（二）多步式利润表

多步式利润表是按照利润的构成内容分层次、分步骤地逐步、逐项计算编制而成的财务报表。多步式利润表是通过多步计算求出当期利润，一般分为以下几步。

（1）计算营业利润：从营业收入出发，减去为取得营业收入而发生的营业成本、税金及附加、三项期间费用、研发费用、资产减值损失及信用减值损失，再加上其他收益、投资收益 、公允价值变动损益和资产处置损益后得出。

（2）计算利润总额：将营业利润加上营业外收入，再减去营业外支出后得出。

（3）计算净利润：从利润总额中减去所得税费用后求出。

（4）计算综合收益总额：将企业净利润与其他综合收益合计得出。

（5）计算每股收益：将净利润（或净亏损）除以企业总股数得出。

多步式利润表的格式如表9-6所示。

表9-6　利润表

会企02表

编制单位：明光公司　　　　2019年12月　　　　单位：元

项目	本期金额	上期金额
一、营业收入	8 260 000	
减：营业成本	3 780 000	
税金及附加	200 000	略
销售费用	300 000	

（续表）

项目	本期金额	上期金额
管理费用	400 000	
研发费用	100 000	
财务费用	130 000	
其中，利息费用	140 000	
利息收入	10 000	
资产减值损失	30 000	
信用减值损失		
加：其他收益		
投资收益（损失以“－”填列）	40 000	
公允价值变动收益（损失以“－”填列）		略
资产处置收益（损失以“－”填列）		
二、营业利润（损失以“－”填列）	3 360 000	
加：营业外收入	30 000	
减：营业外支出	100 000	
三、利润总额（亏损总额以“－”填列）	3 290 000	
减：所得税费用	822 500	
四、净利润（净亏损以“－”填列）	2 467 500	
五、其他综合收益的税后净额	0	
六、综合收益总额	2 467 500	
七、每股收益		
（一）基本每股收益	0.8225	
（二）稀释每股收益		

多步式利润表能够直观地反映企业净利润的形成过程，便于对企业生产经营情况进行分析，也有利于同行业不同企业之间进行比较；将同一企业不同时期利润表的相应项目进行比较，有利于预测企业今后的盈利状况。我国企业会计准则规定企业的利润表采用多步式结构。

三、利润表的编制

（一）利润表项目的填列方法

利润表各项目均应分别填列“本期金额”和“上期金额”两栏。

“本期金额”栏反映各项目的本期实际发生数，应根据“主营业务收入”“主营业务成本”“税金及附加”“销售费用”“管理费用”“研发费用”“财务费用”“资产减值损失”“公允价值变动损益”“投资收益”“营业外收入”“营业外支出”“所得税费用”等账户的发生额分析填列。其中，“营业利润”“利润总额”“净利润”等项目应根据该表中相关项目计算填列。

“上期金额”栏应根据上年该期利润表“本期金额”栏内所列数字填列。如果上年该期利润表规定的各个项目的名称和内容同本期不一致，则应先对上年该期利润表各项目的名称和数字按本期的规定进行调整，之后填入利润表“上期金额”栏内。

（二）利润表项目的填列说明

（1）“营业收入”项目，反映企业经营主要业务和其他业务所确认的收入总额。本项目应根据“主营业务收入”账户和“其他业务收入”账户的本期发生额分析填列。

（2）“营业成本”项目，反映企业经营主要业务和其他业务所发生的成本总额。本项目应根据“主营业务成本”和“其他业务成本”账户的本期发生额分析填列。

（3）“税金及附加”项目，反映企业经营业务应负担的消费税、城市维护建设税、资源税、土地增值税及房产税、车船使用税、教育费附加等相关税费。本项目应根据“税金及附加”账户发生额分析填列。

（4）“销售费用”项目，反映企业在销售商品过程中发生的包装费、广告费等费用和为销售本企业商品专设销售机构的费用。本项目应根据“销售费用”账户的发生额分析填列。

（5）“管理费用”项目，反映企业为组织和管理生产经营活动而发生的管理费用。本项目应根据“管理费用”账户的发生额分析填列。

（6）“研发费用”项目，反映企业进行研究与开发过程中发生的费用化支出。本项目应根据“管理费用”账户下的研发费用明细账户的发生额分析填列。

（7）“财务费用”项目，反映企业为筹集生产经营所需资金等而发生的筹资费用。“利息费用”项目反映企业为筹集生产经营所需要资金等而发生的应予以费用化的利息支出。“利息收入”项目反映企业确认的利息收入。本项目应根据“财务费用”账户的相关明细账户的发生额分析填列。

（8）“资产减值损失”项目，反映企业各项资产发生的减值损失。本项目应根据“资产减值损失”账户的发生额分析填列。

（9）“信用减值损失”项目，反映企业计提的各项金融工具减值准备所形成的预期信用损失。本项目应根据“信用减值损失”账户的发生额分析填列。

（10）“其他收益”项目，反映计入其他收益的政府补助等，本项目应根据“其他收益”账户的发生额分析填列。

（11）“投资收益”项目，反映企业对外投资所取得的各种收益。本项目应根据“投资收益”账户的发生额分析填列，若为投资损失，则以“－”号填列。

（12）“公允价值变动收益”项目，反映企业应当计入当期损益的资产或负债公允价值变动收益。本项目应根据“公允价值变动损益”账户的发生额分析填列，若为净损失，则以“－”号填列。

（13）“资产处置收益”项目，反映企业出售划分为持有待售的非流动资产（金融工具、长期股权投资和投资性房地产除外）或处置组时确认的处置利得或损失，以及处置未划分为持有待售的固定资产、在建工程、生产性生物资产及无形资产而产生的处置利得或损失。本项目应根据“资产处置损益”账户的发生额分析填列，若为净损失，则以“－”号填列。

（14）“营业利润”项目，反映企业实现的营业利润，若为亏损，则以“－”号填列。

（15）“营业外收入”项目，反映企业发生的与其生产经营无直接关系的各项收入。本项目应根据“营业外收入”账户的发生额分析填列。

（16）“营业外支出”项目，反映企业发生的与其生产经营无直接关系的各项支出。本项目应根据“营业外支出”账户的发生额分析填列。

（17）“利润总额”项目，反映企业实现的利润总额。若为亏损总额，则以“－”号填列。

（18）“所得税费用”项目，反映企业应从当期利润总额中扣除的所得税费用。本项目应根据“所得税费用”账户的发生额分析填列。

（19）“净利润”项目，反映企业实现的净利润。若为净亏损，则以“－”号填列。

（20）“其他综合收益的税后净额”项目，反映企业根据企业会计准则规定未在损益中确认的各项利得和损失扣除所得税影响后的净额。

（21）“综合收益总额”项目，反映企业净利润与其他综合收益的合计金额。

（22）“每股收益”项目，包括基本每股收益和稀释每股收益两项指标，反映普通股或潜在普通股已公开交易的企业，以及正处在公开发行普通股或潜在普通股过程中的企业的每股收益信息。

四、利润表的填制举例

［例题 9-2］明光公司 2019 年度有关账户累计发生额如表 9-7 所示。公司总股数为 3 000 000 股。

表 9-7　2019 年度有关账户累计发生额

账户	上年利润表各项目金额	本年 1—12 月累计发生额
主营业务收入	略	8 000 000
主营业务成本		3 600 000
销售费用		300 000
税金及附加		200 000
其他业务收入		260 000
其他业务成本		180 000
管理费用		400 000
研发费用		100 000
财务费用（利息费用 140 000 元；利息收入 10 000元）		130 000

（续表）

账户	上年利润表各项目金额	本年1—12月累计发生额
资产减值损失	略	30 000
投资收益		40 000
营业外收入		30 000
营业外支出		100 000
所得税费用		822 500

根据表9-7所给资料，编制明光公司2019年度多步式利润表。编制的明光公司2019年度多步式利润表如表9-6所示。

第四节 现金流量表

一、现金流量表的概念和作用

现金流量表是反映企业在一定会计期间现金流入和流出的报表。这里现金的概念是指现金及现金等价物。现金指的是库存现金、银行存款和其他货币资金；现金等价物是指企业持有的期限短、流动性强、易于转换为已知金额现金、价值变动风险很小的投资。现金流量表是一张动态报表。

现金流量表主要是提供一个会计主体在某一特定报告期的现金流入和现金流出的信息。它提供了该会计主体经营活动、投资活动和筹资活动所引起的现金流量，以及揭示了不直接影响现金的投资和筹资活动。企业编制现金流量表可帮助投资者、债权人和其他相关方评价该企业在将来产生现金净流入量的能力；评价该企业偿还债务、支付股利以及对外筹资能力；分析本期净利与经营活动现金流量差异的原因；分析报告期内与现金有关和无关的投资及筹资活动。

二、现金流量表的结构和内容

我国企业的现金流量表采用报告式结构，分类反映经营活动产生的现金流量、投资活动产生的现金流量、筹资活动产生的现金流量，最后汇总反映企业某一会计期间现金及现金等价物的净增加额。现金流量表的格式如表9-8所示。

表9-8 现金流量表

编制单位：　　　　20××年×月　　　　单位：元

项目	本期金额	上期金额
一、经营活动产生的现金流量		
销售商品、提供劳务收到的现金		
收取的税费返还		

（续表）

项目	本期金额	上期金额
收到的其他与经营活动有关的现金		
经营活动现金流入小计		
购买商品、接受劳务支付的现金		
支付给职工以及为职工支付的现金		
支付的各项税费		
支付的其他与经营活动有关的现金		
经营活动现金流出小计		
经营活动产生的现金流量净额		
二、投资活动产生的现金流量		
收回投资所收到的现金		
取得投资收益收到的现金		
处置固定资产、无形资产和其他长期资产收回的现金净额		
收到的其他与投资活动有关的现金		
投资活动现金流入小计		
购建固定资产、无形资产和其他长期资产支付的现金		
投资支付的现金		
支付其他与投资活动有关的现金		
投资活动现金流出小计		
投资活动产生的现金流量净额		
三、筹资活动产生的现金流量		
吸收投资收到的现金		
取得借款收到的现金		
收到的其他与筹资活动有关的现金		
筹资活动现金流入小计		
偿还债务支付的现金		
分配股利、利润或偿还利息支付的现金		
支付其他与筹资活动有关的现金		
筹资活动现金流出小计		
筹资活动产生的现金流量净额		
四、汇率变动对现金及现金等价物的影响		
五、现金及现金等价物净增加额		
加：期初现金及现金等价物余额		
六、期末现金及现金等价物余额		
补充资料（略）		

（一）经营活动产生的现金流量

经营活动是指企业除投资活动和筹资活动以外的所有交易和事项。经营活动主要包括销售商品、提供劳务、购买商品、接受劳务、支付工资和缴纳税款等流入和流出现金及现金等价物的活动或事项。

（二）投资活动产生的现金流量

投资活动是指企业长期资产的购建和不包括在现金等价物范围内的投资及其处置活动。投资活动主要包括购建固定资产、处置子公司及其他营业单位等流入和流出现金及现金等价物的活动或事项。

（三）筹资活动产生的现金流量

筹资活动是指导致企业资本及债务规模和构成发生变化的活动。筹资活动主要包括吸收投资、发行股票、分配利润、发行债券、偿还债务等流入和流出现金及现金等价物的活动或事项。偿付应付账款、应付票据等商业应付款属于经营活动，不属于筹资活动。

三、现金流量表的简易编制方法

现金流量表的编制方法有两种：一种称为直接法，另一种称为间接法。在这两种方法下，投资活动的现金流量和筹资活动的现金流量的编制方法是一样的，仅仅是经营活动的现金流量的编制方法不同。

直接法又称利润表法，就是将利润表中各项收支按现金收付制的要求，直接分项调整为实际的现金收入和现金支出。这种方法是以同期利润表、比较资产负债表以及有关账户的明细资料为依据，以利润表中的各收入、费用项目为起算点，分别调整与经营活动有关的流动资产和流动负债的增减变动，将权责发生制确认的本期各项收支分析调整为以收付实现制为基础的经营活动现金流量，即以实际现金收支表达各项经营活动现金流量。其调整时的计算公式如下：

经营活动的现金净流量＝营业收入收现－营业成本付现＋其他收入收现－营业费用付现－营业税费付现－管理费用付现－所得税费用付现

间接法又称调整法，就是以利润表中的本期净利润（亏损）为起点，调整不影响现金的收入、费用、营业外收支，以及与经营活动有关的流动资产和流动负债的增减变动来计算经营活动的现金流量。其调整时的计算公式如下：

经营活动的现金流量＝本期净利润＋不减少现金的费用＋非现金流动资产减少及流动负债增加＋营业外支出－不增加现金的收入－非现金流动资产增加及流动负债减少－营业外收入

直接法和间接法只是经营活动现金流量的计算起点不同，但净现金流入额和流出额的计算结果是相同的，并且投资活动的现金流量和筹资活动的现金流量也是相同的。显然，直接法更具有实用性。国际会计准则及美国会计准则都鼓励采用直接法，但同时也允许采用间接法。

第五节 所有者权益变动表

2006 年我国财政部颁发的《企业会计准则第 30 号——财务报表列报》规定：企业的报表体系为“四表一注”，即资产负债表、利润表、现金流量表和所有者权益变动表以及报表附注。所有者权益变动表的诞生，打破了我国长达半个多世纪之久由三张报表组成财务报表体系的局面。增加的主表原属于资产负债表附表的“所有者权益变动表”，取消了利润分配表，其内容在所有者权益变动表中全面反映。

一、所有者权益变动表的概念和作用

所有者权益变动表是指反映构成所有者权益各组成部分当期增减变动情况的报表。它是一张动态报表。

所有者权益变动表通过两个资产负债表日之间的权益变动，反映企业当期净资产的增加或减少。净资产的增减变动代表了企业当期活动形成的总收益和总费用，包括直接计入所有者权益的利得与损失，体现了全面收益观。通过所有者权益变动表，既可以为财务报表使用者提供所有者权益总量增减变动的信息，也可以为其提供所有者权益增减变动的结构性信息，特别是能够让财务报表使用者理解所有者权益增减变动的根源。所有者权益变动表的格式如表 9-9 所示。

表 9-9 所有者权益变动表

20×× 年度

编制单位： 单位：元

项目	本年金额								上年金额
	实收资本（或股本）	其他权益工具	资本公积	减：库存股	其他综合收益	盈余公积	未分配利润	所有者权益合计	略
一、上年年末余额									
加：会计政策变更									
前期差错变更									
其他									
二、本年年初余额									
三、本年增减变动金额（减少以“－”号填列）									
（一）综合收益总额									
（二）所有者投入和减少资本									
1. 所有者投入的普通股									

（续表）

项目	本年金额								上年金额
	实收资本（或股本）	其他权益工具	资本公积	减：库存股	其他综合收益	盈余公积	未分配利润	所有者权益合计	略
2. 其他权益工具持有者投入资本									
3. 股份支付计入所有者权益的金额									
4. 其他									
（三）利润分配									
1. 提取盈余公积									
2. 对所有者（或股东）的分配									
3. 其他									
（四）所有者权益内部结转									
1. 资本公积转增资本（或股本）									
2. 盈余公积转增资本（或股本）									
3. 盈余公积弥补亏损									
4. 设定受益计划变动额结转留存收益									
5. 其他综合收益结转留存收益									
6. 其他									
四、本年年末余额									

二、所有者权益变动表的结构和内容

所有者权益变动表以矩阵的结构形式列示，一方面列示导致所有者权益变动的交易或事项，即所有者权益变动的来源，对一定时期所有者权益变动情况进行全面反映；另一方面按照所有者权益各组成部分（即实收资本、其他权益工具、资本公积、其他综合收益、盈余公积、未分配利润和库存股）列示交易或事项对所有者权益各部分的影响。具体来说，所有者权益变动表至少应当单独列示反映下列信息的项目：

（1）综合收益总额；

（2）会计政策变更和差错更正的累积影响金额；

（3）所有者投入资本和减少资本；

（4）利润分配；

（5）所有者权益内部结转；

（6）实收资本（股本）、其他权益工具、资本公积、盈余公积、未分配利润的期初和期末余额及其调整情况。

三、所有者权益变动表的编制方法

所有者权益变动表各项目需要填列“上年金额”和“本年金额”两栏。

所有者权益变动表“上年金额”栏内各项数字，应根据上年度所有者权益变动表“本年金额”栏内所列数字填列。上年度所有者权益变动表规定的各个项目的名称和内容同本年度不一致的，应对上年度所有者权益变动表各项目的名称和数字按照本年度的规定进行调整，再填入所有者权益变动表的“上年金额”栏内。

所有者权益变动表“本年金额”栏内各项数字一般应根据“实收资本（或股本）”“其他权益工具”“资本公积”“其他综合收益”“盈余公积”“利润分配”“库存股”“以前年度损益调整”等账户的发生额分析填列。

练习题

一、单项选择题

1. 下列不应直接计入利润表的是(　)。

   A. 管理费用　　B. 财务费用　　C. 所得税费用　　D. 制造费用

2. “应付账款”账户所属明细账户期末如果出现借方余额，则应填入资产负债表的项目是(　)。

   A. 应收账款　　B. 预收款项　　C. 应付账款　　D. 预付款项

3. 某企业某年10月“原材料”账户期末余额为100 000元，“库存商品”账户期末余额为120 000元，“生产成本”账户期末余额为30 000元，“固定资产”账户期末余额为200 000元。资产负债表中的存货项目应填入(　)。

   A. 220 000元　　B. 250 000元　　C. 450 000元　　D. 120 000元

4. 资产负债表是反映企业(　)财务状况的报表。

   A. 一定时间内　　B. 一年内　　C. 一个月内　　D. 某一特定日期

5. 下列报表中，属于静态报表的是(　)。

   A. 利润表　　B. 所有者权益变动表

   C. 现金流量表　　D. 资产负债表

6. 我国利润表的格式为(　)。

   A. 单步式　　B. 多步式　　C. 报告式　　D. 账户式

7. 下列选项中正确反映了资产负债表中资产项目排列顺序的是(　)。

   A. 流动资产、长期股权投资、固定资产、无形资产及其他非流动资产

   B. 流动资产、无形资产、固定资产、长期股权投资及其他非流动资产

   C. 固定资产、流动资产、无形资产、长期股权投资及其他非流动资产

   D. 无形资产、长期股权投资、固定资产、流动资产及其他非流动资产

8. 按照我国现行会计制度规定，企业每个(　)都要编制资产负债表。

A. 月末　　B. 季末　　C. 半年末　　D. 年末

二、多项选择题

1. 下列报表属于企业对外报表的有(　　)。

A. 资产负债表　　B. 利润表　　C. 所有者权益变动表　　D. 现金流量表

2. 下列各账户其余额可能影响资产负债表中“预收款项”项目金额的有(　　)。

A. 应收账款　　B. 应付账款　　C. 预收账款　　D. 预付账款

3. 在计算企业营业利润时需要考虑的项目有(　　)。

A. 主营业务收入　　B. 投资收益　　C. 资产减值损失　　D. 营业外收入

4. 下列报表中属于动态报表的有(　　)。

A. 资产负债表　　B. 利润表　　C. 现金流量表　　D. 所有者权益变动表

5. 现金流量表中现金包括(　　)。

A. 库存现金　　B. 银行存款

C. 其他货币资金　　D. 3个月内到期的短期债券投资

6. 资产负债表中，“货币资金”项目是根据(　　)账户期末余额合计数填列。

A. 库存现金　　B. 银行存款　　C. 其他货币资金　　D. 交易性金融资产

7. 关于利润表的表述中，正确的有(　　)。

A. 是动态报表　　B. 是对外报表

C. 是反映财务状况的报表　　D. 其格式为报告式

8. 下列项目中，属于中期财务会计报告的是(　　)。

A. 月度财务会计报告　　B. 季度财务会计报告

C. 半年度财务会计报告　　D. 年度财务会计报告

三、判断题

1. 财务会计报告就是财务报表。(　)
2. 资产负债表的理论依据是“资产 = 负债 + 所有者权益”会计等式。(　)
3. 我国企业的利润表采用单步式结构。(　)
4. 财务报告是企业会计核算的最终成果。(　)
5. 资产负债表中，“长期借款”项目是根据“长期借款”总账账户余额直接填列。(　)
6. 利润表是反映企业在某一特定日期财务状况和经营成果的财务报表。(　)
7. 资产负债表中的资产项目是按资产流动性由小到大的顺序排列的。(　)
8. 利润表中的“营业成本”项目，反映企业经营主要业务和其他业务所发生的成本总额。(　)

四、简答题

1. 什么是财务报告？编制财务报表有哪些基本要求？
2. 资产负债表有何作用？
3. 账户式资产负债表的项目如何分类与排列？
4. 资产负债表的编制方法有哪些？
5. 多步式利润表的结构如何？

五、业务核算题

1. 练习资产负债表的编制。

星光公司2019年12月31日总分类账户和有关明细分类账户的余额如表9-10所示。

表9-10 账户余额表

编制单位：星光公司　　2019年12月31日　　单位：元

总分类账户	明细分类账户	借方余额	贷方余额	总分类账户	明细分类账户	借方余额	贷方余额
应收账款		23 000		应付账款			10 000
	——甲公司	25 000			——丙公司		15 000
	——乙公司		2 000		——丁公司	5 000	
预付账款		4 700		预收账款			1 000
	——A公司	5 000			——C公司		4 000
	——B公司		300		——D公司	3 000	
原材料		27 000		应交税费			72 700
库存商品		20 000		利润分配	——未分配利润		159 920
生产成本		8 000		盈余公积			48 780
固定资产		400 000		实收资本			200 000
库存现金		700		累计折旧			60 000
银行存款		69 000					

要求：

（1）计算资产负债表中的货币资金、应收账款、预收款项、预付款项、存货、应交税费和所有者权益；

（2）计算企业的资产总额。

2. 练习利润表的编制。

资料：第四章练习题核算题第四题。其中，广发公司总股本为200 000股，没有其他综合收益。

要求：填制广发公司2019年度的利润表，如表9-11所示。

表9-11 利润表　　**会企02表**

编制单位：广发公司　　2019年12月　　单位：元

项目	本期金额	上期金额
一、营业收入		略
减：营业成本		
税金及附加		
销售费用		
管理费用		
研发费用		
财务费用		

（续表）

项目	本期金额	上期金额
其中，利息费用		
利息收入		
资产减值损失		
信用减值损失		
加：其他收益		
投资收益（损失以“-”填列）		
公允价值变动收益（损失以“-”填列）		
二、营业利润（损失以“-”填列）		略
加：营业外收入		
减：营业外支出		
三、利润总额（亏损总额以“-”填列）		
减：所得税费用		
四、净利润（净亏损以“-”填列）		
五、其他综合收益的税后净额		
六、综合收益总额		
七、每股收益		
（一）基本每股收益		
（二）稀释每股收益		

第十章 会计核算程序

第一节 会计核算程序的意义和要求

一、会计核算程序的意义

为了连续、全面、系统地反映单位的经济活动，为经济管理提供系统的会计信息，以及科学、合理地组织会计工作，各单位必须根据自身的具体情况，确定相应的会计核算程序，使会计凭证的填制、账簿的登记、财务报表的编制能够有机地结合起来，做到互相配合、互相衔接，形成一个严密的网络，有条不紊地做好会计核算工作。

会计核算程序又称会计核算形式或账务处理程序，是一种会计凭证、会计账簿、财务报表相结合的方式，包括账簿组织和记账程序。账簿组织是指会计凭证和会计账簿的种类、格式，会计凭证与账簿之间的联系方法；记账程序是指由填制、审核原始凭证到填制、审核记账凭证，登记日记账、明细分类账和总分类账，编制财务报表的工作程序和方法等。

会计核算程序是否科学、合理，将对整个会计核算工作带来多方面的影响。设计科学合理的会计核算程序，对于保证准确、及时地提供系统全面的会计信息，具有十分重要的意义。

（1）有利于规范会计工作，提高会计信息质量。会计核算工作需要会计部门的各类会计人员之间的密切配合，有了科学合理的核算组织程序，会计人员在进行会计核算时就能够做到有序可循，有条不紊地处理好各个环节的会计核算工作内容，保证会计信息加工过程的严密性，有利于提高会计信息质量。

（2）有利于保证会计记录的完整性和正确性，增强会计信息的可靠性。在进行会计核算工作时，保证会计信息真实可靠是对会计工作的首要要求。建立科学合理的会计核算程序，形成加工和整理会计信息的正常机制，会计人员按照不同的责任分工，对企业发生的交易和事项进行记录和报告，有利于保证会计记录和报告的完整性和正确性，增强会计信息的可靠性。

（3）有利于提高会计核算工作效率，保证会计信息的及时性。组织会计核算的过程也是对人力、物力和财力的消耗过程，因此，会计核算本身也应讲求经济效益。根据“效益大于成本”原则设计的会计核算程序，减少了不必要的会计核算环节，能够在一定程度上降低会计核算工作的成本，节约会计核算方面的费用支出，大大提高会计核算工作效率，满足会计信息质量的及时性要求。

二、会计核算程序的要求

一般来说，任何单位的会计核算形式，应当符合以下基本要求。

（1）要与本单位经济活动的性质、经济管理的特点、规模的大小、业务的繁简以及会计机构和会计人员的配备情况等相适应。一般而言，企业经济活动内容比较复杂、规模较大、业务繁多，其会计核算程序相对也比较复杂；反之，则比较简单。

（2）要能够正确、及时和完整地提供会计资料，满足单位经济管理的需要，同时也要能够为国家和有关部门提供必要的会计资料。

（3）要在保证会计资料正确、真实和完整的前提下，力求简化核算手续，节约人力和物力，提高核算工作的效率，并为逐步采用现代化的核算工具创造条件。

（4）要有利于建立会计工作的岗位责任制，有利于会计人员的分工和协作。

上述各项要求是确定会计核算程序最基本的要求，在实际工作中，由于各个单位的具体情况不同，会计核算程序也不可能完全相同。我国曾出现过多种不同的会计核算程序，经过多年来的实践、总结和发展，目前普遍采用记账凭证核算程序、科目汇总表核算程序和汇总记账凭证核算程序。此外，还有多栏式日记账核算程序、日记总账核算程序等。各种核算程序的主要区别在于它们登记总账的依据和方法不同，各企业可根据自身特点选择使用。

第二节　记账凭证核算程序

一、记账凭证核算程序的特点

记账凭证核算程序是直接根据记账凭证逐笔登记总分类账的一种核算程序。该程序是最基本的会计核算程序，其他会计核算程序都是在此基础上，根据经济管理的需要演变和发展起来的。

二、记账凭证核算程序设置的会计凭证和账簿

（一）记账凭证核算程序设置的会计凭证

在记账凭证核算程序下，需要设置收款凭证、付款凭证和转账凭证，作为登记总分类账和明细分类账的依据。规模小的单位也可以采用通用记账凭证的格式。

（二）记账凭证核算程序设置的账簿

在记账凭证核算程序下，需要设置库存现金日记账、银行存款日记账、总分类账和明细分类账。日记账和总分类账均可采用三栏式账页格式，明细分类账则可根据经济管理的实际需要，采用三栏式、数量金额式或多栏式的账页格式。

三、记账凭证核算程序的账务处理程序

记账凭证核算程序的账务处理程序如图10-1所示。

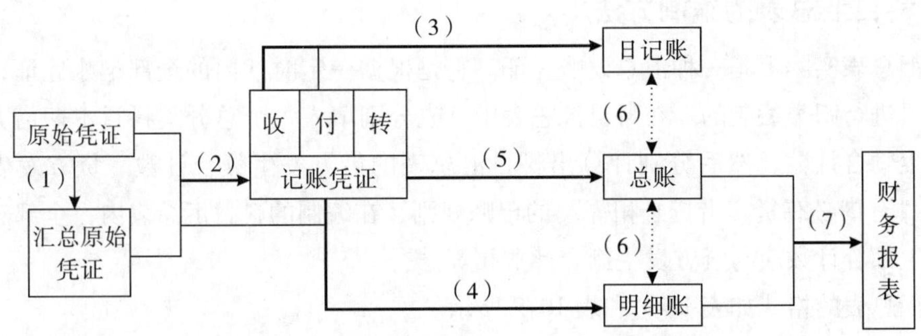

图 10-1　记账凭证核算程序的账务处理程序

记账凭证核算程序的账务处理程序可概括为：

（1）根据原始凭证填制汇总原始凭证；

（2）根据原始凭证或汇总原始凭证填制记账凭证；

（3）根据收款凭证和付款凭证序时逐笔登记库存现金日记账、银行存款日记账；

（4）根据记账凭证及其所附的原始凭证或汇总原始凭证登记各种明细分类账；

（5）根据收款凭证、付款凭证和转账凭证逐笔登记总分类账；

（6）月末，根据总分类账记录与库存现金日记账、银行日记账和有关明细分类账进行核对；

（7）月末，根据已核对无误的总分类账和明细分类账记录编制财务报表。

四、记账凭证核算程序的评价

记账凭证核算程序简单明了、易于理解，总分类账较详细地记录和反映了经济业务的发生和完成情况，便于相关人员了解经济业务的来龙去脉和查对账目。其不足之处是总分类账的登记工作量较大。如果一家企业规模大、记账凭证多，那么登记总分类账的工作量也就很大。因此，记账凭证核算程序一般适用于规模小且经济业务量较少的单位。

第三节　科目汇总表核算程序

一、科目汇总表核算程序的特点

科目汇总表核算程序是根据科目汇总表登记总分类账的一种核算程序。其特点为：定期（五天、十天或十五天、一个月）将全部记账凭证汇总编制成科目汇总表，然后直接根据科目汇总表登记总分类账。

在科目汇总表核算程序下，采用的记账凭证和会计账簿与记账凭证核算程序的要求基本相同，仍需设置库存现金日记账、银行存款日记账、总分类账和明细分类账。在总账设置上应采用普通的借、贷、余三栏式格式，不需要设置有“对方科目”栏的账页格式。

二、科目汇总表的编制方法

科目汇总表实际上是一种汇总记账凭证。它是根据一定时期内的全部记账凭证，按相同的会计科目进行归类编制的。在科目汇总表中，先分别填入每个总分类科目本期借方发生额和贷方发生额合计数，然后分别计算出科目汇总表的借方发生额合计数、贷方发生额合计数。根据“有借必有贷，借贷必相等”的记账规则，在编制的科目汇总表内，全部总账科目的借方发生额合计数应与贷方发生额合计数相等。

科目汇总表的格式如表 10-1 和表 10-2 所示。

表 10-1　科目汇总表（格式一）

____年__月__日至____年__月__日

会计科目	账页	本期发生额		记账凭证起讫号数
		借方	贷方	

复核：　　　　　　　　　　记账：　　　　　　　　　　制表：

表 10-2　科目汇总表（格式二）

____年__月

会计科目	账页	自 1 日至 10 日		自 11 日至 20 日		自 21 日至 31 日		本月合计	
		借方	贷方	借方	贷方	借方	贷方	借方	贷方

复核：　　　　　　　　　　记账：　　　　　　　　　　制表：

三、科目汇总表核算程序的账务处理程序

科目汇总表核算程序的账务处理程序如图 10-2 所示。

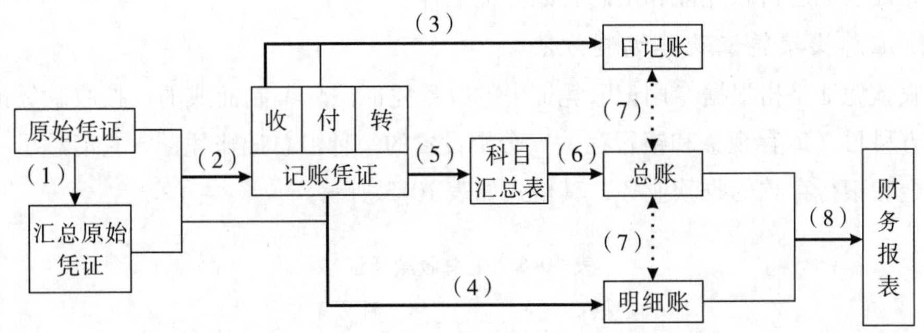

图 10-2　科目汇总表核算程序的账务处理程序

科目汇总表核算程序的账务处理程序可概括为：

(1) 根据原始凭证填制汇总原始凭证；

(2) 根据原始凭证或汇总原始凭证编制记账凭证；

(3) 根据收款凭证和付款凭证序时逐笔登记库存现金日记账和银行存款日记账；

(4) 根据记账凭证及其所附的原始凭证或汇总原始凭证登记明细分类账；

(5) 根据各种记账凭证编制科目汇总表；

(6) 根据科目汇总表登记总分类账；

(7) 月末，根据总账记录与库存现金日记账、银行存款日记账和有关明细分类账进行核对；

(8) 月末，根据核对无误的总分类账和各明细分类账的记录编制财务报表。

四、科目汇总表核算程序的评价

在科目汇总表核算程序下，由于总分类账是根据定期编制的科目汇总表登记的，所以大大简化了登记总分类账的工作量；科目汇总表具有试算平衡的作用。其不足之处是科目汇总表不能反映账户的对应关系，不便于分析和检查经济业务的来龙去脉，也不便于查对账目。因此，科目汇总表核算程序适用于经济业务量较多的单位。

第四节　汇总记账凭证核算程序

一、汇总记账凭证核算程序的特点

汇总记账凭证核算程序又称分类汇总记账凭证核算程序，是根据汇总记账凭证登记总分类账的一种核算程序。其特点为：根据各种专用记账凭证定期（五天、十天或十五天、一个月）汇总编制成汇总记账凭证，然后根据汇总记账凭证登记总分类账。

在汇总记账凭证核算程序下，采用的记账凭证和会计账簿与记账凭证核算程序的要求基本相同，仍需设置库存现金日记账、银行存款日记账、总分类账和明细分类账。在总账设置上应使用设有“对方科目”栏的账页格式。

二、汇总记账凭证的编制方法

因为专用记账凭证分为收款凭证、付款凭证和转账凭证三种，所以汇总记账凭证可分为汇总收款凭证、汇总付款凭证和汇总转账凭证三种。

（一）汇总收款凭证及其编制方法

汇总收款凭证是指根据专用记账凭证中的收款凭证汇总编制而成的，按收款凭证上会计分录的借方科目（库存现金和银行存款）分别设置的一种汇总记账凭证。它汇总了一定时期内库存现金和银行存款的收款业务，其格式如表 10-3 所示。

表 10-3　汇总收款凭证

借方科目：　　　　　　　　　　＿＿年＿月　　　　　　　　　　第　号

贷方科目	金额			总账页数	
	1—10 日收款凭证 第＿号至第＿号	11—20 日收款凭证 第＿号至第＿号	21—31 日收款凭证 第＿号至第＿号	借方	贷方

复核：　　　　　　　　　　记账：　　　　　　　　　　制单：

汇总收款凭证的编制方法为：将需要进行汇总的收款凭证，按其对应的贷方科目进行归类，计算出每一个贷方科目发生额合计数，并填入汇总收款凭证中。一般可 5 天或 10 天汇总一次。月终，计算出每个贷方发生额合计数，据以登记总分类账。

（二）汇总付款凭证及其编制方法

汇总付款凭证是指根据专用记账凭证中的付款凭证汇总编制而成的，按付款凭证上会计分录的贷方科目（库存现金和银行存款）分别设置的一种汇总记账凭证。它汇总了一定时期内库存现金和银行存款的付款业务，其格式如表 10-4 所示。

表 10-4　汇总付款凭证

贷方科目：　　　　　　　　　　＿＿年＿月　　　　　　　　　　第　号

借方科目	金额			总账页数	
	1—10 日付款凭证 第＿号至第＿号	11—20 日付款凭证 第＿号至第＿号	21—31 日付款凭证 第＿号至第＿号	借方	贷方

复核：　　　　　　　　　　记账：　　　　　　　　　　制单：

汇总付款凭证的编制方法为：将需要进行汇总的付款凭证，按其对应的借方科目进行归类，计算出每一个借方科目的发生额合计数，填入汇总付款凭证中。一般可 5 天或 10 天汇总一次。月终，计算出每个借方发生额合计数，据以登记总分类账。

（三）汇总转账凭证及其编制方法

汇总转账凭证是按转账凭证中的每一个贷方科目分别设置的，用来汇总一定时期内转账业务的一种汇总记账凭证，其格式如表10-5所示。

表10-5 汇总转账凭证

贷方科目： ____年 月 第 号

借方科目	金额			总账页数	
	1—10日转账凭证 第__号至第__号	11—20日转账凭证 第__号至第__号	21—31日转账凭证 第__号至第__号	借方	贷方

复核： 记账： 制单：

汇总转账凭证的编制方法为：将需要汇总的转账凭证，按其对应的借方科目进行归类，计算出每一个借方科目发生额合计数，填入汇总转账凭证中。一般可以5天或10天汇总一次，每月编制一张。月终，计算出每个借方科目发生额合计数，据以登记总分类账。

由于汇总转账凭证上科目的对应关系是，一个贷方科目与一个或几个借方科目相对应，在汇总记账凭证核算程序下，为了便于编制汇总转账凭证，所有转账凭证也只能填制一借一贷和多借一贷的会计分录，不宜填制一借多贷和多借多贷的会计分录。

如果在一个月内某一贷方账户的转账凭证不多，那么可以不编制汇总转账凭证，直接根据单个的转账凭证登记总分类账。

三、汇总记账凭证核算程序的账务处理程序

汇总记账凭证核算程序的账务处理程序如图10-3所示。

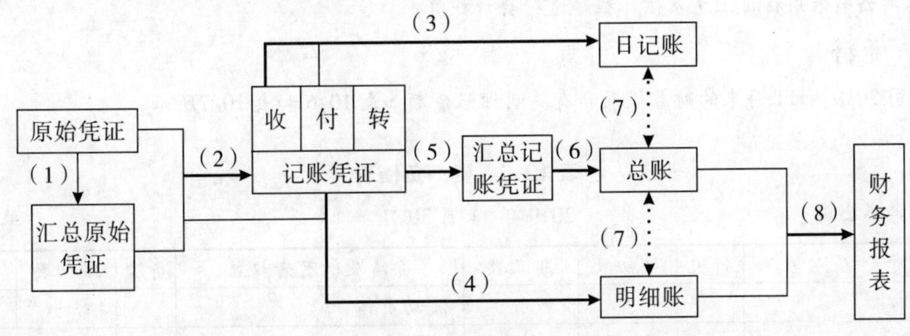

图10-3 汇总记账凭证核算程序的账务处理程序

汇总记账凭证核算程序的账务处理程序可概括为：

（1）根据原始凭证填制汇总原始凭证；

（2）根据原始凭证或汇总原始凭证编制记账凭证；

（3）根据收款凭证和付款凭证序时逐笔登记库存现金日记账和银行存款日记账；

（4）根据记账凭证及其所附的原始凭证或汇总原始凭证登记明细分类账；

（5）根据记账凭证定期汇总编制汇总记账凭证；

（6）根据各种汇总记账凭证登记总分类账；

（7）月末，根据总分类账记录与库存现金日记账、银行存款日记账和有关明细分类账进行核对；

（8）月末，根据核对无误的总分类账和明细分类账的记录编制财务报表。

四、汇总记账凭证核算程序的评价

在汇总记账凭证核算程序下，总分类账是根据定期编制的汇总记账凭证登记的，这大大简化了登记总分类账的工作量；在汇总记账凭证上能清晰地反映账户之间的对应关系，便于了解经济业务的来龙去脉。其不足之处是汇总转账凭证是按每一贷方科目设置，而不是按经济业务的性质归类、汇总，不利于会计核算工作的分工。当转账凭证数量较多时，编制汇总转账凭证的工作量较大。因此，汇总记账凭证核算程序适用于规模大且经济业务量较多的单位。

第五节　会计核算程序示例

现以制造企业为例，说明科目汇总表的核算程序。

一、资料

（一）说明

（1）惠丰公司是一家只有一个生产车间的制造企业。

（2）惠丰公司生产 A、B 两种产品，材料按实际成本进行核算。

（3）惠丰公司采用科目汇总表核算程序进行会计核算。

（二）资料

惠丰公司 2019 年 11 月末的财务报表和有关明细账余额如表 10-6 和表 10-7所示。

表 10-6　资产负债表

编制单位：惠丰公司　　2019 年 11 月 30 日　　单位：元

资产	行次	年初数	期末数	负债及所有者权益	行次	年初数	期末数
流动资产				流动负债			
货币资金	1	146 800	172 000	短期借款	26	180 000	200 000

（续表）

资产	行次	年初数	期末数	负债及所有者权益	行次	年初数	期末数
交易性金融资产	2			交易性金融负债	27		
应收票据	3			应付票据	28		
应收账款	4	56 000	48 000	应付账款	29	20 000	30 000
预付款项	5			预收款项	30		
其他应收款	6			合同负债	31		
存货	7	240 000	352 900	应付职工薪酬	32	18 000	17 000
合同资产	8			应交税费	33		
持有待售资产	9			其他应付款	34		
一年内到期的非流动资产	10			一年内到期的非流动负债	35		
其他流动资产	11	7 200	600	其他流动负债	36	2000	3000
流动资产合计	12	450 000	573 500	流动负债合计	37	220 000	250 000
非流动资产				非流动负债			
债权投资	13			长期借款	38	200 000	200 000
其他债权投资	14			应付债券	39		
长期应收款	15			长期应付款	40		
长期股权投资	16			其他非流动负债	41		
投资性房地产	17			非流动负债合计	42	200 000	200 000
固定资产	18	350 000	346 500	负债合计	43	420 000	450 000
在建工程	19			所有者权益			
无形资产	20			实收资本	44	300 000	300 000
开发支出	21			资本公积	45	20 000	20 000
长期待摊费用	22			盈余公积	46	60 000	60 000
其他非流动资产	23			未分配利润	47		90 000
非流动资产合计	24	350 000	346 500	所有者权益合计	48	380 000	470 000
资产总计	25	800 000	920 000	负债及所有者权益总计	49	800 000	920 000

单位负责人：伍英　　财会负责人：黎明　　编制人：程军　　报出日期：2019 年 12 月 4 日

表 10-7　利润表

编制单位：惠丰公司　　2019 年 11 月　　单位：元

项目	行次	本月数	本年累计数
一、营业收入	1	680 000	7 500 000
减：营业成本	2	530 000	5 900 000
税金及附加	3	13 600	140 000

（续表）

项目	行次	本月数	本年累计数
销售费用	4	76 400	870 000
管理费用	5	30 000	360 000
财务费用	6	2 000	30 000
研发费用	7		
资产减值损失	8		70 000
加：其他收益	9		
投资收益（损失以“-”填列）	10		
公允价值变动收益（损失以“-”填列）	11		
资产处置收益	12		
二、营业利润（损失以“-”填列）	13	28 000	130 000
加：营业外收入	14		
减：营业外支出	15		10 000
三、利润总额（亏损总额以“-”填列）	16	28 000	120 000
减：所得税费用	17	7 000	30 000
四、净利润（净亏损以“-”填列）	18	21 000	90 000
五、其他综合收益	19	0	0
六、综合收益总额	20	21 000	90 000
七、每股收益	21		0.3

单位负责人：伍英　　　　会计主管：黎明　　　　制表人：程军

（三）惠丰公司12月发生的经济业务

（1）1日，采购甲材料2 800千克，单价为每千克50元，增值税税率为13%，用银行存款支付。

（2）3日，从群艺公司购入乙材料9 000千克，单价为每千克20元，增值税税率为13%。乙材料已验收入库，货款尚未支付。

（3）5日，1日采购的甲材料已经运回，已验收入库。同日，用现金支付甲材料的运杂费2 800元。

（4）7日，工人李三因病住院，借款3 000元。出纳开出现金支票。

（5）8日，销售A产品100件，单位售价为3 500元，增值税税率为13%，货款已收到。

（6）9日，向吴购公司销售甲材料100千克，单位售价为65元，单位成本为50.40元，增值税税率为13%，款项尚未收到。

（7）10日，管理部门购买办公用品180元，支付现金。

（8）11日，企业购买车间劳保用品共计2 980元，开出支票2 800元，不足部分以现金支付。

（9）15日，用银行存款支付广告费18 000元。

（10）18日，提取现金188 000元，全部用于发放工资，当日发放完毕。

（11）20日，张伟出差借4 000元，出纳开出现金支票。

（12）22日，用银行存款支付本月水电费26 000元。其中，A产品耗用18 000元，B产品耗用6 000元，生产车间耗用500元，管理部门耗用1 200元，销售部门耗用300元。

(13) 23 日，用银行存款支付管理部门日常办公费 1 200 元和销售部门日常费用 3 000元。

(14) 24 日，李三因住院借款，作为困难补助支出 3 200 元，出纳用现金补足。

(15) 25 日，张伟出差回来，经批准，可以报销差旅费 3 580 元，余款收回现金。

(16) 26 日，谢军交回私用工作电话的话费 30 元。电信部门托收本月电话费1 300元。

(17) 27 日，销售 A 产品 80 件，单位售价为 3 480 元，增值税税率为 13%，款项已收到。

(18) 28 日，从银行借到短期借款 200 000 元，期限为三个月，利率为 7%，款项已经到账。

(19) 29 日，用银行存款支付下一年度的报刊费 6 000 元，并支付本季度短期借款的利息 4 500 元（其中 1 500 元为本月利息）。

(20) 29 日，向宏大公司销售 B 产品 150 件，单位售价为 580 元，增值税税率为 13%，款项未收到。

(21) 30 日，从银行提取现金 1 500 元备用。

(22) 30 日，收到 9 日吴购公司所欠货款，款项已存入银行。

(23) 摊销本月负担的报刊订阅费 600 元。

(24) 提取本月折旧费 3 180 元，其中，生产车间折旧费 1 910 元，企业管理部门折旧费1 270 元。

(25) 提取生产车间设备大修费用 2 800 元。

(26) 将本月工资及福利费分配计入生产成本等账户，分配数如表 10-8 所示。

表 10-8 工资及福利费分配表

2019 年 12 月

项目	工时	应分配工资	应分配福利费	备注
生产人员——A 产品	19 000	95 000	13 300	
生产人员——B 产品	5 280	26 400	3 696	
车间管理人员		15 000	2 100	
企业管理人员		20 600	2 884	
产品销售人员		31 000	4 340	
合计	24 280	188 000	26 320	

审核人：刘强　　　　　　　　　　　　填表人：王平

(27) 本月耗用材料如表 10-9 所示。

表 10-9 材料耗用汇总表

2019 年 12 月

项目	甲材料		乙材料		合计
	数量	金额	数量	金额	
生产 A 产品耗用	3 000	153 000	7 000	140 000	293 000
生产 B 产品耗用	800	40 800	2 000	40 000	80 800
生产车间耗用	100	5 100	200	4 000	9 100
管理部门耗用	80	4 080	100	2 000	6 080
合计	3 980	202 980	9 300	186 000	388 980

审批人：刘自　　　　　　材料保管人：谢青　　　　　　经手人：张琳

（28）月末按工时比例分配结转生产车间的制造费用。

（29）本月生产A产品160件全部完工，B产品全部为在产品，结转A产品完工入库的生产成本。本月销售A产品的生产成本为499 020元，销售B产品的生产成本为71 250元，结转已销售产品的生产成本。

（30）经财产清查发现盘盈甲材料40千克，价值2 000元。

（31）经财产清查发现盘亏乙材料50千克，采购成本为1 000元。

（32）经过研究，盘亏材料属于非常损失，其价值作营业外支出处理。盘盈材料冲减管理费用。远东化工公司倒闭，其所欠3 000元无法收回，作坏账损失处理。

（33）计算本月应交消费税14 308元，应交增值税52 377元，并开出支票全部上缴。

（34）将本月发生的损益类账户的发生额结转到“本年利润”账户。

（35）按25%的所得税税率计提并缴纳所得税7 857元。

（36）结转本年净利润22 761元，提取盈余公积2 276.10元，向投资者分配利润18 290.30元，款项通过银行支付。

（37）进行利润分配科目的年末结转。

二、会计实务

（一）填制记账凭证（用会计分录代替）

（1）借：在途物资——甲材料　140 000
　　应交税费——应交增值税（进项税额）　18 200
　　贷：银行存款　158 200

（2）借：原材料——乙材料　180 000
　　应交税费——应交增值税（进项税额）　23 400
　　贷：应付账款——群艺公司　203 400

（3）①借：在途物资——甲材料　2 800
　　　贷：库存现金　2 800
　②借：原材料——甲材料　142 800
　　　贷：在途物资——甲材料　142 800

（4）借：其他应收款——李三　3 000
　　贷：银行存款　3 000

（5）借：银行存款　395 500
　　贷：主营业务收入　350 000
　　　应交税费——应交增值税（销项税额）　45 500

（6）①借：应收账款——吴购公司　7 345
　　　贷：其他业务收入　6 500
　　　　应交税费——应交增值税（销项税额）　845
　②借：其他业务成本　5 040
　　　贷：原材料——甲材料　5 040

（7）借：管理费用 180

贷：库存现金 180

（8）借：制造费用 2 980

贷：库存现金 180

银行存款 2 800

（9）借：销售费用——广告费 18 000

贷：银行存款 18 000

（10）①借：库存现金 188 000

贷：银行存款 188 000

②借：应付职工薪酬——工资 188 000

贷：库存现金 188 000

（11）借：其他应收款——张伟 4 000

贷：银行存款 4 000

（12）借：生产成本——A 产品 18 000

——B 产品 6 000

制造费用 500

管理费用 1 200

销售费用 300

贷：银行存款 26 000

（13）借：管理费用 1 200

销售费用 3 000

贷：银行存款 4 200

（14）借：应付职工薪酬——职工福利 3 200

贷：其他应收款——张三 3 000

库存现金 200

（15）借：管理费用 3 580

库存现金 420

贷：其他应收款——张伟 4 000

（16）①借：管理费用 1 270

其他应收款——代垫电话费 30

贷：银行存款 1 300

②借：库存现金 30

贷：其他应收款——代垫电话费 30

（17）借：银行存款 314 592

贷：主营业务收入 278 400

应交税费——应交增值税（销项税额） 36 192

（18）借：银行存款 200 000

贷：短期借款 200 000

（19）①借：预付账款——订报费　6 000
　　贷：银行存款　6 000
②借：财务费用　1 500
　　应付利息——借款利息　3 000
　　贷：银行存款　4 500
（20）借：应收账款——宏大公司　98 310
　　贷：主营业务收入　87 000
　　　应交税费——应交增值税（销项税额）　11 310
（21）借：库存现金　1 500
　　贷：银行存款　1 500
（22）借：银行存款　7 345
　　贷：应收账款——吴购公司　7 345
（23）借：管理费用　600
　　贷：预付账款——订报费　600
（24）借：制造费用——折旧费　1 910
　　管理费用——折旧费　1 270
　　贷：累计折旧　3 180
（25）借：管理费用　2 800
　　贷：其他应付款——大修理费　2 800
（26）①借：生产成本——A 产品　95 000
　　　　——B 产品　26 400
　　制造费用　15 000
　　管理费用　20 600
　　销售费用　31 000
　　贷：应付职工薪酬——工资　188 000
②借：生产成本——A 产品　13 300
　　　　——B 产品　3 696
　　制造费用　2 100
　　管理费用　2 884
　　销售费用　4 340
　　贷：应付职工薪酬——职工福利　26 320
（27）借：生产成本——A 产品　293 000
　　　　——B 产品　80 800
　　制造费用　9 100
　　管理费用　6 080
　　贷：原材料——甲材料　202 980
　　　　——乙材料　186 000

(28) 借：生产成本——A 产品　　24 720
　　　　　　　——B 产品　　6 870
　　贷：制造费用　　31 590
(29) ①借：库存商品——A 产品　　444 020
　　　贷：生产成本——A 产品　　444 020
　　②借：主营业务成本　　570 270
　　　贷：库存商品——A 产品　　499 020
　　　　　　　　——B 产品　　71 250
(30) 借：原材料——甲材料　　2 000
　　贷：待处理财产损溢　　2 000
(31) 借：待处理财产损溢　　1 130
　　贷：原材料——乙材料　　1 000
　　　　应交税费——应交增值税（进项税额转出）　　130
(32) ①借：营业外支出　　1 130
　　　贷：待处理财产损溢　　1 130
　　②借：待处理财产损溢　　2 000
　　　贷：管理费用　　2 000
　　③借：资产减值损失　　3 000
　　　贷：应收账款——远东化工公司　　3 000
(33) ①借：税金及附加　　14 308
　　　贷：应交税费——应交消费税　　14 308
　　②借：应交税费——应交增值税（已交税金）　　52 377
　　　　　　　　——应交消费税　　14 308
　　　贷：银行存款　　66 685
(34) ①借：主营业务收入　　715 400
　　　　其他业务收入　　6 500
　　　贷：本年利润　　721 900
　　②借：本年利润　　691 552
　　　贷：主营业务成本　　570 270
　　　　　销售费用　　56 640
　　　　　税金及附加　　14 308
　　　　　其他业务成本　　5 040
　　　　　管理费用　　39 664
　　　　　财务费用　　1 500
　　　　　营业外支出　　1 130
　　　　　资产减值损失　　3 000
(35) ①借：所得税费用　　7 587
　　　贷：应交税费——应交所得税　　7 587

②借：本年利润　7 587
　贷：所得税费用　7 587
③借：应交税费——应交所得税　7 587
　贷：银行存款　7 587
（36）①借：本年利润　22 761
　贷：利润分配——未分配利润　22 761
②借：利润分配——提取盈余公积　2 276.10
　贷：盈余公积　2 276.10
③借：利润分配——应付利润　18 290.30
　贷：应付股利　18 290.30
④借：应付股利　18 290.30
　贷：银行存款　18 290.30
（37）借：利润分配——未分配利润　20 566.40
　贷：利润分配——提取盈余公积　2 276.10
　　——应付利润　18 290.30

（二）编制T字型账户

T字型账户如图10-4至图10-6所示。

主营业务成本

借方	贷方
（29）570 270	（34）570 270
570 270	570 270

税金及附加

借方	贷方
（33）14 308	（34）14 308
14 308	14 308

其他业务成本

借方	贷方
（6）5 040	（34）5 040
5 040	5 040

应付利息

借方	贷方
（19）3 000	
3 000	

应付职工薪酬——工资

借方	贷方
（10）188 000	（26）188 000
188 000	188 000

应付职工薪酬——职工福利

借方	贷方
（14）3 200	（26）26 320
3 200	26 320

应付股利

借方	贷方
（36）18 290.30	（36）18 290.30
18 290.30	18 290.30

盈余公积

借方	贷方
	（36）2 276.10
	2 276.10

所得税费用

借方	贷方
（35）7 587	（35）7 587
7 587	7 587

营业外支出

借方	贷方
（32）1 130	（34）1 130
1 130	1 130

其他业务收入

借方	贷方
（34）6 500	（6）6 500
6 500	6 500

图10-4　T字型账户（Ⅰ）

财务费用	
（19）1 500	（34）1 500
1 500	1 500

短期借款	
	（18）200 000
	200 000

应付账款	
	（2）203 400
	203 400

库存商品	
（29）444 020	（29）570 270
444 020	570 270

其他应付款	
	（25）2 800
	2 800

预付账款	
（19）6 000	（23）600
6 000	600

累计折旧	
	（24）3 180
	3 180

在途物资	
（1）140 000	（3）142 800
（3）2 800	
142 800	142 800

应收账款	
（6）7 345	（22）7 345
（20）98 310	（32）3 000
105 655	10 345

原材料	
（2）180 000	（6）5 040
（3）142 800	（27）388 980
（30）2 000	（31）1 000
324 800	395 020

其他应收款	
（4）3 000	（14）3 000
（11）4 000	（15）4 000
（16）30	（16）30
7 030	7 030

本年利润	
（34）691 552	（34）721 900
（35）7 587	
（36）22 761	
721 900	721 900

图10-5 T字型账户（Ⅱ）

销售费用	
（9）18 000	（34）56 640
（12）300	
（13）3 000	
（26）31 000	
（26）4 340	
56 640	56 640

利润分配	
（36）2 276. 10	（36）22 761
（36）18 290. 30	（37）20 566. 40
（37）20 566. 40	
41 132. 80	43 327. 40

待处理财产损溢	
（31）1 130	（30）2 000
（32）2 000	（32）1 130
3 130	3 130

银行存款	
（5）395 500	（1）158 200
（17）314 592	（4）3 000
（18）200 000	（8）2 800
（22）7 345	（9）18 000
	（10）188 000
	（11）4 000
	（12）26 000
	（13）4 200
	（16）1 300
	（19）6 000
	（19）4 500
	（21）1 500
	（33）66 685
	（35）7 587
	（36）18 290. 30
917 437	510 062. 30

应交税费	
（1）18 200	（5）45 500
（2）23 400	（6）845
（33）66 685	（17）36 192
（35）7 587	（20）11 310
	（31）130
	（33）14 308
	（35）7 587
115 872	115 872

主营业务收入	
（34）715 400	（5）350 000
	（17）278 400
	（20）87 000
715 400	715 400

管理费用	
（7）180	（32）2 000
（12）1 200	（34）39 664
（13）1 200	
（15）3 580	
（16）1 270	
（23）600	
（24）1 270	
（25）2 800	
（26）20 600	
（26）2 884	
（27）6 080	
41 664	41 664

资产减值损失	
（32）3 000	（34）3 000
3 000	3 000

库存现金	
（10）188 000	（3）2 800
（15）420	（7）180
（16）30	（8）180
（21）1 500	（10）188 000
	（14）200
189 950	191 360

生产成本	
（12）24 000	（29）444 020
（26）121 400	
（26）16 996	
（27）373 800	
（28）31 590	
567 786	444 020

制造费用	
（8）2 980	（28）31 590
（12）500	
（24）1 910	
（26）17 100	
（27）9 100	
31 590	31 590

图 10-6　T 字型账户（Ⅲ）

（三）编制科目汇总表

科目汇总表如表10-10所示。

表10-10 科目汇总表

编制单位：惠丰公司　　　　2019年12月31日

序号	凭证张数	会计科目	总页	借方金额	贷方金额
1	略，下同	库存现金		189 950	191 360
2		银行存款		917 437	510 062.30
3		在途物资		142 800	142 800
4		原材料		324 800	395 020
5		应收账款		105 655	10 345
6		其他应收款		7 030	7 030
7		库存商品		444 020	570 270
8		累计折旧			3 180
9		待处理财产损溢		3 130	3 130
10		预付账款		6 000	600
11		生产成本		567 786	444 020
12		制造费用		31 590	31 590
13		短期借款			200 000
14		应付账款			203 400
15		应付利息		3 000	
16		其他应付款			2 800
17		应付职工薪酬		191 200	214 320
18		应付股利		18 290.30	18 290.30
19		应交税费		115 872	115 872
20		盈余公积			2 276.10
21		本年利润		721 900	721 900
22		利润分配		41 132.80	43 327.40
23		主营业务收入		715 400	715 400
24		主营业务成本		570 270	570 270
25		销售费用		56 640	56 640
26		税金及附加		14 308	14 308
27		其他业务收入		6 500	6 500
28		其他业务成本		5 040	5 040

（续表）

序号	凭证张数	会计科目	总页	借方金额	贷方金额
29		管理费用		41 664	41 664
30		财务费用		1 500	1 500
31		营业外支出		1 130	1 130
32		资产减值损失		3 000	3 000
33		所得税费用		7 587	7 587
合计				5 254 632.10	5 254 632.10

会计主管人：黎明　　　　复核：范惜　　　　制表：程军

（四）登记总分类账簿

根据科目汇总表登记总分类账簿，为了简化起见，仅以“库存现金”“银行存款”“制造费用”“盈余公积”四个账户举例（参见表10-11至表10-14），其他账户从略。

表10-11　总分类账

账户名称：库存现金　　　　总页　分页

2019年		凭证字号	摘要	借方	贷方	借或贷	余额
月	日						
12	1		上期结转			借	4 000
12	31	略	本期汇总	189 950	191 360	借	2 590
12	31		本月合计	189 950	191 360	借	2 590

表10-12　总分类账

账户名称：银行存款　　　　总页　分页

2019年		凭证字号	摘要	借方	贷方	借或贷	余额
月	日						
12	1		上期结转			借	168 000
12	31	略	本期汇总	917 437	510 062.30	借	575 374.70
12	31	略	本月合计	917 437	510 062.30	借	575 374.70

表10-13　总分类账

账户名称：制造费用　　　　总页　分页

2019年		凭证字号	摘要	借方	贷方	借或贷	余额
月	日						
12	31		本期汇总	31 590	31 590	借	0
12	31	略	本月合计	31 590	31 590	平	0

表 10-14 总分类账

账户名称：盈余公积　　　　总页　分页

2019 年		凭证字号	摘要	借方	贷方	借或贷	余额
月	日						
12	1		上期结转			贷	60 000
12	31	略	本期汇总		2 276.10	贷	62 276.10
12	31		本月合计		2 276.10	贷	62 276.10

（五）登记特种日记账、各种明细账（略）

（六）编制工作底表，即编制综合试算平衡表

综合试算平衡表如表 10-15 所示。

表 10-15 综合试算平衡表

2019 年 12 月 31 日　　　　单位：元

科目	期初余额		本期发生额		期末余额	
	借方	贷方	借方	贷方	借方	贷方
库存现金	4 000		189 950	191 360	2 590	
银行存款	168 000		917 437	510 062.30	575 374.70	
应收账款	48 000		105 655	10 345	143 310	
其他应收款			7 030	7 030		
在途物资			142 800	142 800		
原材料	147 900		324 800	395 020	77 680	
库存商品	205 000		444 020	570 270	78 750	
预付账款	600		6 000	600	6 000	
固定资产	420 000				420 000	
累计折旧		73 500		3 180		76 680
待处理财产损溢			3 130	3 130		
短期借款		200 000		200 000		400 000
应付账款		30 000		203 400		233 400
应付职工薪酬		17 000	191 200	214 320		40 120
应交税费			115 872	115 872		
应付股利			18 290.30	18 290.30		
应付利息		3 000	3 000			
其他应付款				2 800		2 800
长期借款		200 000				200 000
实收资本		300 000				300 000
资本公积		20 000				20 000

（续表）

科目	期初余额		本期发生额		期末余额	
	借方	贷方	借方	贷方	借方	贷方
盈余公积		60 000		2 276.10		62 276.10
本年利润			721 900	721 900		
利润分配		90 000	41 132.80	43 327.40		92 194.60
生产成本			567 786	444 020	123 766	
制造费用			31 590	31 590		
主营业务收入			715 400	715 400		
主营业务成本			570 270	570 270		
销售费用			56 640	56 640		
税金及附加			14 308	14 308		
其他业务收入			6 500	6 500		
其他业务成本			5 040	5 040		
管理费用			41 664	41 664		
财务费用			1 500	1 500		
营业外支出			1 130	1 130		
资产减值损失			3 000	3 000		
所得税费用			7 587	7 587		
合计	993 500	993 500	5 254 632.10	5 254 632.10	1 427 470.70	1 427 470.70

制表人：程军

（七）编制资产负债表与利润表（略）

练习题

一、单项选择题

1. 各种会计核算程序最主要的区别是(　)。

A. 账簿组织不同　　B. 记账程序不同

C. 登记总账的依据和方法不同　　D. 记账方法不同

2. 科目汇总表的汇总范围是(　)。

A. 全部科目的借方余额　　B. 全部科目的贷方余额

C. 全部科目的借方、贷方发生额　　D. 部分科目的借方、贷方发生额

3. 汇总记账凭证账务处理程序适用于(　)的企业。

A. 规模较大、经济业务较多　　B. 规模较小、经济业务不多

C. 规模较大、经济业务不多　　D. 规模较小、经济业务较多

4. 科目汇总表账务处理程序的主要缺点是(　)。

A. 登记总账的工作量太大　　B. 编制科目汇总表的工作量太大

C. 不利于人员的分工　　D. 看不出科目之间的对应关系

5. (　)是直接根据记账凭证逐笔登记总分类账。

A. 记账凭证核算程序　　B. 科目汇总表核算程序

C. 汇总记账凭证核算程序　　D. 科目汇总表核算形式

6. 汇总记账凭证核算组织程序的特点是根据(　)登记总账。

A. 记账凭证　　B. 汇总记账凭证　　C. 科目汇总表　　D. 原始凭证

二、多项选择题

1. 为了便于编制汇总转账凭证，平时编制转账凭证时，应使科目保持(　)的对应关系。

A. 一借多贷　　B. 一借一贷　　C. 多借多贷　　D. 多借一贷

2. 在各种会计核算形式中，共同的账务处理程序是(　)。

A. 均应编制原始凭证　　B. 均应编制记账凭证

C. 均应编制汇总记账凭证　　D. 均应设置总账

3. 在各种会计核算组织程序中，能够减少登记总账工作量的核算组织程序是(　)。

A. 记账凭证核算组织程序　　B. 科目汇总表核算组织程序

C. 汇总记账凭证核算组织程序　　D. 日记总账核算组织程序

4. 在不同的会计核算组织程序下，登记总账的依据可以是(　)。

A. 记账凭证　　B. 汇总记账凭证　　C. 科目汇总表　　D. 汇总原始凭证

5. 科目汇总表核算组织程序的优点是(　)。

A. 反映内容详细　　B. 简化登记总账的工作量

C. 便于试算平衡　　D. 能反映账户的对应关系

三、判断题

1. 在科目汇总表账务处理程序下，总分类账均应依据科目汇总表登记。(　)
2. 在汇总记账凭证账务处理程序下，要求编制的记账凭证必须是一借一贷。(　)
3. 在记账凭证核算组织程序下，总账可以根据记账凭证逐笔登记，也可以定期汇总登记。(　)
4. 不论哪种会计核算组织程序，在编制会计报表之前，都要进行对账工作。(　)
5. 科目汇总表汇总了有关科目的借方、贷方发生额和余额。(　)
6. 科目汇总表不仅是登记总账的依据，而且根据科目汇总表可以了解企业资金运动的来龙去脉。(　)
7. 在各种会计核算组织程序中，原始凭证都不能直接作为登记总账和明细账的依据。(　)
8. 明细分类账的登记依据只能是记账凭证。(　)

四、简答题

1. 什么是会计核算程序？确定会计核算程序要注意什么问题？
2. 企业普遍采用的会计核算程序有哪几种？各有何特点？
3. 区别不同的会计核算程序，主要的标志是什么？
4. 什么是科目汇总表？如何编制科目汇总表？
5. 科目汇总表核算程序和汇总记账凭证核算程序有何优缺点？适用于什么样的单位？

五、核算题

1. 填列表10-16中的有关项目。

表 10-16　会计核算程序的优缺点比较

会计核算程序	特点	优点	缺点	适用范围
记账凭证核算程序				
科目汇总表核算程序				
汇总记账凭证核算程序				

2. 某企业“管理费用”总账账户 2019 年 6 月 20 日有借方余额 18 500 元，6 月 21 日至 30 日发生下列经济业务。

（1）开出转账支票 1 500 元支付行政管理部门本月水电费。

（2）公出人员出差归来报销差旅费 800 元，付给现金。

（3）某职工因私事打长途电话发生电话费 100 元，现收回现金（已报销）。

（4）摊销应由本月负担的保险费 600 元。

（5）月末结转本月发生的管理费用 21 300 元。

要求：

（1）编制本月业务的会计分录，并说明其应编入何种汇总记账凭证；

（2）根据汇总记账凭证登记“管理费用”总分类账户（T 字型账户），并写明摘要。

3. 练习科目汇总表核算程序。

广发公司 2019 年 6 月初各账户余额如表 10-17 所示。

表 10-17　账户余额

账户	借方余额	账户	贷方余额
库存现金	300	短期借款	160 000
银行存款	180 600	应付账款	92 000
应收账款	94 000	应交税费	31 000
原材料	320 000	长期借款	91 000
生产成本	297 000	累计折旧	1 031 000
库存商品	161 000	实收资本	4 762 000
其他应收款	100	盈余公积	77 000
固定资产	5 191 000		
合计	6 244 000	合计	6 244 000

该公司 6 月发生的经济业务见第六章练习题实务题。

要求如下。

（1）开设总分类账户，登记期初余额。

（2）根据所填制的记账凭证编制科目汇总表；每半月汇总填写一次；月终加计总额后记入总分类账。

（3）结算总分类账各账户的期末余额。

第十一章　会计工作的组织

第一节　会计工作组织的意义和要求

一、会计工作组织的意义

会计工作是经济管理的重要组成部分，它不仅是一项综合性和政策性很强的工作，而且是一项严密的技术工作。会计工作组织从广义上看，凡是与组织会计工作有关的一切事情都可以包括在内。从狭义上看，会计工作组织包括会计人员的配备、会计机构的设置、会计法规的制定与执行以及会计档案的保管。科学地组织会计工作有助于全面完成会计任务，充分发挥会计在经济管理中的作用，因此具有十分重要的意义。

（一）有利于保证会计工作的质量，提高会计工作的效率

会计通过对经济活动和财务收支情况进行核算和监督，为企业的经营管理以及其他会计信息使用者提供准确、可靠的会计信息。会计在为企业提供会计信息时，要经过凭证、账簿和财务报表等一系列方法及相应的手续和程序，对进入会计系统的数据进行确认、计量、记录、计算、分类、汇总、分析等。会计数据的传输和加工在各种手续和各个步骤之间都存在着密切的联系，客观上要求会计部门内部要进行科学设计、合理分工和严密管理。在实际工作中，由于某个程序的遗漏、脱节或差错，往往会造成会计信息不准确、不及时，从而贻误工作，甚至造成决策失误。所以，科学地组织会计工作，保证会计工作按照预先规定的程序和步骤有序地进行，能够有效防止手续遗漏、程序脱节和数字差错，提高会计工作的质量和效率。

（二）有利于确保会计工作与其他经济管理工作协调一致

会计工作作为一项综合性的经济管理工作，既有独立性，又同其他经营管理工作有着十分密切的联系。在加强科学管理、提高效益的共同目标下，能够相互补充、相互促进、相互影响。科学地组织会计工作，能使会计工作同其他经济管理工作更加协调，共同完成经济管理任务。

（三）有利于加强单位内部经济责任制

会计是经济管理的重要组成部分，单位实行内部经济责任制离不开会计。科学地组织会计工作，可促使单位内部各部门更好地履行自己的职责，管好并用好自己的资金，增收节支，提高管理水平，提高经济效益，以加强各单位内部经济责任制。

二、会计工作组织的要求

会计工作组织的要求是指组织会计工作时必须遵循管理工作的一般规律。它是做好会计工作，提高会计工作质量和效率必须遵守的原则。科学地组织会计工作、应该遵循以下几项

要求。

（一）按国家对会计工作的统一要求组织会计工作

会计所提供的资料信息，既要满足外部有关各方了解会计主体的财务状况、经营成果、现金流量的需要，又要满足内部经营管理者加强经营管理的需要；同时，还要符合国家相关政策和法规制度的要求。因此，会计工作要由国家统一管理，按照“统一领导，分级管理”的原则建立会计工作的管理体制。《会计法》明确规定国务院财政部门管理全国的会计工作。地方各级人民政府的财政部门管理本地区的会计工作。各企业、事业和行政机关等单位只有按统一要求组织会计工作，才能发挥会计工作在加强管理和提高经济效益方面的作用。

（二）根据各单位生产经营管理的特点组织会计工作

国家对组织会计工作的统一要求，只是一般的原则性规定。根据每个会计主体的经营活动范围、业务内容不同，对会计信息的要求也有差别。各个单位应该结合自己的规模大小、业务繁简等实际情况和具体管理要求，加以贯彻和落实。因此，对会计机构的设置和会计人员的配备，以及对统一会计法规的执行等方面，都要结合各单位的具体情况，做出切合实际的安排和具体实施办法。

（三）协调同其他经济管理工作的关系

会计工作既有其独立的工作内容和范围，又与其他经济管理工作存在着相互制约、相互促进的关系。各单位发生的经济业务，都要通过会计予以反映和监督。会计工作同其他经济管理工作之间既有分工，又有协作。单位在组织会计工作时，要同其他各项经济管理工作相互协调、相互配合，共同完成任务。

（四）不断提高会计工作质量，讲求工作效率，节约费用

会计信息应当符合国家宏观经济管理的要求，满足单位外部有关各方了解本单位财务状况、经营成果和现金流量的需要，满足本单位内部经营管理的需要。为了提供会计信息，会计人员要将日常发生的、大量的、错综复杂的经济业务，通过确认、计量、记录、报告等一系列程序和手续，将其转换为能供有关各方利用的会计信息。这是一项要求严密而又细致的工作，需要精心设计、科学组织。会计信息质量不高，或者出现差错或遗漏，都将造成不良的后果。因此，各单位要严密地组织会计工作，细致地规定和执行各项会计手续和工作程序。在保证会计工作质量的同时，也要注意提高会计工作效率，尽量节约会计工作时间和费用，防止机构重叠、手续复杂、重复劳动等不合理的现象发生。

第二节　会计机构

会计机构是直接从事和组织领导会计工作的职能部门。建立健全会计机构，是加强会计工作、保证会计工作顺利进行的重要条件。

一、会计机构的设置

为了保证会计工作顺利进行并充分发挥其作用，各企业、事业和行政机关等单位应根据

单位规模的大小、会计业务的繁简和经营管理的要求设置会计机构，以完成本单位的会计工作。单位规模小、会计业务简单，可不单独设置会计机构，但应在有关机构中配备会计人员并指定会计主管人员；不具备设置条件的，可根据《代理记账管理办法》委托经批准设立从事会计代理记账业务的中介机构代理记账，以保证会计工作的正常进行。国有的和国有资产占控股地位或者主导地位的大中型企业必须设置总会计师。总会计师的任职资格、任免程序、职责权限由国务院统一规定。单位规模大、会计业务复杂且业务量大的单位，可根据“统一领导，分级管理”的原则，在单位内部设置各级、各部门的会计组织。各单位可以根据会计业务量的多少，单独设置会计组织或配备会计人员。人员和经费都很少的县级直属机构，可以按隶属关系或者业务性质，归口成立联合会计单位，单独设立联合会计机构或者配备专职会计员、出纳员办理联合会计工作。

在我国，由于会计工作和财务工作之间的关系密切，实际工作中通常把两者合并在一起，设置一个财务会计机构。这个机构的主要任务是组织和处理本单位的财务与会计工作，如实地反映本单位的经济活动情况，及时向有关各方提供他们需要的各种财务会计资料，参与单位经济管理的预测与决策，严格执行会计法规制度，最终达到提高经济效益的目的。例如，企业一般设置财会科（处）或称财务科（处），科内按业务工作分设财务组、成本组、材料组、工资组、综合组等。

各单位的会计机构，在单位行政领导人的领导下开展会计工作。在设置总会计师的单位，其会计机构由总会计师直接领导，同时，也接受上级财务会计部门的指导和监督。

各级主管部门一般设置会计（财务）司、局、处、科。这些会计机构要负责组织、领导和监督所属单位的会计工作，他们的主要任务为：根据国家统一会计法规、制度的要求，制定本系统适用的会计法规、制度的实施细则；审核并批复所属单位上报的财务报表，同时汇总编制本系统的汇总会计报表；检查和指导所属单位的会计工作，帮助其解决工作上的问题；总结并组织交流所属单位会计工作的先进经验；核算本单位与财政机关以及上下级之间有关款项缴拨的会计事项等。

会计机构是一个综合性的经济管理部门，它和单位内部其他各职能部门、各生产经营业务单位的工作有着十分密切的联系，并相互促进、相互制约。因此，会计机构要主动为各职能部门、各业务单位服务，共同做好会计工作，完成会计任务。会计机构要接受上级主管机构，国家财政、税务和审计等部门的指导和监督，并按规定向它们报送财务报表。

二、会计工作的组织形式

会计工作的组织形式，一般有集中核算和非集中核算两种。

（一）集中核算

以生产制造型企业为例，集中核算就是把整个单位的会计工作主要集中在厂部会计部门进行。单位内部的其他部门和下属单位只对其发生的经济业务填制原始凭证或汇总原始凭证，并送交会计部门。原始凭证或汇总原始凭证由会计部门审核，然后根据审核后的原始凭证或汇总原始凭证填制记账凭证，登记有关账簿，编制财务报表。会计工作组织实行集中核算形式，核算工作集中有利于财务部门全面了解和分析企业经济活动情况，加速核算工作，提高工作效率。实行集中核算，其他部门、车间一般不配备专职的会计人员，可以减少核算费用。但是，实行集中核算形式不便于各部门和车间管理者随时利用核算资料检查本部门的经营管理情况。因此，集中核算形式一般适用于规模不大的企业。

（二）非集中核算

非集中核算又称分散核算，就是将会计工作分散在各有关部门进行，单位内部会计部门以外的其他部门和下属单位，在会计部门的指导下，对发生在本部门或本单位的经济业务进行较全面的核算，包括业务的凭证整理、明细核算和内部报表的编制与分析等，但总分类核算、全厂性财务报表的编制和分析仍由厂部会计部门集中进行。实行非集中核算，能使企业内部的各部门、各车间随时了解和掌握本部门、本车间的经济活动情况，发现问题及时解决，也便于考核企业内部各单位的工作成果。但是，这种核算形式需要在车间、部门设置会计机构，会增加核算工作量，影响会计工作效率，核算成本也较高。

在一个单位内，对各部门和下属单位所发生的经济业务实行集中核算或非集中核算，主要取决于经营管理的需要。如果该单位内部实行经济核算制，需要实行分级管理、分级核算，则应当实行非集中核算，这有利于各部门及时利用核算资料进行日常考核和分析，因地制宜地解决生产、经营管理上的问题。如果该单位规模较小且经济业务不多，则实行集中核算可以减少核算层次、精简机构、减少会计人员。

在实行内部经济核算制的单位，各部门和下属单位都有一定的经营管理权，负有完成各项任务的责任，并可以按照工作成果取得一定的物质利益。这些部门为了反映和考核各自的经营成果，会进行比较全面的核算。但这些部门和单位的对外往来、物资购销、债权债务的结算都应由厂部财务会计部门集中办理。因此，实行内部经济核算制的单位并不是独立核算单位。所谓独立核算单位，是对本身生产经营活动或业务活动过程及其结果进行全面、系统、独立会计核算的单位。这些单位通常拥有一定量的资金，在银行独立开户，对外办理结算，独立编制计划，单独计算盈亏和编制财务报表，并具有完整的凭证、账户、账簿系统，完整、全面地进行记账、算账，定期编报财务报表，并对其经济活动进行分析与检查。而非独立核算单位，也称报账单位，是向上级机构领取一定量的物资和备用金从事业务活动，定期报送日常业务资料，由上级机构综合进行会计核算的单位。这些单位取得的一切收入全数上缴上级机构，发生的各项开支则向上级机构报销，平时只进行原始凭证的填制、整理和汇总，以及现金账、实物明细账的登记工作，没有完整的会计核算，不独立计算盈亏，不单独编制财务报表。

三、会计工作岗位的设置

会计工作岗位就是在会计机构内部按照会计工作的内容和会计人员的配备情况，将会计工作划分为若干个具体岗位。各单位应本着有利于加强会计管理，提高工作效率，有利于分清职责、严明纪律、考核干部的要求，建立健全会计工作的岗位责任制。

各单位会计工作岗位设置，要从本单位会计业务量和会计人员配备的实际情况出发，按照效益和精简的原则划分工作岗位。岗位的设置必须符合内部牵制制度的要求，以加强会计人员之间的相互制约、相互监督、相互核对，提高会计核算工作质量，防止会计处理中发生失误、差错和营私舞弊等行为。

会计人员的工作岗位一般分为：会计主管、出纳、财产物资核算、职工薪酬核算、成本费用核算、收入利润核算、资金核算、往来结算、总账报表、稽核以及综合分析等。会计岗位可以一人一岗、一人多岗或一岗多人，各单位可以根据自身的特点做出具体规定。凡涉及款项和财物收付、结算及登记的任何一项工作，都必须由两人或两人以上分工办理，以便相互制约。出纳人员不得兼管稽核、会计档案保管及收入、费用、债权债务账目的登记工作；出纳以外的人员不得经管库存现金、有价证券和票据。

为贯彻内部牵制原则，在规模较大的单位里，由于会计业务量大，会计人员较多，会计机构内部可按经济业务的类别划分具体岗位，设立若干职能组，如设立综合财务组、职工薪酬组、资金组、成本组、会计组等。有些单位也会按经济业务和会计方法相结合的原则进行分工，设置资金核算组、成本核算组、综合报表组、审核分析组和计划决策组等。

各个岗位上的会计人员在完成本职工作的同时，要与其他岗位上的会计人员密切配合，相互协作，共同做好本单位的会计工作。实行会计工作的岗位责任制，并不要求会计人员长期固定在某一工作岗位上，会计人员之间的分工，应该有计划地进行轮换。岗位轮换一方面能使会计人员比较全面地了解和熟悉各项会计工作，提高业务水平；另一方面便于相互协作，提高工作效率，把会计工作做得更好。

第三节　会计人员

会计人员是从事会计工作、处理会计业务、完成会计任务的专业人员，包括会计机构的负责人或会计主管人员和从事具体会计业务的工作人员。企事业行政机关单位，都应当根据实际需要配备一定数量的会计人员。为了充分发挥会计人员的积极性，使全体会计人员更好地完成会计工作任务，在《会计法》和有关会计人员管理的法规中，对会计人员的职责与权限、专业技术职务等都作了明确的规定。

一、会计人员的职责与权限

（一）会计人员的职责

会计人员的职责就是及时提供真实可靠的会计信息，认真贯彻执行和维护国家财经制度及财经纪律，积极参与经营管理，提高经济效益。根据《会计法》的规定，会计人员的主要职责有以下几个方面。

（1）进行会计核算。会计人员要按照会计制度的要求，按照实际发生的经济业务事项进行会计核算，填制会计凭证，登记会计账簿，编制财务报告。会计核算工作要做到手续完备，内容真实，数字准确，账目清楚，日清月结，按期报账，如实反映财务状况、经营成果和现金流量等情况，满足有关各方了解本单位财务状况、经营成果、财务收支情况的需要。进行会计核算是会计人员最基本的职责。

（2）实行会计监督。各单位的会计机构、会计人员对本单位的各项经济业务和会计手续的合法性、合理性进行监督。对不真实、不合法的原始凭证，不予受理；对伪造、变造、故意毁灭会计账簿或账外设账的行为应当予以制止和纠正。发现账簿记录与实物、款项不符的时候，应当按照有关规定进行处理；无权自行处理的，应当立即向本单位行政领导报告，请求查明原因，做出处理。此外，会计人员还应接受审计机关、财政机关和税务机关依照法律和国家有关规定进行的监督，如实提供会计凭证、会计账簿、财务报表和其他会计资料，不得拒绝、隐匿、谎报。

（3）拟定本单位办理会计事务的具体办法。各单位要依据国家颁布的会计法规，结合本单位的特点和需要，建立健全本单位内部使用的会计事项处理办法。例如，建立会计人员岗位责任制、内部牵制和稽核制度；制定分级核算、分级管理办法和费用开支报销手续办法等。

（4）参与制订经济计划和业务计划，编制预算和财务计划并考核其执行情况。各单位编制的经济计划或业务计划是指导该单位经济活动或业务活动的主要依据，也是财务人员编制财务计划的重要依据。会计人员参与经济计划与业务计划的制订，可以在杜绝浪费、减少耗费、提高经济效益等方面发挥重要作用。

（5）办理其他会计事务。

（二）会计人员的工作权限

为保障会计人员能够顺利地履行自己的职责，国家赋予了他们必要的工作权限，主要有以下三个方面。

（1）有权要求本单位有关部门、人员认真执行国家批准的计划、预算，即督促本单位有关部门遵守国家法律及财经纪律和财务会计制度。如有违反法律、法规的情况，会计人员有权拒绝付款、拒绝报销或拒绝执行，并向本单位领导人报告。会计人员对于违反制度、法令的事项，不拒绝执行，又不向领导或上级机关、财政部门报告的，应同有关人员负连带责任。

（2）有权参与本单位编制计划，制定定额，签订经济合同，参加有关生产、经营管理会议。领导人和有关部门对会计人员提出的财务开支和经济效益方面的问题和意见，要认真考虑，合理的意见要加以采纳。

（3）有权监督、检查本单位有关部门的财务收支、资金使用和财产保管、收发、计量、检验等情况。

为了保障会计人员行使工作权限，各级领导和有关人员要支持会计人员行使工作权限。本单位领导人、上级机关和执法部门对会计人员反映的有关损害国家利益、违反财经纪律等问题，要认真及时地调查处理。如果反映的情况属实却不及时采取措施加以纠正，则由领导和上级机关负责。如果有人对会计人员坚持原则、反映情况进行刁难、阻挠或打击报复，则上级机关要查明情况，严肃处理；情节严重的，要给以党纪国法制裁。确立上述法律责任，能从法律上保护并鼓励会计人员为维护国家利益、维护财政制度和财务制度、保护社会主义公共财产、加强经济管理、提高经济效益而坚持原则，履行自己的职责。

二、会计人员的任职要求

会计人员的任职要求是对会计工作各级岗位人员业务素质的基本规定，其内容可体现为以下两个方面。

（一）对从事会计工作人员的任职要求

各单位应根据会计业务的需要配备具有专业能力的会计人员从事会计工作。会计人员不仅要具备会计专业知识和业务技能，还必须具备良好的道德品质，遵守会计法规和其他财经法律法规。

有提供虚假财务会计报告，做假账，隐匿或者故意销毁会计凭证、会计账簿、财务报告，贪污、挪用公款，职务侵占等与会计职务有关的违法行为，被依法追究刑事责任的人员，不得再从事会计工作。

（二）会计主管人员或会计机构负责人的任职要求

企业、事业、行政机关单位的会计主管人员或会计机构的负责人，是各单位会计工作的领导者和组织者。设置会计机构的单位，应配备会计机构负责人；在有关机构配备专职会计人员，应当在专职人员中指定会计主管人员。担任单位会计机构负责人（会计主管人员）的，应当具备会计师以上专业技术职务资格或者具有三年以上从事会计工作的经历。

三、会计人员专业技术资格与职务

为了合理使用会计人员，充分发挥会计人员的积极性和创造性，企业、事业和行政机关单位的会计人员依据学历、从事财务会计工作的年限、业务水平和工作业绩，并通过专业技术资格考试后，可以获得相应的会计专业技术资格。会计专业技术资格分为初级资格、中级资格、副高级资格和正高级资格四个级别。初级、中级、副高级和正高级资格名次依次为助理会计师、会计师、高级会计师和正高级会计师。初级资格和中级资格的取得实行全国统一考试制度。高级资格的取得实行考试与考评相结合制度，考试合格后，方可申请参加高级资格的评审。高级资格考试成绩合格证在全国范围内三年有效。

会计专业职务是区分会计人员从事业务工作的技术等级。在我国，许多单位对人事管理实行评聘分开制度，存在高职低聘或低职高聘现象。也就是说，会计人员取得了专业技术资格，并不意味着被用人单位聘任为相应的职务。根据人社部发〔2019〕8 号《关于深化会计人员职称制度改革的指导意见》的规定，会计人员职称评价的基本标准条件有以下四条：

第一，遵守《会计法》和国家统一的会计制度等法律；

第二，具备良好的职业道德，无严重违反财经纪律的行为；

第三，热爱会计工作，具备相应的会计专业知识和业务技能；

第四，按照要求参加继续教育。

会计人员参加各层级会计人员职称评价，除必须达到上述标准条件外，还应分别具备以下标准条件。

（一）助理会计师

（1）基本掌握会计基础知识和业务技能。

（2）能正确理解并执行财经政策、会计法律法规和规章制度。

（3）能独立处理一个方面或某个重要岗位的会计工作。

（4）具备国家教育部门认可的高中毕业（含高中、中专、职高、技校）以上学历。

（二）会计师

（1）系统掌握会计基础知识和业务技能。

（2）掌握并能正确执行财经政策、会计法律法规和规章制度。

（3）具有扎实的专业判断和分析能力，能独立负责某领域会计工作。

（4）具备博士学位；或具备硕士学位，从事会计工作满 1 年；或具备第二学士学位或研究生班毕业，从事会计工作满 2 年；或具备大学本科学历或学士学位，从事会计工作满 4 年；或具备大学专科学历，从事会计工作满 5 年。

（三）高级会计师

（1）系统掌握和应用经济与管理理论、财务会计理论与实务。

（2）具有较高的政策水平和丰富的会计工作经验，能独立负责某领域或一个单位的财务会计管理工作。

（3）工作业绩较为突出，能有效提高单位会计管理水平或经济效益。

（4）具有较强的科研能力，取得一定的会计相关理论研究成果，或主持完成会计相关研究课题、调研报告、管理方法或制度创新等。

（5）具备博士学位，取得会计师职称后，从事与会计师职责相关工作满 2 年；或具备硕士学位，或第二学士学位或研究生班毕业，或大学本科学历或学士学位，取得会计师职称后，从事与会计师职责相关工作满 5 年；或具备大学专科学历，取得会计师职称后，从事与会计师职责相关工作满 10 年。

（四）正高级会计师

（1）系统掌握和应用经济与管理理论、财务会计理论与实务，把握工作规律。

（2）政策水平高，工作经验丰富，能积极参与一个单位的生产经营决策。

（3）工作业绩突出，主持完成会计相关领域重大项目，解决重大会计相关疑难问题或关键性业务问题，提高单位管理效率或经济效益。

（4）科研能力强，取得重大会计相关理论研究成果，或其他创造性会计相关研究成果，推动会计行业发展。

（5）一般应具有大学本科及以上学历或学士以上学位，取得高级会计师职称后，从事与高级会计师职责相关工作满5年。

四、会计人员的职业道德

职业道德是指在一定职业活动中应遵循的、体现一定职业特征的、调整一定职业关系的职业行为准则和规范。会计人员在会计工作中应当遵守职业道德，树立良好的职业品质，严守工作纪律，努力提高工作效率和工作质量。我国会计人员职业道德的主要内容有以下几个方面。

（一）爱岗敬业

会计人员应当热爱本职工作，安心本职岗位，忠于职守，并为做好本职工作尽心尽力、尽职尽责，努力钻研业务，使自己的知识和技能符合所从事工作的要求。

（二）诚实守信

会计人员在工作中应根据实际发生的经济事项正确进行会计核算，踏踏实实，不弄虚作假，不欺上瞒下，要做老实人、说老实话、办老实事。保密守信，不为利益所诱惑，既不为他人所左右，又不因个人好恶而取舍，要如实反映和披露单位经济业务事项。

（三）廉洁自律

会计人员在工作中应保持廉洁的工作作风，不收受贿赂、不贪污钱财，要严格约束自己的思想与行为，增强抵制不正之风的能力，做到遵纪守法、公私分明、清正廉洁。

（四）客观公正

会计人员办理会计事务时应以客观事实为依据，真实地记录和反映实际经济业务事项，做到核算准确、记录可靠、凭证合法。遵守各种法律、法规，实事求是，不偏不倚，保持公正的从业态度，做出客观的职业判断。

（五）坚持准则

会计人员在处理业务的过程中，应当按照会计法律、法规和国家统一会计制度规定的程序和要求进行会计工作，不为主观或他人意志所左右，保证所提供的会计信息合法、真实、准确、及时、完整。

（六）提高技能

会计工作是一门专业性和技术性很强的工作，从业人员必须具备一定的会计专业知识和职业技能才能胜任会计工作。作为会计人员，必须刻苦钻研专业知识，不断提高自身的业务技能，以适应不断变化的新形势和新情况对会计工作的需要。

（七）参与管理

会计人员在参与管理的过程中，并不直接从事管理活动，只是尽职尽责地履行会计职责，间接从事管理活动，为管理活动服务。会计人员应树立参与管理的意识，努力钻研业务，全面熟悉单位的经济活动和业务过程，主动提出合理化建议，协助领导决策，积极参与管理。

（八）强化服务

会计人员应树立服务意识，具有文明的服务态度、强烈的服务意识，提高服务质量，努力维护和提升会计职业的良好社会形象。

财政部门、业务主管部门和各单位应当定期检查会计人员遵守职业道德的情况，并作为会计人员晋升、晋级、聘任专业职务、表彰奖励的重要考核依据。会计人员若有违反职业道德的，由所在单位进行处罚。情节严重的，由会计证书发证机关吊销其会计证书。

五、会计人员的工作交接

会计人员工作调动或者因故离职，必须将本人所经管的会计工作全部移交给接替人员。没有办清交接手续的，不得调动或者离职。会计人员办理移交手续前，必须及时做好以下几项工作。

（1）已经受理的经济业务尚未填制会计凭证的，应当填制完毕。

（2）尚未登记的账目，应当登记完毕，结出余额，并在最后一笔余额后加盖经办人员印章。

（3）整理应该移交的各项资料，对未了事项和遗留问题写出书面说明材料。

（4）编制移交清册，列明应当移交的会计凭证、会计账簿、财务报表、印章、现金、有价证券、支票簿、发票、文件等内容；实行电算化的单位，从事该项工作的移交人员还应当在移交清册中列明会计软件及密码、会计软件数据磁盘等内容。

会计人员办理交接手续，必须有监交人负责监交。一般会计人员交接由单位会计机构负责人、会计主管人员监交；会计机构负责人、会计主管人员交接，由单位领导人监交，必要时可由上级主管部门派人会同监交。移交完毕后，交接双方和监交人员要在移交清册上签章。移交清册一般应当一式三份，交接双方各执一份，存档一份。

移交人员对所移交的会计凭证、会计账簿、会计报表和其他有关资料的合法性、真实性承担法律责任。接替人员应当继续使用移交的会计账簿，不得另行立新账，以保持会计记录的连续性。

会计人员临时离职或者因病不能工作且需要接替或者代理的，会计机构负责人、会计主管人员或者单位领导人必须指定有关人员接替或者代理，并办理交接手续。临时离职或者因病不能工作的会计人员恢复工作的，应当与接替或者代理人员办理交接手续。移交人员因病或者其他特殊原因不能亲自办理移交的，经单位领导人批准，可由移交人员委托他人代办移交，但委托人应当承担责任。

第四节　会计规范体系

会计规范是管理会计活动、规范会计行为的法律、法令、条例、规章、制度和道德守则等的总和。它是以一定的会计理论为基础，根据国家的有关方针、政策，对会计工作所做的一系列约束，是会计行为的标准和评价会计工作质量的客观依据。

会计是一项综合性的经济管理工作，为了保证会计工作的顺利进行，会计工作必须做到有法可依、有章可循。制定和执行会计规范可以使会计工作符合预定的目标，有利于在经济活动中具体贯彻国家财经方针和政策，执行财经纪律；有了完善的会计规范，便能保障会计人员依法行使职权，充分发挥会计人员的作用。我国会计规范体系按照规范的地位和作用效力以及相应的法律级次分为四个层次：第一层次为会计法律；第二层次为会计行政法规；第三层次为会计部门规章；第四层次为地方性会计法规。

一、会计法律

会计法律是指由全国人民代表大会及其常务委员会制定和颁布的，由国家主席签发的有关调整会计关系的规范性文件或法律规范。会计法律属于会计规范体系中的最高层次规范，是指导会计工作的根本法，是制定其他会计法规的依据。我国《会计法》于1985年由全国人民代表大会常务委员会（以下简称“全国人大常委会”）通过，并于同年5月1日起实行。1993年12月、1999年10月和2017年11月为适应我国社会主义市场经济发展和深化会计改革的需要，全国人大常委会对其进行了三次修订。

现行的《会计法》是2017年修订并于当年11月5日开始实施的。其立法宗旨为：规范会计行为，保证会计资料真实、完整，加强经济管理和财务管理，提高经济效益，维护社会主义市场经济秩序。《会计法》的主要内容有会计法制定的目的及适用范围，会计工作的管理权限，会计核算，公司、企业会计核算特别规定，会计监督，会计机构和会计人员以及有关的法律责任等。《会计法》涉及我国会计工作的各个领域，是我国各单位开展会计工作的基本规范。

二、会计行政法规

会计行政法规是指由国家最高行政机关——国务院制定并发布的，或者由国务院有关部门（如财政部）拟定经国务院批准发布的，调整我国经济生活中某些方面会计关系的法律规范。会计行政法规是会计法律的补充和具体化。在我国现行的会计规范体系中，属于会计行政法规的主要有《企业财务会计报告条例》和《总会计师条例》等。

《企业财务会计报告条例》主要对财务会计报告的构成、编制、对外提供和法律责任等做了规定。

《总会计师条例》主要对总会计师的职责、权限、任免与奖惩等做了规定。

三、会计部门规章

会计部门规章是指由主管全国会计工作的行政部门——财政部及相关部委制定的关于会计方面的规范。制定会计部门规章必须以会计法律和会计行政法规的规定为依据。我国现行的会计法律中将财政部制定的会计部门规章称为国家统一的会计制度。会计制度有广义与狭义之分。广义的会计制度包括财政部制定的关于会计核算、会计监督、会计机构与会计人员以及会计工作管理的准则、制度、办法等，如《财政部门实施会计监督办法》等。我们常说的会计制度是指狭义的会计制度，即国家统一的会计核算制度，它包括会计准则和会计制度两个层次。

（一）会计准则

会计准则是会计人员进行会计活动所应遵循的规范和标准，也是对会计工作进行评价、鉴定的依据。会计准则来源于会计实务，是对会计实务的总结和升华，并对会计实务进行了指导和规范。会计准则具有严密和完整的体系。我国已颁布的会计准则有《企业会计准则》《小企业会计准则》和《政府会计准则》。

我国《企业会计准则》自2007年1月1日起在上市公司范围内实施，之后逐步扩大到国有大中型企业和其他类型企业。现行会计准则体系由基本准则、具体准则、应用指南和解释组成。

基本准则在整个准则体系中起统驭作用，主要规范会计目标、会计基本假设、会计信息质量要求、会计基础、会计要素及其确认、计量原则和财务报告等。基本准则的作用是指导具体准则的制定和为尚未有具体准则规范的会计实务问题提供处理原则。

具体准则是根据基本准则的要求，对企业各项资产、负债、所有者权益、收入、费用、利润及相关交易事项的确认、计量和报告进行规范的会计准则。

应用指南是根据基本准则、具体准则制定的，用以指导会计实务的操作指南。它是对具体准则相关条款的细化和对有关重点、难点问题提出的操作性规定。

解释是对具体准则实施过程中出现的问题、具体准则条款规定不清楚或者尚未规定的问题做出的补充说明。

基本准则具有相对的稳定性，而具体准则不断地根据新事物的发展而发展。会计准则的三项内容既相互独立又互为关联，构成统一整体。

（二）会计制度

会计制度是关于企业会计核算的制度规范，是企业处理会计业务所遵循的规则、方法和程序的总称。它是以《会计法》为依据，根据《企业会计准则》的要求制定的。它是直接指导各个企业办理会计业务、实施会计核算的重要规范，是企业进行会计核算的重要依据。目前，我国已发布执行的企业会计制度有三个：《企业会计制度》《金融企业会计制度》和《小企业会计制度》。

四、地方性会计法规

地方性会计法规是指由省、自治区、直辖市人民代表大会或常务委员会在同会计法律、行政法规和国家统一会计制度不相抵触的前提下，根据本地区情况制定发布的关于会计核算、会计监督、会计机构和会计人员以及会计工作管理的规范性文件，如《云南省会计条例》于1997年1月14日制定通过，并于2004年7月30日进行了修订。

第五节 会计档案

一、会计档案的概念与内容

会计档案是指单位在进行会计核算等过程中接收或形成，记录和反映单位经济业务事项，具有保存价值的文字、图表等各种形式的会计资料，包括通过计算机等电子设备形成、传输和存储的电子会计档案。具体包括以下四大类。

（1）会计凭证类，包括原始凭证、记账凭证。

（2）会计账簿类，包括总账、明细账、日记账、固定资产卡片及其他辅助性账簿。

（3）财务会计报告类，包括月度、季度、半年度和年度财务会计报告。

（4）其他会计资料，包括银行存款余额调节表、银行对账单、纳税申报表、会计档案移交清册、会计档案保管清册、会计档案销毁清册、会计档案鉴定意见书及其他具有保存价值的会计资料。

二、会计档案的作用

会计档案是记录和反映单位经济业务的重要史料和证据，在单位的经济管理中，具有重要的作用。

（1）会计档案是各单位总结经验、查找问题、提高经济管理水平的重要依据。

（2）会计档案是各单位预测经济前景、进行经济决策，以及编制财务、资金、成本计划的重要资料。

（3）会计档案是各单位加强会计监督、进行审计检查的重要依据和证据。

三、会计档案的管理

各单位必须按照国家财政部、国家档案局共同发布的《会计档案管理办法》，认真做好会计档案管理工作，严格执行安全和保密制度，严防毁坏、散失和泄密。

（一）会计档案的归档

各单位每年形成的会计档案，都应由单位财会部门按照归档的要求，负责整理立卷并装订成册，编制会计档案保管清册。采用电子计算机进行会计核算的单位，应当保存打印出的纸质会计档案。当年的会计档案，在会计年度终了后，可暂由本单位会计机构保管一年。期满后，再交由本单位的档案部门统一保管。未设立档案机构的单位，应当在会计机构内部指定专人保管。出纳人员不得兼管会计档案。

移交本单位档案部门保管的会计档案，原则上应当保持原卷册的封装。个别需要拆封重新整理的，档案部门应当会同会计机构和经办人员共同拆封整理，以分清责任。

（二）会计档案的查阅与移交

各单位的会计档案不得外借，如有特殊需要，出示单位正式介绍信后，经本单位负责人批准，可以提供查阅或复制，并办理登记手续。单位应设置会计档案查阅登记簿，详细登记查阅日期、查阅人、查阅理由、归还日期等。本单位人员查阅会计档案，需经会计主管人员同意。

移交会计档案的单位应当编制会计档案移交清册，列明应当移交的会计档案名称、卷号、册数、起止年度和档案编号、应当保管期限和已保管期限等内容。交接会计档案时，应当按移交清册所列内容逐项交接，并由交接双方的单位负责人负责监交。交接完毕后，交接双方经办人和监交人应当在会计移交清册上签名或盖章。

查阅或复制会计档案的人员，严禁在会计档案上涂画、拆封和抽换。

（三）会计档案的保管期限

各种会计档案的保管期限，根据保管资料的具体情况，可分为定期档案和永久档案两种。定期档案的保管期限一般分为10年和30年。会计档案的保管期限为最低保管期限，从会计年度终了后的第一天算起。企业和其他组织会计档案的保管期限如表11-1所示。

表11-1　企业和其他组织会计档案的保管期限

序号	档案名称	保管期限	备注
一	会计凭证		
1	原始凭证	30年	
2	记账凭证	30年	
二	会计账簿		
3	总账	30年	
4	明细账	30年	
5	日记账	30年	
6	固定资产卡片		自固定资产报废清理后保管5年
7	其他辅助性账簿	30年	
三	财务会计报告		
8	月度、季度、半年度财务会计报告	10年	
9	年度财务会计报告	永久	
四	其他会计资料		
10	银行对账单	10年	
11	银行存款余额调节表	10年	
12	纳税申报表	10年	
13	会计档案移交清册	30年	
14	会计档案保管清册	永久	
15	会计档案销毁清册	永久	
16	会计档案鉴定意见书	永久	

（四）会计档案的鉴定和销毁

单位应当定期对已到保管期限的会计档案进行鉴定，并形成会计档案鉴定意见书。经鉴定，仍需继续保存的会计档案，应当重新划定保管期限；对保管期满，确无保存价值的会计档案，可以销毁。

经鉴定可以销毁的会计档案，应当按照以下程序销毁。

（1）单位档案管理机构编制会计档案销毁清册，列明拟销毁会计档案的名称、卷号、册数、起止年度、档案编号、应保管期限、已保管期限和销毁时间等内容。

（2）单位负责人、档案管理机构负责人、会计管理机构负责人、档案管理机构经办人、会计管理机构经办人在会计档案销毁清册上签署意见。

（3）单位档案管理机构负责组织会计档案销毁工作，并与会计管理机构共同派员监销。监销人在会计档案销毁前，应当按照会计档案销毁清册所列内容进行清点核对；在会计档案销毁后，应当在会计档案销毁清册上签名或盖章。

练习题

一、单项选择题

1. 在会计工作岗位设置中不相容的业务不得由同一会计人员执行，其依据的原则是（ ）。

A. 权责发生制原则　B. 内部牵制原则　C. 谨慎性原则　D. 重要性原则

2. 企业在会计核算中对各项会计要素进行确认、计量、记录和报告时所应遵循的基本要求是（ ）。

A. 会计核算的基本前提　B. 会计核算的一般原则

C. 会计要素准则　D. 财务报告体系的规定

3. 我国会计核算工作最高层次的规范是（ ）。

A.《企业会计准则》　B.《中华人民共和国会计法》

C.《中华人民共和国注册会计师法》　D.《会计基础工作规范》

4. 按照《会计档案管理办法》规定，企业会计凭证、会计账簿的保管期限为（ ）。

A. 30 年　B. 15 年　C. 10 年　D. 永久

5. 企业库存现金和银行存款日记账的保管期限为（ ）。

A. 30 年　B. 25 年　C. 10 年　D. 永久

6. 下列不属于会计人员专业技术职称的是（ ）。

A. 会计师　B. 总会计师　C. 高级会计师　D. 助理会计师

二、多项选择题

1. 会计工作岗位，可以（ ）。

A. 一人一岗　B. 一人多岗　C. 一岗多人　D. 出纳兼会计档案保管工作

2. 我国会计规范体系包括以下层次内容（ ）。

A. 会计法　B. 行政法规　C. 部门规章　D. 地方性会计法规

3. 下列属于会计档案的是（ ）。

A. 会计凭证　B. 财务报表　C. 银行对账单　D. 经济合同

4. 下列会计档案应保管30年的有（　　）。

A. 总账　　B. 会计档案移交清册

C. 原始凭证　　D. 年度会计报告

5. 各单位按规定销毁会计档案时，应由（　　）部门共同派员监销。

A. 档案　　B. 审计　　C. 财政　　D. 财会

三、判断题

1. 不具备会计机构设置条件的单位，可以委托会计师代理记账。(　)

2. 银行存款余额调节表也属会计档案。(　)

3. 会计档案保管期限届满后，会计人员便可销毁会计档案。(　)

4. 当出纳因公出差不在时，为了不影响工作，可由会计暂时代替出纳工作。(　)

5. 会计档案保管期满，需要销毁时，由本单位档案机构会同会计机构提出销毁意见，并共同鉴定，严格审查，编制会计档案销毁清册。(　)

四、简答题

1. 会计工作组织主要包括哪些内容？正确组织会计工作应符合哪些要求？

2. 我国会计规范体系包括哪些层次？

3. 会计人员有哪些主要职责和权限？

4. 会计档案的主要内容有哪些种类？

五、实务题

资料：王芳在某电子公司任会计，其丈夫吴科则担任另一家电子企业的总经理，经吴科多次请求，王芳将在工作中接触到的本公司新产品研发计划及相关会计资料复印并提供给吴科，给公司带来了一定的损失。公司经调查后，发现是因为王芳泄密所致，遂认为王芳不宜继续从事公司的会计工作。

要求：

(1) 请说明王芳违反了哪些会计职业道德；

(2) 哪些单位或部门可以对王芳违反职业道德的行为进行处理？

参考文献

[1] 崔智敏，陈爱玲．会计学基础（第6版）．北京：中国人民大学出版社，2018.

[2] 财政部会计资格评价中心．初级会计实务．北京：经济科学出版社，2018.

[3] 朱小平，周华，秦玉熙．初级会计学（第9版）．北京：中国人民大学出版社，2019.

[4] 中华人民共和国财政部．企业会计准则（2019年版）．上海：立信会计出版社，2019.

[5] 中华人民共和国财政部．企业会计准则应用指南（2019年版）．上海：立信会计出版社，2019.

[6] 刘中华，李莎．基础会计．北京：经济科学出版社，2019.